本书为国家社会科学基金青年项目"民族传统体育铸牢中华民族共同体意识的理论逻辑与实证研究"（20CTY009）最终成果

民族传统体育
铸牢中华民族共同体意识的
理论逻辑与实证研究

彭 响 著

九州出版社
JIUZHOUPRESS

图书在版编目（CIP）数据

民族传统体育铸牢中华民族共同体意识的理论逻辑与

实证研究／彭响著．—北京：九州出版社，2024.5

ISBN 978-7-5225-2900-4

Ⅰ.①民…　Ⅱ.①彭…　Ⅲ.①民族形式体育—关系—

中华民族—民族意识—研究　Ⅳ.①G852.9②C955.2

中国国家版本馆 CIP 数据核字（2024）第 093695 号

民族传统体育铸牢中华民族共同体意识的理论逻辑与实证研究

作　　者　彭　响　著

责任编辑　杨鑫垚

出版发行　九州出版社

地　　址　北京市西城区阜外大街甲 35 号（100037）

发行电话　（010）68992190/3/5/6

网　　址　www.jiuzhoupress.com

印　　刷　永清县晔盛亚胶印有限公司

开　　本　700 毫米 ×1000 毫米　16 开

印　　张　17

字　　数　250 千字

版　　次　2024 年 5 月第 1 版

印　　次　2024 年 5 月第 1 次印刷

书　　号　ISBN 978-7-5225-2900-4

定　　价　78.00 元

前 言 | **Preface**

　　"铸牢中华民族共同体意识"是习近平总书记对新时代我国民族工作做出的重大原创性论断，也是以习近平总书记为核心的党中央对马克思主义民族理论中国化继承、创新与发展的重要体现，它彰显了中国共产党一代又一代领导人对民族理论的不断深化与对民族工作的不懈追求的伟大精神。党的十八大以来，习近平总书记多次公开对中华民族共同体意识理论做出重大指示，从最初的"牢固树立"到"积极培养"再到"铸牢"，中华民族共同体意识的意义不断深化，并逐渐发展成新时代党的民族工作的"纲"。习近平总书记关于"中华民族共同体意识"的重要论述，把握的是几千年历史演进的客观规律，揭示的是新时代民族工作的主题主线，彰显的是团结凝聚各族人民、共同实现伟大梦想的信心决心。

　　铸牢中华民族共同体意识，不能局限于意识形态上的建设与价值层面上的应然抽象中，应该从政治、经济、文化、社会等多维度探寻工具性支撑。作为中华优秀传统文化的重要传播载体，民族传统体育是中华各族人民价值观念的集体映射与生活习惯的外在体现；是中华民族在长久的社会历史发展中，通过特有的身体实践所创造的反映中华民族生活方式、宗教信仰、价值取向的原生性文化，其本身就蕴含着共同体的思想与意识，对于铸牢中华民族共同体意识具有不可替代的特殊作用。新时代铸牢中华民族共同体意识赋予了民族传统体育新的内涵与使命。铸牢中华民族共同体意识，建设中华民族共同体，既是新时代民族传统体育发展的必然方向，也是民族传统体育的"能力"所指。

基于此，本书依托国家社会科学基金青年项目（20CTY009），对民族传统体育铸牢中华民族共同体意识进行研究，主要目标如下：

一是通过阐释民族传统体育对铸牢中华民族共同体意识的促进作用，构建民族传统体育铸牢中华民族共同体意识的学理体系，夯实民族传统体育铸牢中华民族共同体意识的理论基础。

二是通过实证考察龙舟竞渡、武术活动、舞狮活动等个案，探讨民族传统体育铸牢中华民族共同体意识的作用机制，进而充分论证民族传统体育铸牢中华民族共同体意识这一理论命题。

三是通过分析民族传统体育铸牢中华民族共同体意识的内在机制，并基于奥林匹克全球化传播的成功经验，探索民族传统体育铸牢中华民族共同体意识的实践路径与政策建议。

目 录 | Contents

第一章　绪　论

第一节　问题提出与研究意义

一、问题提出

2014 年 5 月 28 日，习近平总书记在第二次中央新疆工作座谈会上指出，"要高举各民族大团结的旗帜，在各民族中牢固树立国家意识、公民意识、中华民族共同体意识，最大限度团结依靠各族群众，使每个民族、每个公民都为实现中华民族伟大复兴的中国梦贡献力量，共享祖国繁荣发展的成果"①。同年9 月 28 日，习近平总书记在中央民族工作会议暨国务院第六次全国民族团结进步表彰大会上强调，"要加强中华民族大团结，长远和根本的是增强文化认同，建设各民族共有精神家园，积极培养中华民族共同体意识"②。2017 年 10 月 18 日，习近平总书记在党的十九大报告中强调，"要全面贯彻党的民族政策，深化民族团结进步教育，铸牢中华民族共同体意识，加强各民族交往交流交融，促进各民族像石榴籽一样紧紧抱在一起，共同团结奋斗、共同繁荣发展"③。纵观"中华民族共同体意识"这一概念的演进脉络，可以发现其经历了从"牢固树立"到"积极培养"，再到"铸牢"的升华过程。中华民族共同体意识是多民族在交往交流交融历史过程中逐渐内生且不断聚合的

---

① 新华网. 习近平在第二次中央新疆工作座谈会上发表重要讲话 [EB/OL]. （2014-05-28）[2021-05-29]. http://www.xinhuanet.com/photo/2014-05/29/c_126564529.htm.

② 新华社. 中央民族工作会议暨国务院第六次全国民族团结进步表彰大会举行 [EB/OL]. （2014-09-28）[2021-09-29]. http://www.gov.cn/xinwen/2014/09/29/content_2758816.htm.

③ 曲辰. 铸牢中华民族共同体意识 [N]. 中国纪检监察报, 2018-01-29 (001).

共识性价值和共鸣性情感，是中华民族历史形塑的精神引领与价值诉求的社会表达。中华民族共同体意识，是国家统一之基、民族团结之本、精神力量之魂①。习近平总书记关于"中华民族共同体意识"的重要论述，把握的是几千年历史演进的客观规律，揭示的是新时代民族工作的主题主线，彰显的是团结凝聚各族人民、共同实现伟大梦想的信心决心②。习近平总书记将马克思主义民族理论与中国统一多民族实际相结合，提出从价值取向、思想基础、物质条件、制度保障四个方面铸牢中华民族共同体意识③。然而，铸牢中华民族共同体意识不能局限于意识形态上的建设与价值层面上的应然抽象中，应该从政治、经济、文化、社会等多维度探寻工具性支撑④。作为中华优秀传统文化的重要传播载体，民族传统体育是中华民族在长久的社会历史发展中，通过特有的身体实践所创造的反映中华民族生活方式、宗教信仰、价值取向的原生性文化，如赛龙舟、舞龙舞狮、武术等。民族传统体育在中华民族共同体建设过程中扮演着各族人民交往交流的使者角色，成为族际互动与交融的重要桥梁。新时代铸牢中华民族共同体意识赋予了民族传统体育新的内涵与使命。铸牢中华民族共同体意识，建设中华民族共同体，既是新时代民族传统体育发展的必然方向，也是民族传统体育的"能力"所指。由此，前瞻性地对民族传统体育铸牢中华民族共同体意识进行研究颇具意义。

二、研究意义

本课题前瞻性地对民族传统体育铸牢中华民族共同体意识进行研究，不仅具有理论意义，同时还具有实践意义。

---

① 国务院办公厅．中共中央办公厅 国务院办公厅印发《关于全面深入持久开展民族团结进步创建工作铸牢中华民族共同体意识的意见》[EB/OL]．(2019-10-23) [2021-09-29]．http://www.gov.cn/zhengce/2019-10/23/content_5444047.htm.
② 蔡舰．铸牢中华民族共同体意识 [N]．贵州民族报，2019-06-21 (A02)．
③ 邓磊，罗欣．习近平铸牢中华民族共同体意识理路探析 [J]．社会主义研究，2018 (06)：24-30.
④ 彭响，刘如，张继生．民族传统体育铸牢中华民族共同体意识研究 [J]．武汉体育学院学报，2020，54 (02)：59-64.

（一）理论意义

党的十九大报告提出"铸牢中华民族共同体意识"并将其写入党章，铸牢中华民族共同体意识是推进民族团结进步事业发展的必然要求，也是实现中华民族伟大复兴中国梦的必然要求。在 2021 年 8 月 27 日至 28 日召开的第五次中央民族工作会议上，习近平总书记强调，铸牢中华民族共同体意识是新时代党的民族工作的"纲"，所有工作要向此聚焦。由此可见，铸牢中华民族共同体意识之于我国民族工作的重要意义与战略价值。回顾当前学界针对铸牢中华民族共同体意识的相关探讨，可谓是"百家齐放、百家争鸣"。然而，这些研究多拘泥于意识形态层面的抽象中，缺乏具体的工具性支撑。换言之，如何让中华民族共同体意识得到铸牢？是否存在一种工具媒介的操作性可能？民族传统体育作为中华民族集体智慧的结晶，承载着中华民族上下五千年的文化信仰与价值观念，蕴含着丰富的哲学思想，是铸牢中华民族共同体意识的重要实践工具。

首先，课题组前瞻性地提出"民族传统体育铸牢中华民族共同体意识"，能够为铸牢中华民族共同体意识拓展研究视角。铸牢中华民族共同体意识作为新时代党的民族工作的"纲"，研究铸牢中华民族共同体意识，需要多个学科的集体智慧。民族传统体育是中华各民族的传统体育项目的统称，深刻地反映着中华各个民族的生活习惯信仰与文化价值体系。民族传统体育所具有的文化特质与中华民族共同体意识的内涵具有高度的内在统一性，以民族传统体育作为视角铸牢中华民族共同体意识，可以实现铸牢中华民族共同体意识研究视角的横向拓展目标，能够有效推动中华民族共同体意识研究理论的深化发展。

其次，课题通过对民族传统体育铸牢中华民族共同体意识的学理体系与内在机制的研究，能够为民族传统体育铸牢中华民族共同体意识提供理论支撑。民族传统体育铸牢中华民族共同体意识该何为？换言之，民族传统体育如何实现铸牢中华民族共同体意识这一目标？显然，这一目标的实现需要深入地对民族传统体育的独特功能、铸牢中华民族共同体意识的核心内容及其作用的内在机制进行研究。只有深刻掌握民族传统体育铸牢中华民族共同体意识的发生过程及其作用机理，才能推动其走向实践。因此，本课题的开展，不仅能够为民族传统体育铸牢中华民族共同体意识走向实践提供充分的理论依据，同时也能够进一步丰富其研究的理论视野。

最后，将民族传统体育与中华民族共同体意识结合进行研究，能够实现民族传统体育研究的跨学科深入发展，从而丰富民族传统体育与中华民族共同体意识的理论研究成果。从近两年来民族传统体育学领域开展的各项活动以及举办的各类学术会议来看，铸牢中华民族共同体意识基本上成为其基本的价值遵循，如 2022 年第五届中国体育人类学年会以"铸牢中华民族共同体意识与民族体育文化建设"为主题；2022 年湖南省研究生暑期学校招生公告以"铸牢中华民族共同体意识·民族传统体育文化"为主题等。因此，前瞻性地将民族学研究领域的"铸牢中华民族共同体意识"概念引入民族传统体育学科中，可以推进体育学研究跨学科的深入发展。

（二）实践意义

民族是一个国家得以客观存在的基本单元。中国是一个统一的多民族国家，56 个民族共同组成了中华民族这一大家庭。然而，近年来，随着我国经济的高速发展，中国的国际地位显著提升，凭借经济发展的强势跻身世界第二大经济体，以美国为首的一些西方国家企图通过从中国内部挑起民族冲突，从而分裂中国，进而达到遏制中国快速发展的目的。党的十八大以来，以习近平总书记为核心的党中央高度重视民族工作，发表了一系列关于民族团结的重要讲话，并在马克思主义民族观本土化的基础上形成了具有中国特色的社会主义民族理论，铸牢中华民族共同体意识的重大论断就是最典型的代表。铸牢中华民族共同体意识，是习近平总书记提出的重大原创性论断，是对党的民族理论与时俱进的创新发展，是马克思主义民族理论中国化的最新成果。

中华民族共同体意识是国家统一之基、民族团结之本、精神力量之魂。作为一种价值引导和文化信仰，中华民族共同体意识反映了中华民族共同的道德准则、精神面貌和理想追求。铸牢中华民族共同体意识，就是在把握中国几千年历史演进客观规律的前提下，以各族群众为主体，以加强各民族交往交流交融为根本途径，促进各民族像石榴籽一样紧紧抱在一起，通过团结奋斗实现共同繁荣发展，这也是实现中华民族伟大复兴中国梦的必然要求。2022年3月5日，习近平总书记在参加十三届全国人大五次会议内蒙古代表团审议时强调，各族干部要全面理解和贯彻党的民族理论和民族政策，自觉从党和国家工作大局、从中华民族整体利益的高度想问题、做决策、抓工作，只要是有利于铸牢中华民族共同体意识的工作就要多做，并且要做深做细做实；只要是不利于铸牢中华民族共同体意识的事情坚决不做①。

课题对民族传统体育铸牢中华民族共同体意识进行系统研究，具有丰富的实践意义。首先，课题通过充分阐释民族传统体育对铸牢中华民族共同体意识的促进作用，可以为新时代铸牢中华民族共同体意识提供工具性支撑，从而为国家政治意识形态建设提供实践方案。其次，通过对民族传统体育与中华民族共同体意识二者内在逻辑关系的深刻认知，能够为新时代以铸牢中华民族共同体意识为指导理念发展民族传统体育提供实践思路。最后，民族传统体育是中华各族儿女集体智慧的结晶、集体价值观念的映射，对民族传统体育铸牢中华民族共同体意识进行研究，可以极大丰富民族传统体育的时代价值与功能内涵，有利于彰显文化自信；同时也可以为铸牢中华民族共同体意识提供现实可行的工具载体，有利于新时代党和国家民族工作的推进与落实。

第二节 文献回顾与简要述评

一、文献回顾

（一）中华民族共同体意识的深刻内涵与构成要素研究

中华民族共同体意识是一种心理过程或意识、民族观与国家认同的表现形式（虎有泽，2018），是中华人民共和国国民在体认彼此生存发展的共性

---

① 央广网.「每日一习话」铸牢中华民族共同体意识［EB/OL］.（2022-03-30）［2022-06-20］. https：//baijiahao. baidu. com/s? id = 1728676872177039964&wfr = spider&for = pc.

条件与历史基础上，秉持共善价值规范与能动维护意愿的复兴凝聚心态（青觉，2018），是在历史上形成的以中国各民族为统一的前途和命运共同体的自觉自知性意识（郎维伟，2018），本质是通过中华民族共同体认同外显为中华文化认同（张前，2019）。中华民族共同体意识由各族人民的中国认知体验、中国价值信念和中国行为意愿三个要素构成（青觉，2018），核心内容是对伟大祖国、中华民族、中华文化、中国共产党和中国特色社会主义的认同（陈瑛，2020）。铸牢中华民族共同体意识就是让每一个中华民族的成员都认同和维护中华民族的共同利益，自觉地认同、归属于中华民族大家庭（严庆，2020）。

（二）中华民族共同体意识的历史形成与演进脉络研究

清朝末年，中国现代民族概念的萌芽标志着中华民族共同体意识的启端（马玉洁，2019）。民国建立以后，在民族主义思想的指引下，在建设现代民族国家的进程中，中华民族共同体意识更趋自觉，更为明晰，更加深入人心，并被赋予了现代性内涵（俞祖华，2018）。抗日战争时期，中国共产党把全民抗日的目标和普通民众的生活逻辑与认知空间相结合，把宣传与实际的政治运作相结合，推动了中华民族共同体意识自上而下的纵向传播（张淑娟，2019）。"天下观"赋予其多元共生的文化思想，"民族主义"为其带来了"国族一体"的政治理念，"马克思主义民族理论"为其确立了"多民族国家"的国家结构形式（闫丽娟，2018；王文光，2018）。

（三）铸牢中华民族共同体意识的时代意蕴与功能价值研究

铸牢中华民族共同体意识是习近平新时代民族工作新思想的集中体现，维护国家统一与长治久安的思想保障（徐俊六，2018）；是新时代民族工作的主旨内涵和实践指向（杨玢，2019）；是维护民族团结和实现中华民族伟大复兴的内在要求（蒋文静，2020）；是增强五个认同、促进民族团结、做好民族工作的保障（马英杰，2018）；是维系中华民族团结统一的强大精神纽带，是解决民族问题的中国智慧和中国方案（商爱玲，2019）；是中国统一多民族国家发展的重要使命（王云芳，2020）；是实现中华民族伟大复兴中国梦的基石（于衍学，2019）；是弘扬中华文化的有效途径（商爱玲，

2019）；也是马克思民族工作思想中国化的具体体现（高承海，2019）。铸牢中华民族共同体意识为发展民族地区教育事业提供了更具包容性的理论框架，巩固提升了民族地区教育事业发展在构建中华民族共同体中所具有的价值（袁同凯，2019）。

（四）铸牢中华民族共同体意识的实践路径与行动逻辑研究

铸牢中华民族共同体意识要靠多数民族和少数民族双向铸牢（纳日碧力戈，2019）。在宏观层面，可以从内容维度、价值维度、表达维度、接受维度等四个方面着眼，通过理论创新、价值共享、话语转换、培育人心四个方面内在的有机统一构建铸牢中华民族共同体意识的四维体系（王新红，2019）；亦可从"五通"以及"三维"着手铸牢中华民族共同体意识（纳日碧力戈，2020）。在中观层面，可以通过不断增强社会主义意识形态凝聚力和引领力，推动物质文明建设与精神文明建设协调发展（王易，2019），同时从期望状态、族际互动和适应策略三个方面考量民族情感建设，以合理的情感唤醒构建积极的民族心态秩序（龙金菊，2019）等路径铸牢中华民族共同体意识。在微观层面，可以通过加强各民族交往交流交融（曹水群，2018），弘扬中华优秀传统文化（宫丽，2019），坚持各民族一律平等、各民族共有精神家园、各民族共同富裕、民族区域自治（邓磊，2018），民族观教育（詹小美，2019），民族关键符号建构（田敏，2019），重视和加强国家认同、深化民族团结进步教育、巩固爱国统一战线（董楠，2019）等路径铸牢中华民族共同体意识。

二、简要述评

综观上述研究，中华民族共同体意识研究的基础理论逐步完善，尤其是学者们前期针对如何铸牢中华民族共同体意识展开的系统深入研究为本课题的开展夯实了理论基础与前提条件。然而，通过对文献的仔细研读发现，当前铸牢中华民族共同体意识的路径研究局限于意识形态上的建设与价值层面上的抽象中。换言之，铸牢中华民族共同体意识需要可操作的具体载体，无论是物质层面还是精神层面，它都应当有所指。民族传统体育既是一种有形的客观实体，也是一种无形的文化载体，当前少有学者对民族传统体育铸牢中华民族共同体意识展开探讨。鉴于此，本课题对民族传统体育铸牢中华民族共同体意识进行研究，以期为新时代铸牢中华民族共同体意识探索工具性支撑。

第三节　结构安排与关键问题

一、结构安排

第一章，主要围绕问题提出与研究意义、文献回顾与简要述评、结构安排与关键问题、研究方法与技术路线展开论述。在研究意义部分，主要从理论与实践 2 个层面进行深入阐释；在文献回顾部分，主要从中华民族共同体意识的深刻内涵与构成要素、中华民族共同体意识的历史形成与演进脉络、铸牢中华民族共同体意识的时代意蕴与功能价值、铸牢中华民族共同体意识的实践路径与行动逻辑 4 个层面展开系统综述。

第二章，结合文献综述与逻辑分析，重点对中华民族共同体意识进行理论阐释。一是从中华民族共同体与中华民族共同体意识 2 个概念出发，对中华民族共同体意识与中华民族共同体的辩证关系进行深入探讨，并系统解构中华民族共同体意识的构成要素。二是从马克思主义民族观、共同体理论、多元一体理论、国家领导人论述对中华民族共同体意识的理论基础进行阐述。

第三章，主要对民族传统体育铸牢中华民族共同体意识的学理体系进行研究。一是对民族传统体育发展的历史沿革进行梳理，并对其进行现代性反思，为铸牢中华民族共同体意识理论的导入提供现实背景。二是基于铸牢中华民族共同体意识的视角，对民族传统体育的典型特征与功能价值进行解读，夯实民族传统体育铸牢中华民族共同体意识的理论基础。三是从民族传统体育对铸牢中华民族共同体意识的积极作用以及铸牢中华民族共同体意识对民族传统体育发展的重要影响 2 个层面对二者的逻辑关联进行系统阐释。四是从提高中华民族共同体认知和增强中华民族共同体认同 2 个维度对民族传统体育铸牢中华民族共同体意识的核心内容进行深入研究，系统构建民族传统体育铸牢中华民族共同体意识的学理体系。

第四章，重点对民族传统体育铸牢中华民族共同体意识的运行机制进行研究。一是从各级政府、社会组织、普通民众等对民族传统体育铸牢中华民族共同体意识的行为主体进行分析。二是从提高政治共同体认知，增强伟大祖国认同；提高利益共同体认知，增强中华民族认同；提高文化共同体认知，增强中华文化认同；提高心理共同体认知，增强中国共产党认同；提高命运共同体认知，增强中国特色社会主义认同5个层面对民族传统体育铸牢中华民族共同体意识的行为取向进行阐释。三是从文化传承、赛事开展、学校教育、产业发展、社会治理5个维度对民族传统体育铸牢中华民族共同体意识的行为方式进行探讨。四是从目标反馈、运行反馈、效果反馈3个角度对民族传统体育铸牢中华民族共同体意识的行为机制进行研究，进而科学把握民族传统体育铸牢中华民族共同体意识的内在机制与运行逻辑。

第五章，以民族传统体育项目的典型代表——龙舟竞渡、武术活动、舞狮活动、赛马活动为个案，基于具体考察维度对湖南永州道县、河北沧州孟村、广西梧州藤县、西藏拉萨当雄等个案所在地进行实地调查，进而考证民族传统体育铸牢中华民族共同体意识这一命题。

第六章，以奥林匹克的全球化传播与世界性认同为他山之石，通过对奥林匹克全球化传播的历史考察、奥林匹克精神的提炼总结、奥林匹克价值观的本土认知，总结奥林匹克全球化传播的成功经验，并在此基础上提出奥林匹克国际化认同对民族传统体育铸牢中华民族共同体意识的本土启迪。

第七章，主要从扩大民族传统体育赛事供给，深入推进民族交往交流交融；扶持民族传统体育产业发展，助力中华民族携手共同富裕；增强民族传统体育文化认同，构筑中华民族共有精神家园；推进民族传统体育社会治理，深化社会民族团结进步教育；开展民族传统体育课程思政，全面深化各类学校认同教育等维度提出民族传统体育铸牢中华民族共同体意识的实践路径与政策建议。

二、关键问题

通过阐释民族传统体育对铸牢中华民族共同体意识的促进作用，构建民族传统体育铸牢中华民族共同体意识的学理体系，夯实民族传统体育铸牢中华民族共同体意识的理论基础。

通过实证考察龙舟竞渡、武术活动、舞狮活动、赛马活动等个案，探讨民族传统体育铸牢中华民族共同体意识的作用机制，进而充分论证民族传统体育铸牢中华民族共同体意识这一理论命题。

通过分析民族传统体育铸牢中华民族共同体意识的内在机制，并基于奥林匹克全球化传播成功经验，探索民族传统体育铸牢中华民族共同体意识的实践路径与政策建议。

第四节　研究方法与技术路线

一、研究方法

文献研究法：通过图书馆、中国知网、文化系统、民委系统、体育系统等处查找、收集、整理与民族传统体育发展、铸牢中华民族共同体意识等相关的专著、论文、地方志等。

逻辑分析法：运用逻辑分析法对民族传统体育与铸牢中华民族共同体意识二者的内在逻辑关联进行学理阐释，为研究民族传统体育铸牢中华民族共同体意识夯实理论基础。

历史分析法：运用历史分析法对我国民族传统体育以及中华民族共同体意识的演进脉络进行分析梳理，为研究民族传统体育铸牢中华民族共同体意识奠基。

调查研究法：综合运用专家访谈法与问卷调查法对国内外民族传统体育、奥林匹克以及中华民族共同体意识研究领域专家进行访谈与调查，为课题研究提供充实的方法论指导。

口述史方法：围绕课题研究内容，对民族传统体育研究专家、传承人、见证人、参与者以及中华民族共同体意识研究专家进行口述历史资料的收集和整理，并做好笔录和录音。

　　田野调查法：对实证考察地点进行田野调查，为论证民族传统体育铸牢中华民族共同体意识的学理体系与运行机制提供现实依据。

二、技术路线

　　课题从中华民族共同体意识生成的历史脉络与现实逻辑出发，通过对铸牢中华民族共同体意识的内涵外延与考察维度的研究，构建民族传统体育铸牢中华民族共同体意识的学理体系，并解构民族传统体育铸牢中华民族共同体意识的内在机制与运行逻辑。在此基础上，对民族传统体育铸牢中华民族共同体意识进行实证考察，进而考证民族传统体育铸牢中华民族共同体意识这一论断。最后结合奥林匹克全球化传播及世界性认同的经验启示，提出民族传统体育铸牢中华民族共同体意识实践路径与政策建议。技术路线图如图1-1：

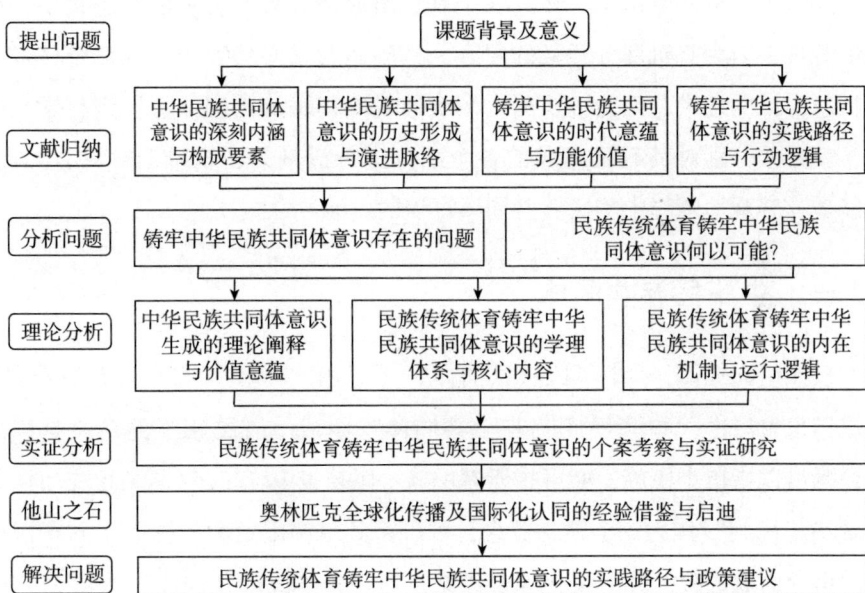

图 1-1　技术路线图

第二章　中华民族共同体意识的理论阐释

第一节　中华民族共同体意识的内涵外延

中华民族共同体意识是一个由多名词组合而成的复合体，对其概念内涵进行学理阐析，既要从整体出发，将其置于中国当下发展的大环境中进行阐释，同时也要从部分出发，将其各个有机组成部分置于历史演变进程中进行归纳分析，因为有机部分意义的复合，其整体意义必然大于单独对整体进行分析所得出的结果。因此，要深入系统地对中华民族共同体意识进行学理阐析，就必须分别对其有机组成的各个部分进行深刻的逻辑推演。只有如此，才能最为客观地阐释中华民族共同体意识的内涵。

一、中华民族共同体

按照组词规律，"中华民族共同体"可以由"中华"与"民族共同体"组成，也可以由"中华民族"与"共同体"组成。"民族"的意义是广泛的，既可以指单个民族，亦可指所有民族。匡裕彻①与彭官章②两位先生认为将"中华民族"作为一个独立概念，可以将其范围限定为中国五十六个民族共同组合而成的统一体或集合体。可见，将"中华民族共同体"理解为"中华民族"与"共同体"组合而成的复合体显然更合适。这里要强调的是，这种组合仅仅是从名词组合规律角度来讲的，并不是指中华民族共同体就是由

① 匡裕彻. 中华民族多元一体格局的形成 [J]. 中南民族学院学报（哲学社会科学版），1992（05）：47-52+72.
② 彭官章. 论中华民族的形成 [J]. 满族研究，1993（01）：11-18.

中华民族组合而成的共同体，因为这样就将中华民族窄化为单个民族了。

青觉指出，中华民族本身就是一个共同体①。在他看来，中华民族共同体是指近代受西方侵略所加速形成的共同体，在这里强调了"他者"的概念。笔者对这种观点持中立态度，因为共同体强调共同的历史记忆、精神文化、责任、命运和价值目标，中华民族作为五十六个民族组合而成的大家庭，在国家独立统一之前，这些民族是否拥有共同的历史记忆、精神文化、责任、命运和价值目标，值得推敲。

"中华民族共同体"概念突出了中华民族之"实"，彰显了中华各民族与国家关系定位。严庆亦指出，从"中华民族"到"中华民族共同体"体现了从"建构说"到"实体说"的思想转变，弱化了中华民族的"名实之争"，后者更突出了共同的历史记忆、精神文化、责任使命和前途命运的民族实体意义②。换言之，中华民族共同体是中华民族所要建构的目标。

究竟何为中华民族共同体？斯琴格日乐认为中华民族共同体包括公民共同体、文化共同体、情感共同体和命运共同体③。陈智则进一步指出，中华民族共同体是政治团结统一、文化兼收并蓄、经济相互依存的民族共同体，是生活在共同地域有着共同历史渊源、物质基础、身份认同、价值追求与精神家园的命运共同体④。通过对两位学者观点的比较分析不难发现，后者对于中华民族共同体概念的界定明显要严谨些许，前者只强调了中华民族共同体的特征，而后者既强调了特征，同时也限定了中华民族共同体的对象范围，即在政治上团结统一、在文化上兼收并蓄、在经济上相互依存。政治、经济与文化构成的实质上是整个宏观社会，可见后者对于中华民族共同体概念的界定还是比较准确的。再者，在斯琴格日乐看来，命运共同体只是中华民族

---

① 青觉，赵超.中华民族共同体意识的形成机理、功能与嬗变——一个系统论的分析框架 [J].民族教育研究，2018，29（04）：5-13.

② 严庆.本体与意识视角的中华民族共同体建设 [J].西南民族大学学报（人文社科版），2017，38（03）：46-50.

③ 斯琴格日乐.习近平中华民族共同体思想的逻辑体系与时代价值 [J].科学社会主义，2019（04）：111-117.

④ 陈智，宋春霞.论中华民族共同体意识的培育路径 [J].民族教育研究，2019，30（04）：54-58.

共同体内涵中的一部分；而在陈智看来，命运共同体则是中华民族共同体的目标、意义所在。

事实上，两位学者的争辩关键在于没有厘清命运共同体与人类命运共同体这一对概念。在 2021 年中央民族工作会议上，习近平总书记指出，铸牢中华民族共同体意识，就是要引导各族人民牢固树立休戚与共、荣辱与共、生死与共、命运与共的共同体理念。可见，命运共同体应当是中华民族共同体的重要内涵。由此，人类命运共同体则成为中华民族共同体的终极目标，如乌小花就指出，人类命运共同体是中华民族共同体的最终理想①。

综上所述，笔者认为，建设中华民族共同体就是将中华五十六个民族打造成为政治团结统一、文化兼收并蓄、经济相互依存、情感相互亲近、命运生死与共的共同体。因此，从中华民族共同体的内涵外延来看，中华民族共同体包括政治共同体、文化共同体、利益共同体、心理共同体与命运共同体。

二、中华民族共同体意识

马克思主义认为，意识是人脑的机能和属性，是客观世界在人脑中的反映。唯心主义认为意识是世界的本源，而唯物主义反对这种观点，认为物质的最高产物是意识。按照唯物主义观点，中华民族共同体建设过程中的最高产物就应该是中华民族共同体意识。

究竟何为中华民族共同体意识？严庆认为中华民族共同体意识特指中国各民族成员能够认识到中华民族这一共同体的客观存在，而不以人的意志为转移，进而能够在心理上自觉认同、主动归属于这一共同体②。在严庆看来，中华民族共同体意识能够增强中国各民族成员对中华民族共同体的认同。换言之，意识在中华民族共同体中的能动作用便是认同。

美国学者汉斯·库恩曾指出，理念是联结一个国家，同时把这个国家与其他国家区别开来的纽带。在笔者看来，汉斯·库恩指的这种"理念"置于

---

① 乌小花，艾易斯. "一带一路"在中华民族共同体与人类命运共同体之间：理念、价值与实现路径［J］. 西北民族研究，2018（04）：21-29.
② 严庆. 本体与意识视角的中华民族共同体建设［J］. 西南民族大学学报（人文社科版），2017，38（03）：46-50.

当下语境便是意识，中华民族共同体意识所具有的能动作用使得中华民族共同体得以深入人心。

中华民族共同体意识的内涵具体包括哪些？换言之，铸牢中华民族共同体意识需要从具体的层面着手，无论是物质层面还是精神层面，它都应当有所指。陆卫明认为铸牢中华民族共同体意识在政治共同体认知上要以集中统一的权威领导强化、在利益共同体认知上要以平衡充分的经济共享厚培、在心理共同体认知上要以统一多样的文化共建凝聚①。可见，在陆卫明看来，中华民族共同体意识由政治共同体认知、利益共同体认知、心理共同体认知构成。范君则指出，可以以中华优秀传统文化铸牢中华民族共同体意识的价值秉承、基本原则和文化方法②。在他看来，中华民族共同体意识还包含对文化共同体的认知。

实际上，中华民族共同体意识不仅包含对中华民族共同体各要素的认知，还包括对各要素的认同。习近平总书记指出，铸牢中华民族共同体意识，核心在于不断增强对伟大祖国、中华民族、中华文化、中国共产党、中国特色社会主义的认同。概言之，中华民族共同体意识既包括对政治共同体、利益共同体、心理共同体、文化共同体和命运共同体的认知，也包括对伟大祖国、中华民族、中华文化、中国共产党、中国特色社会主义的认同。认知是意识的低阶状态，是过程；认同则是意识的高阶状态，是价值追求和目标理想。

三、中华民族共同体意识与中华民族共同体的辩证关系

本体，是指事物的自身和原样，即存在。意识是对存在的意识，中华民族共同体意识则是人们对中华民族共同体本体的认知和反映③。换言之，中华民族共同体意识是对中华民族共同体本体的认知和反映，中华民族共同体

---

① 陆卫明，张敏娜．铸牢中华民族共同体意识论略［J］．贵州民族研究，2018，39（03）：1-6．

② 范君，詹小美．铸牢中华民族共同体意识的文化方略［J］．思想理论教育，2018（08）：49-55．

③ 严庆．本体与意识视角的中华民族共同体建设［J］．西南民族大学学报（人文社科版），2017，38（03）：46-50．

则是中华民族共同体意识的客观存在。意识具有能动性，这种能动性表现在人的意识可以能动地认识客观世界和改造世界。

王廷中指出，铸牢中华民族共同体意识是建设中华民族共同体的根本前提①。龙金菊亦指出，意识形塑是中华民族共同体实体建设的路径之一②。质言之，在王廷中和龙金菊看来，建设中华民族共同体的重要途径便是铸牢中华民族共同体意识。在笔者看来，中华民族共同体意识与中华民族共同体二者的关系并不仅仅局限于前者是后者实现的重要途径，后者还应当是前者的最终目标与价值追求。通过增强中华各族人民的共同体意识，从而建设中华民族共同体，进而构建人类命运共同体，这应当是习近平总书记对于我国民族事业发展作出批示的最高精神境界。再者，从中华民族共同体这一本体出发，其对于中华民族共同体意识又意为何？笔者以为，二者理应属于物质（本体）与意识之间的关系，即物质（本体）决定意识。因此，二者实际上形成的是一个良性循环的关系（图2-1）。

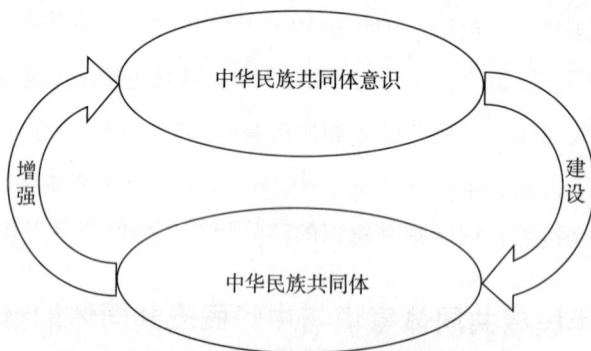

图 2-1 中华民族共同体意识与中华民族共同体关系

铸牢中华民族共同体意识可以推进中华民族共同体建设，而中华民族共同体的实现又能增强中华民族共同体意识，由此二者走向循环可持续发展。习近平总书记关于中华民族共同体意识从最初提出的"牢固树立"到"积极

---

① 王廷中. 铸牢中华民族共同体意识，建设中华民族共同体 [J]. 民族研究，2018（01）：1-8+123.

② 龙金菊. "共同体"语义下的中华民族共同体建设 [J]. 广西民族研究，2019（02）：10-17.

培养"再到"铸牢",这一个持续升华过程的最终目的就是希望在二者循环关系中通过推动其中一方发展,从而促进另外一方的发展。其中,意识所具有的能动作用对这个循环关系起到推波助澜的效果,这是党和国家高度重视客观发展规律的重要体现。

四、中华民族共同体意识的构成要素

习近平总书记指出,铸牢中华民族共同体意识,核心在于不断增强对伟大祖国、中华民族、中华文化、中国共产党、中国特色社会主义的认同。在笔者看来,中华民族共同体意识中的"意识"不仅包括"认同",还包括"认知"。换言之,中华民族共同体意识不仅包含对中华民族共同体各个要素的认同,同时还包括对中华民族共同体各个要素的认知。

综上所述,笔者认为,中华民族共同体意识既包括对伟大祖国、中华民族、中华文化、中国共产党、中国特色社会主义的认同,同时也包括对政治共同体、利益共同体、心理共同体、文化共同体、命运共同体的认知。因此,铸牢中华民族共同体意识的内涵就是要增强中华各族儿女对伟大祖国、中华民族、中华文化、中国共产党、中国特色社会主义的认同,提高对政治共同体、利益共同体、心理共同体、文化共同体、命运共同体的认知。

高承海认为中华民族共同体意识的本质是各民族成员对共有身份"中华民族"的认同意识,包括认知、情感和行为三个维度[①]。在他看来,认知就是各民族成员认识到自己属于中华民族的一员,了解中华民族的历史与文化等,也能认识到中华民族"多元一体"这个特征;情感是指各民族成员对中华民族这个集体身份的归属感,即集体认同与国家认同;行为即传承中华民族文化、弘扬中华民族精神,以及维护中华民族大团结。认同是指主体对客体基于心理认可而产生的归属和赞同,同时具备"认同感"和"认同行为"两重内涵[②]。可见,高承海提出的"情感"和"行为"实际上就是"认同"

---

① 高承海.中华民族共同体意识:内涵、意义与铸牢策略 [J].西南民族大学学报(人文社科版),2019,40(12):24-30.

② 王宗礼.国家建构视域下铸牢中华民族共同体意识研究 [J].西北师大学报(社会科学版),2020(05):13-20.

内涵的具体化。此外，他所讲的认知仅仅局限于中华民族认知与中华文化认知，而认同则只指向政治共同体与文化共同体，忽略了中华民族共同体的整体性，无法深刻诠释习近平同志有关"铸牢中华民族共同体意识"重要论断的精神。青觉则指出，中华民族共同体意识是"中华民族共同体"这一客观存在的实体在人脑中形成的主观映像，是人们在社会化实践的过程中形成的对中华民族共同体的认知、情感、态度、评价和认同等一系列心理活动的总和①。事实上，笔者认为，青觉所提到的"情感""态度""评价"都是"认同感"概念的子范畴，因为积极的情感、态度和评价实际上体现的就是认同感。因此，本研究在铸牢中华民族共同体意识的考察维度选取上，一方面，考察个案所在地居民对伟大祖国、中华民族、中华文化、中国共产党、中国特色社会主义的情感、态度、评价以及行为取向；另一方面，考察个案所在地居民对政治共同体、利益共同体、心理共同体、文化共同体、命运共同体的认知程度。通过对当地居民的开放式访谈，从对话文本材料中寻找实证论据支撑，进而考证民族传统体育铸牢中华民族共同体意识这一理论命题。

第二节　中华民族共同体意识的理论基础

铸牢中华民族共同体意识是我国在社会主义新时代，依据当前民族工作所呈现的新特点，为建设中华民族共同体、实现中华民族伟大复兴而提出的。中华民族共同体意识具有深厚的思想渊源，是中华民族意识从自在到自觉后的积极深化，是中华民族优秀传统文化的传承延续，是对马克思主义民族理论的继承和发展，是对我国民族工作理论创新成果的借鉴吸收，是新时代民族工作的理论核心。任何科学理论的产生都不是无源之水、无本之木，中华民族共同体意识理论的提出也不例外。总体而言，中华民族共同体意识概念提出的理论基础主要包括以下几个：

---

① 青觉，赵超. 中华民族共同体意识的形成机理、功能与嬗变——一个系统论的分析框架 [J]. 民族教育研究，2018，29（04）：5-13.

一、马克思主义民族观

170 余年前，马克思、恩格斯领导欧洲无产阶级革命，对自由资本主义时期民族发展变化特征及其内在根源进行考察，明确将民族问题与无产阶级革命问题联系起来，提出"民族内部的阶级对立一消灭，民族之间的敌对关系就会随之消失"①，要想解决民族矛盾，就必须消灭剥削制度，解除阶级间的对立和不平等关系；指明了"自古以来任何民族都不会优于其他民族，只能在某个方面或某个领域优越于其他民族"② 的民族平等思想和"全世界无产者，联合起来"③ 的民族团结思想；马克思、恩格斯坚决维护国家领土和主权完整，反对分裂和割据，坚持建立单一而不可分的民主共和国思想，因为资本主义发展导致的财富集中势必会导致政治的集中，而疆土分裂会抵消民族的集体力量④，不利于民族团结和同资产阶级斗争，以上这些表述都体现了马克思主义民族理论初创时期基本的价值观⑤。

民族平等是马克思主义民族理论的重要观点，也是马克思主义民族政策的基本原则之一。它诞生于驳斥和揭穿资产阶级民族平等思想所具有的虚伪性的战斗中，承认、坚持并真正实现民族平等是辨别马克思主义者真伪的试金石。资产阶级民族平等思想具有一定的进步意义，帮助资产阶级取得了反封建革命的胜利，但由于阶级性的局限，代表的依然是剥削阶级的利益，不可能实现真正的民族平等。在马克思主义民族理论创立之初，就提出了有别于资产阶级民族平等的全新民族平等观，在其进一步形成和丰富的阶段，更是通过对平等观念发展历史的详细分析，阐述了全面而彻底的民族平等观，

① 中共中央马克思恩格斯列宁斯大林著作编译局. 马克思恩格斯选集：第 1 卷 [M]. 北京：人民出版社，2012：419.

② 中共中央马克思恩格斯列宁斯大林著作编译局. 马克思恩格斯选集：第 2 卷 [M]. 北京：人民出版社，1957：194-195.

③ 中共中央马克思恩格斯列宁斯大林著作编译局. 马克思恩格斯选集：第 1 卷 [M]. 北京：人民出版社，2012：435.

④ 中共中央马克思恩格斯列宁斯大林著作编译局. 马克思恩格斯选集：第 1 卷 [M]. 北京：人民出版社，2012：605.

⑤ 娜仁琪琪格，王树荫. 习近平关于铸牢中华民族共同体意识的重要论述及现实意义 [J]. 北京行政学院学报，2022（03）：20-27.

主要包括主体、内容和实现方式三方面内涵。从平等的主体来看，所有民族不分大小强弱一律平等，"直到现在每个民族同另一个民族相比都具有某种优点"①，承认每个民族都有自身的独特长处，都对人类文明做出了各自的贡献，各民族应当相互学习、相互尊重、平等相待；从平等的内容来看，各民族的一切权利完全平等，不仅体现在政治和法律的地位和形式上，也体现在经济、文化和语言等各种实际载体上，"平等应当不仅仅是表面的，不仅仅在国家的领域中实行，它还应当是实际的，还应当在社会的、经济的领域中实行"②；从实现平等的方式来看，不仅要在规定政治上、法律等形式上平等，体现平等的正义，也要基于对少数民族的"正当关护"③，以差异化政策体现公平的正义，如"压迫民族即大民族要处于不平等地位，以抵偿在生活中事实上形成的不平等"④，而最终需要消灭阶级，才能实现真正的民族平等和谐，"民族内部的阶级对立一消失，民族之间的敌对关系就会随之消失"⑤。

马克思主义民族观为"中华民族共同体意识"理念提供了丰富的理论思想，赋予了其深厚的文化内涵底蕴与民族工作开展思路。可以说，中华民族共同体意识理论是对马克思主义民族观的继承与发展，更是马克思主义民族理论中国化的重要体现，它彰显了党和国家对马克思主义的矢志不渝与坚定信念⑥。

二、共同体理论

在西方政治思想史上，共同体思想经历了三个发展阶段。首先是亚里士

① 中国社会科学院民族学与人类学研究所民族理论室. 马克思主义经典作家民族问题文选（马克思恩格斯卷上册）[M]. 北京：社会科学文献出版社，2016：74.
② 中国社会科学院民族学与人类学研究所民族理论室. 马克思主义经典作家民族问题文选（马克思恩格斯卷下册）[M]. 北京：社会科学文献出版社，2016：158.
③ 周勇. 少数人权利的法理 [M]. 北京：社会科学文献出版社，2002：46.
④ 中国社会科学院民族学与人类学研究所民族理论室. 马克思主义经典作家民族问题文选（列宁卷下册）[M]. 北京：社会科学文献出版社，2016：524.
⑤ 中国社会科学院民族学与人类学研究所民族理论室. 马克思主义经典作家民族问题文选（马克思恩格斯卷上册）[M]. 北京：社会科学文献出版社，2016：176.
⑥ 陈瑛. 中华民族共同体意识核心认同研究 [D]. 西南民族大学，2021.

多德提出的追求"最高和最广"善业的社会团体——城邦共同体①，其实质是带有乌托邦性质的精神共同体；其次是对共同体作出系统论述的滕尼斯，他以二分法将共同体与社会分为人类生活中两种结合的基本类型，认为共同体是基于自然意志形成的有机体，主张以共同体精神改造社会；20 世纪后期出现的社群主义将共同体看作是一个整体，拥有某种共同的价值、规范和目标②。也就是说，循着共同体与社会的关系变化这一脉络，西方共同体思想经历了从神化到对立再到吸纳的演进发展，总体而言以理性和信仰为主旨。有别于此，马克思在吸收空想社会主义、契约论和国家观理论合理部分的基础上，形成马克思主义共同体思想，提出类本质决定了人类走向共同体的必然性，社会共同体是社会的基本形态，并从生产力与生产关系在人类社会不同历史时段变化的角度，将共同体分为以血缘或地域为纽带的自然共同体、剥削阶级占统治地位的虚幻共同体和自由人联合的真正共同体三个阶段③。

在马克思真正共同体思想诞生之前经历了"自然形成的共同体"与"虚幻的共同体"两个发展阶段，如果说"自然形成的共同体"的客观存在，是我们捕捉历史轨迹和事实能看到的，那么"虚幻的共同体"则是人类社会"异化"出来的一个阶段，暴露出虚幻民主自由、虚伪利益。这一阶段人始终处在两种对立的生活中，一种是"人们实现宗教解放后组成的政治国家本应使人得到进一步解放，在这个共同体中，人把自己看作社会存在物"④；另一种是人作为私人进行活动，把他人看作工具，把自己也降为工具。同时社会分工的出现导致了"社会分工、生产力、社会意识"三者之间的矛盾越来越激化，此时"虚幻的共同体"普遍被接受，并推进了人类步入工业文明的进程。

"真正的共同体"的出现是人类社会共同体的最高形态，是实现人自由发展的形态。马克思强调，在真正的共同体的条件下，各个人在自己的联合

---

① 亚里士多德. 政治学 [M]. 吴寿彭译. 北京：商务印书馆，1981：3.
② 刘军宁等. 自由与社群 [M]. 北京：三联书店，1998：175.
③ 陈瑛. 中华民族共同体意识核心认同研究 [D]. 西南民族大学，2021.
④ 中共中央马克思恩格斯列宁斯大林著作编译局. 马克思恩格斯文集：第 1 卷 [M]. 北京：人民出版社，2009：30.

中并通过这种联合获得自己的自由①。充分证明了"真正的共同体"是符合人类社会发展规律的，同时还对未来发展与共产主义勾画出美好的愿景，是马克思的根本价值追求。"真正的共同体"中对如何消灭阶级的统治、消除城乡之间的对立、如何发展社会生产力与奠定物质基础作出了清晰的指示②。

"只有在共同体中可能有个人自由"③，"每个人的自由发展是一切人的自由发展的条件"④，这里的共同体即是人类社会发展的终极阶段，称为真正的共同体，以高度发展的生产力为产生前提，其价值指向是人类的根本利益，出发点和归宿是全面发展的自由人的联合体，理想状态是个体与共同体相互依存，共同体中个体的全面发展与共同体的长久发展相辅相成，拥有合理公平的社会关系。可以看到，马克思主义所认为的真正的共同体观照的是人类这一整体，固然是超越了现实世界的情感，但也不啻为一种提供了有效沟通合作理想和经验的共同体范本。共同体内部摒弃"零和博弈"的冲突思维，回归理性对话和协商来解决争端、包容差异、共同生存、共同发展⑤。

马克思的"共同体思想"将人类社会共同体形式归纳为"自然的共同体""虚幻的共同体"和"真正的共同体"，"真正的共同体"也是中华民族共同体建设所追求的发展目标⑥。因此，中华民族共同体意识理论是马克思主义民族理论中国化的最新成果和我国坚持各民族一律平等的马克思主义民族观的具体体现。

---

① 中共中央马克思恩格斯列宁斯大林著作编译局．马克思恩格斯选集：第1卷 ［M］．北京：人民出版社，2012：199.

② 张锦花．新时代党的治藏方略视域下西藏铸牢中华民族共同体意识研究 ［D］．西藏大学，2021.

③ 中共中央马克思恩格斯列宁斯大林著作编译局．马克思恩格斯选集（第1卷）［M］．北京：人民出版社，2012：199.

④ 中共中央马克思恩格斯列宁斯大林著作编译局．马克思恩格斯文集（第2卷）［M］．北京：人民出版社，2009：53.

⑤ 陈瑛．中华民族共同体意识核心认同研究 ［D］．西南民族大学，2021.

⑥ 张三南．"两个共同体理念"与马克思主义民族理论中国化 ［J］．学术界，2020（01）：65-77.

三、多元一体理论

新中国成立后很长一段时间里，学术界曾对"民族"的定义颇多争论。费孝通先生提出的"中华民族多元一体格局"的理论受到学术界高度评价，为研究我国民族关系提供了清晰的轮廓。各民族文化在漫长的历史进程中相互交流交融，形成了彼此相互影响、相互依存的关系，体现了中华文化的系统性、整体性和一致性。特别是在近百年中华民族反抗西方列强侵略的过程中，中华民族这一实体从"自在"向"自决"演化，中华民族共同体意识逐渐增强。中华民族多元一体理论既厘清了 56 个民族之间的关系，也厘清了中华民族与 56 个民族之间的关系，还归纳了中华民族共同体形成和发展的历史过程①。

中华民族多元一体理论认为，中华民族是包括中国境内 56 个民族的民族实体，并不是把 56 个民族加在一起的总称，因为这些加在一起的 56 个民族已结合成相互依存的、统一而不能分割的整体，在这个民族实体里所有归属的成分都已具有高一层次的民族认同意识，即共休戚、共存亡、共荣辱、共命运的感情和道义。多元一体格局中，56 个民族是基层，中华民族是高层。中华民族称民族，56 个民族也称民族，在科学上和政治上都是可以成立的。形成多元一体格局有一个从分散的多元结合成一体的过程，在这个过程中必须有一个起凝聚作用的核心。汉族是多元基层中的一元，但它发挥凝聚作用把多元结合成一体。高层次的认同并不一定取代或排斥低层次的认同，不同层次可以并存不悖，甚至在不同层次的认同基础上可以各自发展原有的特点，形成多语言、多文化的整体②，所以高层次的民族实质上是既一体又多元的复合体。其间存在着相对立的内部矛盾，是差异的一致，通过消长变化适应

① 项梅. 铸牢中华民族共同体意识的内涵及其理论基础 [J]. 攀枝花学院学报，2021，38（04）：14-18.
② 许韶明，程建南. 人类学视野下我国民族传统体育运动的特点与功能 [J]. 北京体育大学学报，2008（06）：748-750.

于多变不息的内外条件，而获得共同体的生存和发展①。

中华民族共同体理论强调的是中华 56 个民族是一个不可分割的整体，这是对"中华民族多元一体"论断中"一体"的一脉相承与一以贯之。在"多元一体"中，"一体"是基本前提，习近平总书记站在"百年未有之大变局"的世界大变革中高瞻远瞩地提出"铸牢中华民族共同体意识"的重大论断，是对"多元一体"理论的进一步升华，而"多元一体"理论也为"铸牢中华民族共同体意识"重大论断的提出奠定了理论基础。换言之，"多元一体"理论为铸牢中华民族共同体意识指引了基本原则与指导方针。

四、国家领导人论述

"铸牢中华民族共同体意识"是习近平总书记对新时代我国民族工作做出的重大原创性论断，也是以习近平总书记为核心的党中央对马克思主义民族理论中国化继承、创新与发展的重要体现，它彰显了中国共产党一代又一代领导人对民族理论的不断深化与对民族工作的不懈追求的伟大精神。

中华人民共和国成立以来，中国共产党在准确理解马克思主义民族理论的基础上，不断创新发展民族工作尤其是加强民族团结的理论指导思想，为中华民族共同体意识的形成提供了经验借鉴②。毛泽东同志曾明确指出，"国家的统一，民族的团结、国内各民族的团结，这是我们的事业必定要胜利的基本保证"③；"我们要和各民族讲团结，不论大的民族、小的民族都要团结"④。邓小平同志也曾提出，"民族工作确有很多问题要提起注意，当前是如何加强民族团结，反对大汉族主义和地方民族主义，重点是反对大汉族主

---

① 史金波."中华民族多元一体格局"理论的形成背景和当代价值［J］.中央民族大学学报（哲学社会科学版），2018，45（05）：5-10.

② 秦玉莹，郝亚明.中华民族共同体意识：研究概貌与未来展望［J］.北方民族大学学报，2021（01）：19-28.

③ 毛泽东.关于正确处理人民内部矛盾的问题（1957 年 2 月 27 日）［A］.毛泽东文集：第七卷［M］.北京：人民出版社，1999：204.

④ 毛泽东.接见西藏国庆观礼团、参观团代表的讲话（1953 年 10 月 18 日）［A］.毛泽东文集：第六卷［M］.北京：人民出版社，1999：311.

义"①。江泽民同志指出，在我们祖国的大家庭里，各民族之间的关系是社会主义的新型民族关系②。2005 年 5 月 27 日，胡锦涛同志在中央民族工作会议暨国务院第四次全国民族团结进步表彰大会上的讲话指出，"今天，我国各民族平等、团结、互助、和谐的社会主义民族关系不断巩固③"。2005 年 5 月，《中共中央国务院关于进一步加强民族工作加快少数民族和民族地区经济社会发展的决定》也提出，平等、团结、互助、和谐是我国社会主义民族关系的本质特征④。

2014 年，习近平总书记在中央民族工作会议上曾谈道，"坚持各民族共同团结奋斗、共同繁荣发展，是民族工作的主题，民族团结是我国各族人民的生命线""坚持打牢中华民族共同体的思想基础，使各族人民增强对伟大祖国的认同、对中华民族的认同、对中华文化的认同、对中国特色社会主义道路的认同，构建各民族共有精神家园，是国家统一之基、民族团结之本、精神力量之源"⑤。通过以上论述可以看出，以往民族工作的指导思想均在突出、强调民族团结的重要性，铸牢中华民族共同体意识正是吸收了历代领导人关于增进民族团结的基本思想，回应和巩固了民族团结要与国家发展现实需要相契合的理论。

---

①　邓小平. 新时期统一战线是社会主义劳动者和爱国者的联盟（1979 年 9 月 1 日）［A］. 邓小平论统一战线［M］. 北京：中央文献出版社，1991：161.

②　国家民族事务委员会政策研究室. 中国共产党主要领导人论民族问题［M］. 北京：民族出版社，1994：238.

③　胡锦涛. 在中央民族工作会议暨国务院第四次全国民族团结进步表彰大会上的讲话［M］. 北京：人民出版社，2005：15-16.

④　吴仕民. 中国民族理论新编［M］北京：中央民族大学出版社，2006.

⑤　兰红光. 中央民族工作会议暨国务院第六次全国民族团结进步表彰大会在北京举行［N］. 人民日报，2014-09-30（1）.

第三章　民族传统体育铸牢中华民族共同体意识的学理体系

第一节　民族传统体育发展的历史沿革与现代性反思

一、民族传统体育发展的历史沿革

中国是一个有着悠久历史与丰富体育文化遗产的伟大国家，距今六千年左右，体育文明元素就出现在我国的史前文化中。自公元前 2017 年中国文明时代肇始的奴隶制王朝夏建立，到春秋战国时期封建社会的初步发展，华夏民族已经开始孕育着包容万象、延绵不断的传统体育文化，并为华夏民族古代传统体育文化的初步发展创造了有利条件①。公元前 221 年至公元 589 年，中国历史上先后经历了秦、西汉、东汉、三国和魏晋南北朝几个朝代，社会政治、经济和文化在八百多年历史演进中均发生了较大的变化。体育作为社会文化的重要组成部分，在继承先秦传统体育与引入外来体育基础上有所扬弃，形成了后世民族传统体育发展的基本格局，古代传统体育活动的基本形式在这一时期初步定型②。自 581 年隋王朝建立起至 1840 年鸦片战争爆发，中国历史先后经历了隋唐五代、宋辽夏金文明至清前期几个朝代，中国古代民族传统体育在这一时期从繁荣逐步走向完善，得到进一步创新与发展，传统武术技能、娱乐体育活动、传统养生体育、各种棋类，甚至其他民间传统

---

① 崔乐泉. 中国民族传统体育学 [M]. 北京：科学出版社，2018：136.
② 崔乐泉. 中国民族传统体育学 [M]. 北京：科学出版社，2018：156.

体育项目都日益受到人们重视，是一个多民族体育文化竞相发展的时代①。1840 年鸦片战争后，中国社会发生了急剧变化，列强入侵和清王朝的腐败使中国逐渐沦为半殖民地半封建社会。面对西方体育文化的不断侵入，有着广泛群众基础、丰富多彩的民族传统体育仍在继续流传与发展，并与学校体育、体育运动竞赛及体育场地的建设等，成为中国近代体育的重要组成部分②。1949 年中华人民共和国成立后，在体育主管部门和国家民委的积极领导下，民族传统体育活动得到了进一步普及，尤其是全民健身活动的广泛开展，有着中华民族特色的传统体育活动，得到了广泛的提倡和传播，逐渐成为广大民众因地制宜开展体育健身活动的主要途径③。数千年的文化沉淀与智慧积累形成了当前享誉世界的中国民族传统体育，民族传统体育不仅以文化的形式滋养着中华民族儿女，同时也以体育活动的形式丰富着人们的日常生活。1981 年，国务院正式批准召开全国少数民族传统体育运动会，每四年举办一届；1993 年，武术被纳入体育学科专业门类体系中。改革开放四十年来，我国建立了系统的民族传统体育文化保护和发展制度体系；一批民族传统体育项目得到抢救和发展；塑造了一批有影响力的民族传统体育文化赛会品牌；民族传统体育文化进校园成效显著④。然而，一个世纪以来，我国民族传统体育在西方体育的示范性与主导性牵引下也走进了文化模仿的时代。

二、民族传统体育发展的现代性反思

吉登斯在《现代性的后果》一书中提出了"脱域"的概念⑤。扎根于农村社会的民族传统体育，在现代性的裹挟下也逐渐呈现出脱域倾向。民族传统体育的脱域是指在现代社会的流动性和文化传播的影响下，民族传统体育发展逐渐脱离地域限制，摆脱社会母体束缚，而不断普及化、标准化，以传

---

① 崔乐泉. 中国民族传统体育学［M］. 北京：科学出版社，2019：184.
② 崔乐泉. 中国民族传统体育学［M］. 北京：科学出版社，2019：250.
③ 崔乐泉. 中国民族传统体育学［M］. 北京：科学出版社，2019：262.
④ 白晋湘. 我国民族传统体育改革发展 40 年回顾与展望［J］. 上海体育学院学报，2018，42（05）：9-14.
⑤ 安东尼·吉登斯. 现代性的后果［M］. 田禾，译. 南京：译林出版社，2011：18.

统文化符号或休闲体育方式延伸到城市化的环境中①。在笔者看来，民族传统体育的脱域可以概括为民族传统体育在现代性影响下所呈现出的两种极端发展趋势。第一种是民族传统体育的竞技发展（激进主义）。这种发展趋势是当前我国民族传统体育发展的主流形式，如竞技龙舟运动、竞技武术运动，几乎当前发展"较好"的民族传统体育无不是按照竞技体育标准化竞赛体系发展起来的。尽管竞技发展模式似乎带领民族传统体育走出了一条特色发展道路，殊不知，在这种模式下，民族传统体育发展失去了其赖以生存的根文化。西方竞技体育是工业社会的产物，所代表的是工业文明，而民族传统体育是农业社会的产物，所承载的是农业文明。换言之，两种体育形式的根文化截然不同。在工业社会背景下诞生了资本主义社会，而在农业社会背景下则形成了社会主义。民族传统体育的竞技发展是在面对竞技体育文化侵袭背景下所衍生出来的一种所谓的"中国特色"发展模式，尽管在形式上感觉发展得非常好，但实际上已逐渐暴露出许多隐形问题，如传统体育的传承危机。许多民族传统体育项目在这种竞技发展模式的冲击下已经逐渐退出历史的舞台，取而代之的是西方竞技运动项目。竞技发展模式绝不是我国民族传统体育现代性发展的唯一道路，于是便出现了另外一种发展模式。第二种是民族传统体育的保守传承（保守主义）。在民族传统体育经过数十年的仿竞技体育西化发展后，民族传统体育的竞技发展所暴露出来问题逐渐引起国人的高度重视，尤其是学界对于这一问题的关注。例如，著名武术学者王岗教授穷尽其研究发现，他始终坚定"中国武术不是体育的武术"这一立场。在王岗看来，中国武术是中国劳动人民集体智慧的结晶，武术具有体育的功能，但绝不仅仅是体育，更多的是一种中国文化，武术承载着中华儿女的历史记忆，所以他反对竞技的武术，呼吁当代武术发展要回到文化本位。然而中国武术的竞技发展已势不可挡，好在民族传统体育的发展引起了国家的高度重视，近年来各类与民族传统体育发展有关的政策陆续出台，社会各界也加大了对民族传统体育的保护与传承力度，如民族传统体育非物质文化遗产数量急剧

---

① 罗湘林，邱芬．脱域与重构——现代化进程中的传统体育演化［J］．体育与科学，2018，39（03）：75-81.

增加。尽管国家以及社会各界对于民族传统体育的保护与传承问题引起了高度关注，并投入了大量的精力，然而效果并不佳。究其根本，笔者以为，在现代性冲击下，民族传统体育的生存土壤已经发生了质的变化，在根文化改变的条件下对民族传统体育进行保护传承意义实属不大。因此，在现代性背景下要重构民族传统体育的发展，单一地走竞技发展或保守传承道路显然是行不通的，由此，民族传统体育的现代性发展急需一种精神内核作为指导，使民族传统体育既发生于本土，同时又服务于本土。新时代铸牢中华民族共同体意识恰恰为民族传统体育的现代性发展提供了思路。

第二节　民族传统体育的典型特征与功能价值

一、民族传统体育的典型特征

民族传统体育是中华优秀传统文化的重要组成部分，是一种带有民族特点且颇具传统色彩的文化形态。其典型特征主要表现在以下 4 个方面：

（一）民族性

民族性是指体现在民族传统体育文化中，并作为其基本内核而存在的民族文化心理素质的特征，是对于特定民族传统体育文化类型的最高层次的抽象[1]。一般来讲，在历史的发展中，民族文化的民族性表现在形式和内容的各个方面，如人种（包括肤色、形体等）、服饰（尤其是该民族创建期有显著特色的服饰）、饮食、生产方式、语言、风俗、世界观、信仰、思维方式、宗教观、价值观以及心理结构和审美情趣等，这些因素是长期以来形成的，表现在日常生活和行为方式甚至是传统体育形式的方方面面，并具有很强的稳定性，不太容易改变，这就使得其民族性具有很强的稳固性[2]。

民族传统体育的民族性实际上也是民族文化类型中的一种表现，是指某一民族在历史上由于生存区域、生存环境、生产和生活方式、文化积累和传

---

① 崔乐泉. 中国民族传统体育学 [M]. 北京：科学出版社，2019：34.
② 崔乐泉. 中国民族传统体育学 [M]. 北京：科学出版社，2019：35.

播等的不同而产生的与其他民族相异的体育文化；民族性同时还是一个民族传统体育项目的特殊烙印，即在不同的民族体育项目中蕴含着的不同民族生活习俗、思维方式、行为方式与价值观念等的民族性特征①。

中华民族传统体育是在几千年的承袭、发展、演变之后，在不同的地域环境、历史因素、宗教信仰的影响基础上形成的。而在这一长期的历史进程中，逐渐形成的不同民族的生理、心理、形态、神态等方面的特殊标志，已经蕴含在民族传统体育活动方式之中。不同民族之间在政治制度、宗教、语言、经济、心理素质、道德和价值观念的差异，形成了具有不同民族自己生活情趣的具有鲜明民族特色的传统体育。这种不同地域内的传统体育项目，赋予了民族体育不同的民族色彩②。

（二）象征性

象征性是民族传统体育文化很重要的特征。冯天瑜教授从文化形态学角度，将文化从外向内分为物态文化、制度文化、行为文化和心态文化四个层次③。实际上，民族传统体育文化也是由物态文化、制度文化、行为文化和心态文化等部分构成的。如果将这四层文化做一划分，它们有的是可观察到的外显部分，有的是不可观察到的内隐部分，如民族传统体育器械服装就属于物态文化；民族传统体育竞赛制度就属于制度文化；民族传统体育技术动作就属于行为文化；而民族传统体育象征信仰则属于心态文化。物态文化、制度文化、行为文化都是外显的，而某一体育活动形式所隐含的文化寓意，也就是心态文化则是内隐的。所谓象征性，就是外显的部分往往具有一种象征的意义，其最原始的起因是为了说明、表达某种内在的意义，即隐喻④。文化的内隐部分同样也要通过某些外在的形式表达出来，如流行于水域民族的龙舟竞渡活动就是一项极具象征意义的传统体育项目，通过一系列象征符

---

① 崔乐泉. 中国民族传统体育学 [M]. 北京：科学出版社，2019：35.

② 崔乐泉. 中国民族传统体育学 [M]. 北京：科学出版社，2019：36.

③ 冯天瑜，何晓明，周积明. 中华文化史：珍藏版 [M]. 上海：上海人民出版社，2015：15-16.

④ 张继生，刘冬，彭响，等. 隐喻·交融·枢纽：民俗体育活动仪式中的象征符号功能表征——以罗锦社龙舟竞渡为个案 [J]. 武汉体育学院学报，2021，55（01）：33-39.

号的使用传递着当地社会的一种集体文化信仰，也寄托着当地群众的价值观念表达。

只有懂得一个民族传统体育文化的象征意义，才会理解一个民族的传统体育文化，否则在民族交往中就会产生不可理喻、荒诞、教化之外的排斥感。民族传统体育文化也正是通过它的这种象征性，来达到文化群体内的认同或群体外的排斥的目的①。此外，民族传统体育与传统节日这一文化现象的结合也使其象征性表现得更为突出。在许多民族的传统节日里，举行体育竞赛与表演是必不可少的内容之一，而其目的有的在于娱人，有的在于娱神，有的兼而有之。在娱神这一点上就很明显地突出了其象征性。

（三）地域性

某一民族传统体育项目的形成必然是在一定的民族区域范围内，经过长时间的发展而逐渐形成的。民族区域环境内的自然条件、文化背景等的不同，也使得这一民族传统体育项目带有一定的地域性特色。

生产方式、地理环境和人文环境是形成民族传统体育地域性特征的主要原因。在生产方式方面，各自区域自然环境独特，生产方式也有区别，很容易造成各民族间的体育差异。例如，从事畜牧业生产的蒙古族、哈萨克族等，得天独厚的生产、生活方式创造了赛马、叼羊、骑射等马上骑术项目。苗族、侗族等少数民族，在以小农经济为主的农业生产中，牛的作用较大，因此保留了在节日里"斗牛"的风俗。另外，畲族的赛海马、登山；高山族的投梭镖、挑担赛、舂米赛；壮族的打扁担等都来源于当地人民的生产劳动。在地理环境方面，地理环境的不同是造成民族传统体育地域性的主要因素。具体来看，各民族所处的地理环境以及地理环境所带来的自然条件不同，加之交通不便、信息量少、受经济自给性和地方封闭的影响，其民族传统体育自然带有十分明显的地域性，人们常说的"北人善骑，南人善舟"就是这个道理。例如，藏族生活于青藏高原上，这里独特的地理环境以及民俗风情，也感染了藏族的传统体育项目，其抱石头、北嘎、押加、拔河、赛牦牛、谷朵、

———————————

① 崔乐泉. 中国民族传统体育学［M］. 北京：科学出版社，2019：38.

掷骰子、踢毽子、赛跑等大多带有粗犷、勇敢的特点。而满族生活在"白山黑水"的东北地区，这里地上森林茂密，山间河流纵横，因此狩猎与采集成了该民族生产方式中最重要的内容，这也成为满族民族传统体育项目（如采珍珠、赛威呼等）的反映。在人文环境方面，人文环境也是造成各民族传统体育地域化差异的一个重要因素。人文环境主要包括民族文化、风俗习惯、民族心理等。例如，北方人崇尚勇武，因此，力量型民族传统体育项目较多，如摔跤、骑马等；南方人性格较为平和细腻，善于思考，因此，心智类和技巧类民族传统体育项目较多，如爬油竿、上刀杆等①。

（四）文化性

文化的实质性含义是"人类化"，是人类价值观念在社会实践过程中的对象化，是人类创造的文化价值，经由符号这一介质在传播中的实现过程，而这种实现过程包括外在的文化产品的创造和人自身心智的塑造②。中华民族是有着几千年历史文明积淀的伟大民族，在历史变迁与文明开化的进程中，中华文明不断孕育着先进的文化，民族传统体育就是其中最典型的代表之一。

民族传统体育是民族文化宝库中极为珍贵的一个部分，具体表现为：一方面，民族传统体育是可供人类选择的运动形式并受其他文化的限制，特别是受到人的生命价值观、审美心理、民族心理等精神文化的作用；另一方面，其是主动作用于其他文化的重要因素，同时有机结合其他文化形式对人的身心素质发展和社会适应能力发展产生影响。民族传统体育不但是一种文化现象，而且是一种增强各族人民体质、运动技能以及社会适应水平的文化途径，其牢牢立足在各民族文化的土壤中，同时在继承和发展中慢慢表现出旺盛的生命力。纵观我国各族的传统体育运动项目，绝大部分都是集多种表现形式于一体，内容、形式以及风格都极为丰富。例如，壮族的三人板鞋竞速、蒙古族的曲棍舞、瑶族的跳八音等民族传统体育项目，不但拥有鲜明的民族特色，而且拥有娱乐健身运动特点以及美学的艺术欣赏价值。在参与民族传统

---

① 薛文忠．民族传统体育文化与研究生体育健康教育研究［M］．长春：吉林大学出版社，2017：12-13.

② 冯天瑜，何晓明，周积明．中华文化史：珍藏版［M］．上海：上海人民出版社，2015：12.

体育项目的过程中，参与者和观赏者这两个群体可以实现充分融合，在精神上获得享受。

在民族传统体育的大部分项目中，均具备阶层比较高的文化价值以及稳固的群众基础，和民族的传统文化、传统观念、价值取向、意识存在直接关系。在民族地区大范围、深层次地开展和普及民族传统体育运动，不但是继承和弘扬民族文化的有效措施，而且是开展民族文化教育的有效措施①。

二、民族传统体育的功能价值

民族传统体育属于文化形态的一种，是在民族政治、经济、文化、教育等因素的相互作用、相互渗透以及共同发展下产生的。历史时期不同，民族传统体育发挥出的价值和功能也不尽相同。民族传统体育作为一项体育运动，可以对个体需求和社会需求予以不同程度的满足。在人类社会不断发展和民族文化相互融合、相互渗透这一大背景下，民族传统体育的价值也呈现出多元化的发展趋势，逐渐拥有多项功能和价值。总的来看，主要集中体现在以下几个方面：

（一）健身娱乐

我国民族传统体育项目主要是在人们的生产和生活中创造和发展起来的，与人的身体活动有着非常密切的联系。人们通过直接参与到娱乐身心的运动中逐渐改善民族体质，从而进一步改善和提高各民族人民的健康水平。因此，民族传统体育具有健身价值，具有现代竞技体育的不可替代性。通过参与民族传统体育项目的运动锻炼，可以促进人的生长发育，提高运动能力，同时也可以使中枢神经系统的机能得到改善和提高，调节人的心理，提高人体对外界环境的适应能力。例如，荡秋千、跳绳、跳皮筋、爬竿等具有民族特色的娱乐游戏类项目是适合广大群众进行健身锻炼的主要手段，经常参与这些运动，坚持锻炼，可以增强体质，达到强身健体的目的。又如，我国民族传统体育中的"太极拳""五禽戏""八段锦""导引养生术"等，已成为人们

---

① 薛凌. 高校民族传统体育理论、发展与技能研究 [M]. 北京：中国水利水电出版社，2017：28-29.

进行健身和修身养性的最具实效性的手段。民族传统体育为全民健身活动的开展提供了丰富多彩的练习形式和方法，展现了无限的发展空间，它与全面健身活动的统一，是民族文化与体育文化发展的价值回归①。

我国民族传统体育活动是人们在具备基本的物质生存条件的基础上，追求精神需要而进行的文化创造。从简单易行、随意性较强的项目，到技艺精巧、有规则要求的竞技；从因时因地、自由灵活的娱乐戏耍，到配合岁时节令的大型文体生活广场表演，把宗教礼仪、生产劳动、欢度佳节、喜庆丰收等与体育相融合，将文化艺术形式、民族舞蹈等与民族体育融合在一起，充分地体现了民族传统体育的娱乐性。民族传统体育活动以其独特的魅力和积极健康的文化娱乐方式，以及观赏性吸引着更多的人参与，并成为人们休闲生活中的重要内容之一。大多数民族传统体育项目在形成最初主要是以消遣娱乐为主要目的的，而在正式形成后，又受其所处地域、民族等的影响，成长为具有一定模式的民族文化活动。因此，可以说，民族传统体育是人类在具备起码的物质生存条件的基础上，为满足精神需要而进行的文化创作。例如，秧歌就是一种自娱自乐的体育活动，人们主要在农闲时或节日当天扭秧歌，以此表达自己的喜悦心情。再如，苗族、壮族、彝族、瑶族和布依族等少数民族的人们喜欢打铜鼓，打铜鼓的同时以歌伴舞，用歌舞来辅助表演动作，风格淳朴，传达出浓郁的民族特色和欢快的气氛，这些体育活动受到各民族的欢迎，为节日增添了喜庆色彩②。

（二）价值认同

人类文化的存在方式是各异的民族文化，但是这并不代表着不同的文化都是各个民族独立创造的结果。虽然人类的发明创造在最初可能是由某一民族，甚至某个人单独完成的，也即马克思所说的"当交往只限于毗邻地区的时候，每一种发明，在每一个地方都必须重新开始"的现象，但随着民族间的交往有了一定量的积累，文化也跟着积累到一定的程度之后，原来相对独

---

① 陈晓梅.民族传统体育文化的弘扬与典型项目教学指导［M］.北京：中国水利水电出版社，2016：26.

② 薛文忠.民族传统体育文化与研究生体育健康教育研究［M］.长春：吉林大学出版社，2017：14.

立的各民族的生产方式便会产生相互碰撞、相互渗透的关系。此时，文化的再创造越来越离不开众多人参与和合作，谁也不能拒绝继承、借鉴前人的成果与经验，谁也不能拒绝向周围的人、周围的民族学习、借鉴。文化交流使人类的发明创造得到了传播、继承和发展，避免了各民族一切从零起步，而是可以把其他民族的文化成果转化为自己的一部分，从而节省了大量人力、物力和时间，并迅速地丰富本民族文化，促进民族发展的速度。如春秋以来，边疆地区屡遭胡马侵扰，在这种侵乱的背景下，逐渐形成了与胡马因素相关的民族传统体育活动。

作为文化形态之一的中华民族传统体育，是古代以汉族体育文化为主体，在长期的民族交流与民族融合中，融汇了多种民族的传统体育文化所共同形成的一种文化形态。正如民族本身的形成和发展经历了漫长的历史过程一样，民族传统体育文化也经历了复杂的历史演变。一方面，虽然华夏民族早在先秦即已形成，但其后数千年中又经历了多次民族大融合，使华夏民族本身不断地融入少数民族成分，民族传统体育也必然随着民族的融合与交流而不断发展。另一方面，中华大地上各民族之间也发生着密切的体育文化交流，各民族的体育文化在吸收其他民族体育文化的优秀因子过程中不断丰富与更新。中华传统体育代表性项目之一武术的形成发展便吸收了华夏民族之外的少数民族的武技内容。但古代华夏民族居住于肥沃平坦之黄河流域，较早进入文明程度较高的农业社会。而华夏民族四周的民族，即古史统称的"东夷、西戎、南蛮、北狄"，或居大漠戈壁，或处峻岭丛山，或地势高寒，或滨邻水域，他们生存于更为恶劣的自然环境之中，加之狩猎、放牧等生产生活方式等因素决定了这些周边民族较中原华夏民族有着更多的武勇蛮健精神和精湛的击刺掷射等武艺技能，使本民族的民族传统体育项目更具特色①。

总的来讲，在持续的族际互动与交融过程中，各民族的传统体育文化不断融合交汇，形成了今天我们所看到的民族传统体育形态。可以说，民族传统体育能够传承至今，期间不断流，最核心的因素便是价值认同，正是在这

---

① 王海军. 民族传统体育文化的传承发展与保护研究［M］. 长春：东北师范大学出版社，2017：149-150.

种价值认同驱使下，各民族传统体育文化才会相互借鉴吸收、取精去糙。因此，民族传统体育具有价值认同的特殊功能与价值。

（三）经济发展

民族传统体育来源于民族意识、民族精神以及民族文化的长时间沉淀和革新，可以和民族经济发展形成互动，具备显著的推动作用，所以立足于民族传统体育和社会经济互动的角度，民族传统体育在经济价值上有很大的开发空间。伴随着旅游业发展进程的不断推进，民族传统体育经济价值的作用越来越突出，少数民族传统体育和民族地区旅游业发展能够产生彼此推动的作用。在生活质量不断提升的情况下，广大群众的工作压力越来越大，很多人对都市生活产生了厌倦心理，渴望享受园林生活。随着工作任务越来越重、生活方式越来越单一化，人们向往大自然的动机越来越强烈，前往少数民族地区旅游、感受民族传统体育项目的魅力已经成为很多人休闲的选择，为民族传统体育在当前和旅游业相互促进，加快经济发展速度并发挥经济价值奠定了重要基础。

民族传统体育可以推动民族地区的经济发展，把少数民族群众喜闻乐见且民族特色与地方特色十分鲜明的传统体育项目融合在相关活动中，由此形成临时市场，推动地方经济贸易的快速发展。近些年来，很多地方通过"体育搭台，经济唱戏"的策略来推动地方经济，如此不仅能有机结合当地经贸，还能对附近区域民众积极参与、积极沟通形成强大吸引力，也对民族地区特色产品销售、经贸联系、社会沟通、推动地方经济发展有举足轻重的影响。

民族传统体育和地方经济的互动发展，将民俗节日庆典的经济性质表现得淋漓尽致，即节日庆典和其余劳动产品相同，同样能够转变成商品，和经济资本相同可以赢得经济利益，可以对地方经济发展产生推动作用。因此，深层次开发民族传统体育文化资源，对民族传统体育文化的所有功能展开整合和运用，逢民俗活动和节日时认真实施"体育搭台、经济唱戏"的工作方针，能够使少数民族人民的日常生活更加丰富，能够为民族地区经济发展灌注活力①。

（四）文化传承

民族体育文化综合了多种民族社会文化因素，因此反映出一个民族的历史、文化、风俗习惯、民族精神、道德规范等因素。特别是在没有产生文字之前，民族体育作为一种以身体活动为主要内容的文化形式将其积淀的各种民族文化因子传承下来，承担了文化载体的功能。同时经过不同时代的发展，其核心和主旨保持沿袭的内涵和固定的仪式，并在变异过程中有所遵循，保持着与传统文化的继承关系。如傣族的民间体育活动"堆沙"则记录了傣族宗教信仰的历史。傣族的堆沙据说有 1600 多年的历史，它的产生兴起和发展与小乘佛教传播、兴盛和发展有着密切的关系。堆沙主要在每年的泼水节进行。届时，男女老少清早便沐浴更衣，来到寺庙赕佛，在寺院中用沙堆成三、五座宝塔，高约 3~4 尺，塔尖插几根缠着彩色纸条的竹枝，然后围塔而坐，聆听佛爷诵佛经和讲述历史传说。在没有文字记载的当时，口传心授起到了不可磨灭的文化传承作用②。

民族传统体育作为人类的一种特殊文化形式，生存和发展于民族文化的不同形态中。由于独特的地理和文化环境，民族传统体育在自己的发展中，始终与其他文化形态相互依存、相互作用。这类具有开放特点的民族传统体育，在发展中不断与外界进行着自由的物质和信息的交流。从民族传统体育的发展与演进以及运动特点来看，其不同的活动形式在运动中处处充当着复合文化的角色。

民族传统体育产生于人类的实践活动，其具体表现形式无不透露着与人类生活紧密相关的道德风尚、宗教信仰、民族情感和民俗传统所给予的影响。通过各种形式传统体育活动的开展，各民族寻找到了向外界展示自己文化的舞台，寻找到一条民族文化通往外部世界的途径，创造出了一个展示民族文化真正价值的领域③。可见，民族传统体育具有文化传承的功能与价值。

---

① 薛凌. 高校民族传统体育理论、发展与技能研究［M］. 北京：中国水利水电出版社，2017：27-28.

② 陈丽珠. 民族体育文化概论［M］. 北京：中央民族大学出版社，2015：31.

③ 崔乐泉. 中国民族传统体育学［M］. 北京：科学出版社，2019：49.

（五）民族团结

文化是一个民族生命力、创造力和凝聚力的源泉，是一个国家、一个民族赖以生存和发展的精神支柱和灵魂。任何民族的进步都离不开传统文化的维系。文化认同意指个体对于所属文化以及文化群体内化并产生归属感，从而获得、保持与创新自身文化的社会心理过程。文化认同的核心是对一个民族的基本价值的认同，是凝聚这个民族共同体的精神纽带，是这个民族共同体生命延续的精神基础。因而，文化认同是民族认同、国家认同的重要基础，而且是最深层的基础。

人类都对自己的族群有特别的认同感，不仅是出于自身与族群之间的血缘联系，而且在于自己与族群之间文化上的依附性。文化是一个包含多层次、多方面内容的统一体系。文化认同和民族认同不同，民族认同源于一种命运共同体的感觉，是一种现实利益的认同，是一种血肉相连的情感。文化认同则是拥有共同的文化，是一种观念思想的认同，二者有着不同的界域。但是，文化认同又往往构成民族认同的内核。文化认同之所以成为民族认同的根据，是因为民族文化中的某些符号成了民族认同的象征。当某种符号的象征意义代表一个民族，这种符号系统便和这个民族的形象联系在一起，民族传统体育文化就是这样的文化符号。

各民族凝聚力是通过其共同的思维方式、价值观念、生活习惯、行为方式实现的。民族传统体育文化具有很强的社会性和民族性，民族传统体育文化包含着各民族共同的文化、地域以及共同的生活方式、价值观念和审美情趣，因此具有民族凝聚的功能。民族传统体育文化的凝聚功能主要产生于民族传统体育文化的精神层面，由此而产生的凝聚是最深层的，也是比较稳定的。民族传统体育文化来源于各族人民的生活与实践，因此具有广泛性与朴素性，更容易得到人们的认同，体现了人类普通价值、对真善美的追求①。

正是基于民族传统体育所蕴藏的这一系列认同功能，才使得其在历史的变迁进程中能够历久弥新、生生不息，而这也成为促进民族团结的一个重要

---

① 陈丽珠. 民族体育文化概论 [M]. 北京：中央民族大学出版社，2015：27-28.

方式。

（六）社会治理

民族传统体育具有突出的群众性和节日性特点。从地域来说，诸多民族传统体育项目是以村寨为单位进行的；从社会层面来说，不论职业、地位、年龄，只要是同民族同地区的几乎都能参加。因此，共同性本身就有一种亲和力。共同性越多，凝聚力越强，社会的和谐价值就表现得越充分。一些全民普遍信仰某个宗教的少数民族，除了世俗文化所产生的凝聚力之外，在与宗教文化共同进行的一些体育活动中，其所产生的认同心理也很强烈。共同的信仰、共同的体育文化，体育文化活动中的相互祝福、共同欢乐，都增进了人们的和谐和感情联系。随着民族传统体育的发展和传播，许多民族的传统体育活动形式成为多个民族共同参与的项目，而个人处于这样的文化氛围中会自然地接受它的熏陶，不知不觉地运用它所给予的和谐价值观念，很自然地融入民族大家庭中①。

纵观我国近代体育运动的发展进程，体育运动项目资源通常来源于西方体育文化体系，与我国主流体育相比，民族传统体育依旧身处民间性的边缘。新中国成立之后，党与国家在开发和整理民族传统体育运动文化、举办和推广民族传统体育运动上投入了大量精力，民族传统体育已经慢慢发展成促进各民族团结、贯彻国家民族政策的有效途径。对于民族传统体育在这方面的作用，能够追溯到新中国刚刚成立的阶段，那一时期不同级别的政府邀请少数民族体育代表前往各个地区参与体育娱乐表演，进而拉近各民族之间的距离，使各民族之间更加了解、更加团结，最终达到营造和谐社会氛围的目标。此类利用民族传统体育文化的交流以及民族文化融合来促使各民族深入认识国家政权和社会发展的策略，反映出对民族传统体育文化在国家、政治、社会发展价值方面的肯定。在现阶段，要想推动我国各民族更加和谐、更加团结，并且营造出和谐的社会氛围，要在践行当代国际盛行体育形式和我国文

---

① 崔乐泉.中国民族传统体育学［M］.北京：科学出版社，2019：51.

化相互融合的措施的基础上，积极开展不同形式的民族传统体育项目竞赛①。

第三节　民族传统体育与铸牢中华民族共同体意识的逻辑关联

一、民族传统体育发展对铸牢中华民族共同体意识的积极作用

中华民族共同体意识是中华民族共同体在人脑中产生的心理映射②。中华民族共同体意识包括对中华民族共同体的认知与认同。中华民族共同体意识的提升是中华民族共同体具有凝聚力和团结力的重要前提。习近平同志将马克思主义民族理论与中国统一多民族实际相结合，提出从价值取向、思想基础、物质条件、制度保障四个方面铸牢中华民族共同体意识③。铸牢中华民族共同体意识不能局限于意识形态上的建设与价值层面上的应然抽象中，应该从政治、经济、文化、社会等多维度探寻工具性支撑④。民族传统体育发展对铸牢中华民族共同体意识的积极作用主要体现在以下几个层面：

（一）民族传统体育的政治功能为铸牢中华民族共同体意识夯实思想基础

中国是一个统一的多民族国家，民族团结稳定是一个国家长盛发展的重要前提，同时也是中华民族共同体所具有的典型特征。民族传统体育是各个民族所特有的传统体育活动的总称，长期以来，民族传统体育成为各民族间相互交往、相互交流以及相互交融的重要传播载体，在维系民族团结稳定过程中扮演着重要的角色。例如，各省市的少数民族运动会以及四年一届的全国少数民族运动会，凭借各民族独具特色的传统体育运动，各个民族相聚一

---

① 薛凌. 高校民族传统体育理论、发展与技能研究 [M]. 北京：中国水利水电出版社，2017：29-30.

② 青觉，赵超. 中华民族共同体意识的形成机理、功能与嬗变——一个系统论的分析框架 [J]. 民族教育研究，2018，29（04）：5-13.

③ 邓磊，罗欣. 习近平铸牢中华民族共同体意识理路探析 [J]. 社会主义研究，2018（06）：24-30.

④ 龙金菊. "共同体"语义下的中华民族共同体建设 [J]. 广西民族研究，2019（02）：10-17.

堂同台竞技。在这个过程中，各民族文化实现了族际间的互动与交融，极大地提升了各民族文化的社会适应性，也进一步增强了民族之间的稳定与团结。2017年8月9日至12日，由亚洲龙狮联合会主办，澳门特别行政区承办的第四届亚洲龙狮锦标赛在中国澳门隆重举行，笔者作为中国大陆舞龙代表队参赛队员参加了这次比赛。在比赛过程中，中国大陆代表队受到了澳门特别行政区大赛组委会以及市民的热烈欢迎，澳门特别行政区许多居民纷纷与大陆代表队队员合影留念并相互交流，加深了不同地区人们的情感交流，提升了相互间的印象，巩固了不同地区居民对祖国的认同感。民族传统体育在各民族交往、交流以及交融过程中所内含的这种政治功能推进了中华民族共同体的建设，也为中华民族共同体意识的铸牢奠定了思想基础。

（二）民族传统体育的经济功能为铸牢中华民族共同体意识提供物质条件

当前我国社会主要矛盾已经发生转变，这种社会矛盾在不同的区域间以及不同的民族间表现得尤为突出，而转化这种区域间以及民族间发展的不平衡，唯有大力发展区域经济与民族经济，实现各地区与各民族经济的协调发展，从而尽可能地缓解社会主要矛盾。随着国家对于优秀传统文化的高度重视，许多传统体育文化资源得到了积极的开发与整理，体育产业的爆发式增长也让民族传统体育走上了产业化发展的道路，尤其体现在民族传统体育赛事产业上。近年来，民族传统体育仿照竞技体育发展模式走出了一条以赛事为依托，集赛事旅游、赛事观赏于一体的"特色"发展道路。以武术为例，世锦赛、亚锦赛、全运会、各级别大学生锦标赛等赛事琳琅满目；昆仑决、散打王、武林风等商业赛事也是充斥着民族传统体育的元素。民族传统体育赛事产业的发展，其经济效应并非仅局限于赛事本身，更多的是赛事所衍生的产业链，如赛事举办所拉动的旅游业发展。产业化发展带动了民族传统体育的创造性转化与创新性发展，同时也为区域经济与民族经济的发展增添了动力，使得民族传统体育产业成为民族经济发展的一个新的增长点。各民族经济的发展不仅提升了各民族人民的获得感与幸福感，同时也为民族稳定繁荣奠定了基础。可见，民族传统体育所具有的经济功能为铸牢中华民族共同体意识提供了物质条件。

（三）民族传统体育的文化功能为铸牢中华民族共同体意识指引价值取向

文化是民族的血脉，中华民族在历史的潮流中能够实现持续传承依靠的是其所拥有的优秀传统文化。广义的文化包括物质文化与精神文化，民族传统体育所具有的文化功能实际上也体现在这两个层面：第一，民族传统体育本身就是一种物质文化。民族传统体育是中华各民族集体智慧的结晶，是各族人民在劳动过程中所形成的一种物质文化，源于各族人民的生理需要（运动本能和顺应自然的生活节律、繁衍种族）和社会需要（生产劳动和军事训练、原始信仰崇拜、经济活动）①。换言之，民族传统体育形成于各族人民的日常生活，本身就是各族人民赖以生存的一种生活文化。第二，民族传统体育还是一种精神文化。这种精神文化并非自身所内含，而是各族人民所赋予的，也就是民族传统体育所承载的中华民族优秀传统文化，如民族传统体育中所蕴藏的"天人合一"哲学思想、"尊师重道"伦理思想，这些优秀传统文化并非民族传统体育本身所拥有，而是中华各族人民价值观的集体映射。民族传统体育所承载的这种精神文化规约并形塑着各族人民的行为举止与价值取向，通过民族传统体育的参与和传承，各族人民加深了对本民族文化的价值认同，形成了各民族统一的价值取向，而这种价值取向正是铸牢中华民族共同体意识所必需的先决条件。

（四）民族传统体育的社会功能为铸牢中华民族共同体意识奠定制度保障

在数千年的历史积淀中，民族传统体育不断适应并传承至今，折射出的是其强大而又旺盛的生命力，同时也体现出其对社会发展所具有的独特价值与功能。研究认为，民族传统体育所具有的社会功能主要体现在四个方面：第一，整合功能。民族传统体育将各民族传统体育文化的集体智慧结晶集于一体，整合了各民族人民的集体价值观与文化信仰，对于凝心聚力具有积极效应。第二，交流功能。民族传统体育将各民族紧密联系起来，成为各民族相互交流、相互交往以及相互交融的沟通桥梁，扮演着"使者"的角色，为各民族的沟通对话提供了良好媒介。第三，导向功能。民族传统体育将各民

---

① 李志清. 少数民族传统体育起源与变异探析 [J]. 体育科学, 2004 (01)：68-72.

族文化导向至一种内敛、自省的方向，相比西方竞技体育文化中的个性与张扬，民族传统体育文化中的这种含蓄且不张扬的主流价值观对于维系社会稳定、民族团结具有重要意义。第四，继承和发展功能。民族传统体育的发展是对中华优秀传统文化的继承与发展，以传统体育运动为传播载体，实现了优秀传统文化的当代弘扬。概言之，民族传统体育社会功能中的整合、交流、导向以及传承与发展功能为铸牢中华民族共同体意识提供了制度保障。

二、铸牢中华民族共同体意识对民族传统体育发展的重要影响

民族传统体育既是中华各族儿女集体智慧的结晶，也是时代发展的产物。民族传统体育能够历久弥新并传承至今，得益于中华优秀传统文化的融入及其富有的独特社会价值。铸牢中华民族共同体意识，建设中华民族共同体，既是新时代民族传统体育发展的必然方向，也是民族传统体育的"能力"所指。铸牢中华民族共同体意识对民族传统体育发展的重要影响主要表现在以下几个方面：

（一）指引发展方向，重构民族传统体育使命

在不同的历史时期，民族传统体育扮演着不同的角色，也产生着不同的功能。战争时期，民族传统体育主要用于上阵杀敌，是一种军事搏杀技能；和平年代，民族传统体育的功能发生嬗变，逐渐指向休闲健身与娱乐，如《全民健身计划（2016-2020）》要求"扶持推广武术、太极拳、健身气功等民族民俗民间传统和乡村农味农趣运动项目，鼓励开发适合不同人群、不同地域和不同行业特点的特色运动项目"；《体育强国建设纲要》提出"大力发展群众喜闻乐见的运动项目，扶持推广各类民族民间民俗传统运动项目"。可见，当代社会对于民族传统体育所提出的要求已经发生翻天覆地的变化。然而，在以奥林匹克为主导的竞技体育文化广泛传播影响下，民族传统体育在娱乐性、经济性以及观赏性等方面的不足使得其不得不进行自我改良。由此，也就出现了民族传统体育的竞技化与传统化分化，如武术按照竞技体育竞赛模式创造性地衍生了竞技武术，舞龙也形成了竞技舞龙与传统舞龙两大类型。随着民族传统体育竞技化的持续推进，传统武术、传统舞龙等一系列

根植于民间的传统体育活动逐渐退出人们视野，民族传统体育传承面临着巨大的考验。铸牢中华民族共同体意识作为新时代我国民族工作开展的主线，为民族传统体育的发展指引了方向，也赋予了其新的时代使命。

（二）加强主体阐释，彰显民族传统体育主体

长期以来，我国学者基于政策保障、社会变迁、文化入侵等视角由外向内对民族传统体育的传承与发展问题进行研究，并据此提出了诸多指导建议。不可否认，这一系列对策建议较好地促进了民族传统体育文化的传承，实现了对民族传统体育文化的保护，但细究不难发现，系列研究均忽略了民族传统体育文化的主体性。在学者们研究的视野中，民族传统体育发展思路始终受到学者主观思维的影响，由此也就造成了民族传统体育发展的"多元化"路径。本研究认为，民族传统体育是中华民族优秀传统文化的代表，产生于中华各族人民的日常生活，兴盛于这个和平、经济社会高速发展、人们安居乐业的年代，其发展也应当服务于国家经济建设的各个方面。作为新时代民族工作的主线，铸牢中华民族共同体意识显然需要民族传统体育其独特功能的发挥。凭借赛事的举办，中华各族儿女得以齐聚一堂，提高了民族之间的相互认同，也巩固了伟大祖国的和平统一。可以说，铸牢中华民族共同体意识是民族传统体育在新时代充分发挥其价值的一个突出方式。以铸牢中华民族共同体意识为价值取向，能够加强民族传统体育的主体阐释，进而使其主体地位得以充分彰显。

（三）拓展理论视角，深化民族传统体育研究

民族传统体育学形成于 1997 年，是在武术学基础上拓展而成的[①]。数十年的积累沉淀铸就了一大批民族传统体育学研究成果，也积极推动了民族传统体育学科的发展。然而，梳理民族传统体育学研究的历史脉络不难发现，现有民族传统体育文化研究存在以下特征：一是在内容上，关注顶层设计的成果偏多，注重基层实况的成果偏少。如学者白晋湘从社会组织建设、社会运行机制、体育产品开发、政策环境支持等维度提出了以村民自治为核心的

---

① 邱丕相，杨建营，王震．民族传统体育学科发展回顾与思考 [J]．上海体育学院学报，2020，44（01）：12-20.

少数民族聚居区传统体育非物质文化遗产保护的社会建构模式①；屈植斌从规划系统、组织系统、保障系统、评估系统 4 大子系统构建了少数民族传统体育文化传承的运行机制②；王静指出少数民族传统体育发展思路要由外延式逐步向内涵式过渡、资源要由无序向系统化开发过渡、事业要由保守逐步向开放过渡、价值取向要由功利向人性需求过渡、发展模式要由单一向多元化过渡③等等。二是在思路上，关注问题对策的成果偏多，注重生存逻辑的成果偏少。如李志清④、张小林⑤、赖小玉⑥、李玉文⑦、朱奇志⑧、肖宇翔⑨等基于具体项目从微观层面出发，分别对抢花炮、舞狮、月牙镋、摆手舞、板鞋、独竹漂等少数民族传统体育项目的传承问题进行了研究，并提出了相应对策；王成科⑩、王明娟⑪、郭震⑫、杨中兵⑬等基于具体地域从中观层面出发，分别对广西、承德、桂西北、贵州等地少数民族传统体育发展问

　　① 白晋湘．少数民族聚居区传统体育非物质文化遗产保护的社会建构研究——以湘西大兴寨苗族抢狮习俗为例 [J]．体育科学，2012，32（08）：16-24．

　　② 屈植斌，顾晓艳．我国少数民族传统体育传承运行机制的系统构建 [J]．北京体育大学学报，2015，38（04）：45-51．

　　③ 王静．少数民族传统体育当代发展的协调与转型机制研究 [J]．贵州民族研究，2016，37（05）：188-191．

　　④ 李志清，覃安，朱小丽．仪式性少数民族体育的当代价值——以桂北侗乡抢花炮为例 [J]．体育学刊，2010，17（03）：80-84．

　　⑤ 张小林，白晋湘，吴力．少数民族村寨传统体育节庆民俗与现代创意发展——基于湘西德夯"百狮会"的考察 [J]．沈阳体育学院学报，2014，33（06）：140-144．

　　⑥ 赖小玉，何孝锋．侗族月牙镋的保护与传承研究 [J]．体育文化导刊，2015（04）：95-98．

　　⑦ 李玉文．少数民族村寨发展变迁中的传统体育保护研究——酉阳河湾村摆手舞的田野调查报告 [J]．广州体育学院学报，2016，36（01）：57-59．

　　⑧ 朱奇志，陈坚华．壮族板鞋竞速现代推广模式研究 [J]．广西民族大学学报（哲学社会科学版），2018，40（03）：126-130．

　　⑨ 肖宇翔，韦杨遮，蒋菠，等．少数民族传统体育项目的传承与发展路径思考——基于独竹漂运动项目研究 [J]．西南师范大学学报（自然科学版），2019，44（08）：117-121．

　　⑩ 王成科，蒙军．广西传统民俗体育生态化发展研究 [J]．广西社会科学，2016（03）：26-29．

　　⑪ 王明娟，孟宪辉．承德地区少数民族传统文化保护与传承的思考 [J]．山西财经大学学报，2017，39（S2）：33-36．

　　⑫ 郭震，王光．桂北少数民族传统体育发展的生态伦理思考 [J]．体育文化导刊，2018（07）：48-51+71．

　　⑬ 杨中兵，王江萍．全球经济一体化视域下贵州省少数民族传统体育的困境及突破路径研究 [J]．贵州民族研究，2019，40（05）：154-157．

题进行了探讨，并提出了相应建议。已有研究在内容与思路上的局限，或多或少地从某种程度制约着民族传统体育学的发展。本研究认为，要改变这样一种局面，只有尝试拓展一个新的理论视角。显然，铸牢中华民族共同体意识为深化民族传统体育研究提供了理论视角。

（四）提供精神内核，促进民族传统体育传承

当前我国民族传统体育发展主要呈现两种趋势：一是民族传统体育的竞技发展，如竞技龙舟运动、竞技武术运动等；二是民族传统体育的保守传承，如非遗等。总的来说，凭借对竞技体育竞赛模式的模仿，民族传统体育走出了一条具有中国特色的竞技化发展道路，也正因为此，民族传统体育的当代传承危机在某种程度上得到了有效缓解。然而，随着民族传统体育赛事标准化进程的加快，其导致的文化传承流失、民间传承受阻等系列问题也日益凸显。一方面，民族传统体育赛事除了在项目形式上还保留着民族传统体育的形态，在其他方面几乎与西方竞技体育无异；另一方面，民族传统体育发展失去了其赖以生存的根文化，可谓守其形而弃之魂①。尽管国家以及社会各界对于民族传统体育的保护与传承问题给予了高度关注，并投入了大量的精力，然而效果并不佳。究其根本，本研究以为，在现代性冲击下，民族传统体育的生存土壤已经发生了质的变化，在根文化改变的条件下对民族传统体育进行保护传承的意义实属不大。因此，在现代性背景下，要重构民族传统体育的发展，单一地走竞技发展或保守传承道路显然是行不通的，由此，民族传统体育的现代性发展急需一种能够支撑起发展的精神内核作为指导，使民族传统体育既发生于本土，同时又服务于本土。新时代铸牢中华民族共同体意识恰恰为民族传统体育的现代性发展提供了思路。

---

① 彭响，雷军蓉. 舞龙运动的标准化发展研究 [J]. 河北体育学院学报，2017，31（06）：92-96.

第四节 民族传统体育铸牢中华民族共同体意识的核心内容

一、提高中华民族共同体认知

中华民族共同体认知主要包括政治共同体认知、利益共同体认知、心理共同体认知、文化共同体认知以及命运共同体认知。

（一）提高政治共同体认知

一个多民族的主权国家在建设过程中，各个民族对国家的政治信任和政治认同是这个多民族主权国家内部政治稳定的必要条件，也是一个多民族国家的主权得以社会一致认可的充分条件。同时，各个民族群众对一个主权国家的政治支持和政治信任是这个拥有多民族国家政治体系得以可持续存在的重要衡量指标①。中华民族传统体育是中华各民族传统体育项目的总称，覆盖所有区域与民族。每一种民族传统体育形态都是一个民族意识形态的象征，也是一个民族集体价值观的映射。换言之，中华民族传统体育本身就是一个政治共同体的隐喻，将各民族的传统体育项目归入中华民族传统体育范畴，是对各民族的认同与接纳。近年来，在国家政策的宏观引导下，民族传统体育赛事开展得如火如荼，特别是四年一届的少数民族运动会，通过全国性比赛的舞台将各少数民族传统体育项目集聚一堂，有效地实现了各少数民族的身份认同，也加强了各少数民族对政治共同体的认知。这种认知表现在对国家统一的认知，少数民族获得与其他民族同台竞技的参赛资格，是一种身份与价值的自我实现，只有国家统一，方能实现本民族与其他民族的平等地位，而平等参赛就是一个重要表现。

（二）提高利益共同体认知

对于存在差异化的民族而言，只要有差异就会存在利益差别。中华民族

---

① 周超，刘虹. 共生理论视阈下中华民族共同体建构的五维向度［J］. 民族学刊，2021，12（01）：19-25+85.

共同体的建构，意味着在经济利益不同、价值观念多元及文化背景殊异的多民族群体之间建立多民族和谐共存的良好社会关系，在差异性的基础上达成政治、观念、文化以及利益共识①。换言之，如果中华民族共同体中一个民族的利益受到另一个民族利益的损害，中华民族共同体的凝聚力必然会受到影响②。由此可见，在中华民族共同体建构的过程中要平衡不同民族群体之间的利益关系，实现各族人民的利益互惠和共享，是调解民族之间矛盾与冲突，构建中华民族利益共同体的一个重要方面。可见，提高中华民族对利益共同体的认知是民族传统体育铸牢中华民族共同体意识的一项重要内容。在民族传统体育赛事活动开展中，如龙舟竞渡活动，为了让自己所在的龙舟队获得比赛胜利，为了实现共同的目标，全体队员紧密地结合在一起，忘却平日里人与人之间的纠纷隔阂，塑造出一个利益共同体。民族传统体育以集体性项目为主，这种集体性项目需要广大参与人员的密切配合，而这不但有利于利益共同体的建设，也能够极大地提高群众对利益共同体的认知。通过这样一个区域利益共同体的打造，能够为构建中华民族这个利益共同体奠定基础。

（三）提高心理共同体认知

提高中华民族的心理共同体认知是铸牢中华民族共同体意识的重要保障，只有中华民族在心理上自愿归属为一个大的集体，这个共同体社会方能实现。当前普遍存在的历史文化记忆淡漠、民族利益博弈加剧、精神家园失落、社会排斥凸显等现象对民族凝聚力、向心力不断造成抵损③。习近平总书记在地方工作期间就民族工作做出过论述："民族是历史上形成的稳定的人类共同体，作为民族特征之一的民族共同心理素质是最稳定的东西"④。由此可见，共同的心理之于一个中华民族伟大复兴、中华人民共和国繁荣稳定富强

---

① 周显信，叶方兴. 政治共识：一种政治社会学的分析视角 [J]. 马克思主义与现实，2012（03）：187-192.

② 王云芳. 中华民族共同体意识的社会建构：从自然生成到情感互惠 [J]. 中央民族大学学报（哲学社会科学版），2020，47（01）：43-52.

③ 陆卫明，张敏娜. 铸牢中华民族共同体意识论略 [J]. 贵州民族研究，2018，39（03）：1-6.

④ 习近平. 摆脱贫困 [M]. 福州：福建人民出版社，1992.

具有重要意义。习近平同志在调研和指导民族工作中还多次强调，"船的力量在帆上，人的力量在心上，做民族团结重在交心，要将心比心，以心换心；各民族同胞要手足相亲、守望相助"。民族团结工作从某种意义上就是民心工作、人心工作。充分的情感表达、有效的情感沟通，以及深刻的情感共鸣，就是把工作做到心上的具体表现，而文化则是实现各民族间情感融汇的畅通渠道。民族传统体育的存在，是中华民族集体心理的认同。中华民族只有在心理层面普遍接受这一客观存在，中华民族传统体育的传承与发展才能历久弥新。因此，提高心理共同体认知亦是民族传统体育铸牢中华民族共同体意识的一个核心内容。

（四）提高文化共同体认知

文化是一个国家、一个民族的根基①。人类历史发展的规律表明，任何一个大国的崛起，不仅伴随经济的强盛，而且伴随文化的兴盛，任何一个民族的发展如果没有文化的支撑都不可能持久②。习近平总书记指出，一个国家，一个民族的强盛，总是以文化兴盛为支撑的，中华民族伟大复兴需要以中华文化发展繁荣为条件③。中华文化是一个上位概念，这一上位概念是由各民族各自所拥有的文化共同构成的。2020 年 10 月 29 日，党的十九届五中全会审议通过《中共中央关于制定国民经济和社会发展第十四个五年规划和二〇三五年远景目标的建议》，明确将"坚持系统观念"作为"十四五"时期经济社会发展必须遵循的原则之一④。文化共同体实质上体现的是一种系统观，中华文化是一个大的系统，而这一大系统又由若干个子系统组成。中华各民族文化作为子系统，只有归属于中华文化这一大系统，其身份才能够

① 石硕. 人类学对铸牢中华民族共同体意识的作用——兼谈中国人类学的当代使命与责任 [J]. 思想战线，2020，46（04）：23-33.
② 李翔海. 中华民族伟大复兴需要中华文化发展繁荣——学习习近平总书记在山东考察时的重要讲话精神 [J]. 求是，2013（24）：48-49.
③ 习近平在山东考察时强调认真贯彻党的十八届三中全会精神汇聚起全面深化改革的强大正能量 [N]. 人民日报，2013-11-29（2）.
④ 国务院办公厅. 中共中央关于制定国民经济和社会发展第十四个五年规划和二〇三五年远景目标的建议 [EB/OL]. （2020-10-29）[2020-11-03]. http：//www.gov.cn/zhengce/2020-11/03/content_5556991.htm.

被认可。换个角度来讲，文化认同是最深层次的认同，而文化共同体意识便是文化认同的突出表现。中华各民族只有高度认同中华文化这一大系统，中华文化共同体才得以存在，中华文化共同体意识方能生成。民族传统体育其本质是中华优秀传统文化的物质表征载体，其本身包含着各民族独特的传统体育文化形态。因此，通过民族传统体育的参与，能够有效提高中华民族对中华文化共同体的认知，进而铸牢中华民族共同体意识。

（五）提高命运共同体认知

实质上，中华民族不仅是一个文化共同体、利益共同体，同时也是一个基于政治、经济和地域等因素的命运共同体①。习近平总书记在 2014 年中央民族工作会议上指出，中华民族是一个命运共同体，一荣俱荣，一损俱损②。所谓的命运共同体，是在历史之道、现实之局、未来之势上都共担相同使命、共建相同事业、共享相同成果，也即是建立在共同的历史渊源、共同的现实利益和共同的未来愿景之上的荣辱与共的共同体，体现历史与现实、国内与国际的相统一的特点③。斯琴格日乐认为中华民族共同体包括公民共同体、文化共同体、情感共同体和命运共同体④。可见，在斯琴格日乐看来，命运共同体只是中华民族共同体内涵中的一部分；而在陈智看来，命运共同体则是中华民族共同体的目标、意义所在⑤。乌小花则指出，人类命运共同体是中华民族共同体的最终理想⑥。笔者认为，中华民族共同体的基础是命运共同体，而所谓文化共同体、政治共同体、心理共同体以及利益共同体都是在命运共同体的基础上才能实现，人类命运共同体则是中华民族共同体追求的

① 王希恩. 中华民族建设中的认同问题 [J]. 西南民族大学学报（人文社科版），2019，40（05）：1-9.

② 国家民族事务委员会. 中央民族工作会议精神学习辅导读本 [M]. 北京：民族出版社，2015：26.

③ 代宏丽，敖日格乐. 习近平新时代中华民族共同体理论的多维阐释 [J]. 云南民族大学学报（哲学社会科学版），2020，37（05）：5-11.

④ 其斯琴格日乐. 习近平中华民族共同体思想的逻辑体系与时代价值 [J]. 科学社会主义，2019（04）：111-117.

⑤ 陈智，宋春霞. 论中华民族共同体意识的培育路径 [J]. 民族教育研究，2019，30（04）：54-58.

⑥ 乌小花，艾易斯. "一带一路" 在中华民族共同体与人类命运共同体之间：理念、价值与实现路径 [J]. 西北民族研究，2018（04）：21-29.

终极目标。因此，提高中华民族对命运共同体的认知同样也是民族传统体育铸牢中华民族共同体意识的一个核心内容。

二、增强中华民族共同体认同

中华民族共同体认同主要包括伟大祖国认同、中华民族认同、中华文化认同、中国共产党认同以及中国特色社会主义认同。

（一）增强伟大祖国认同

中华民族的祖国认同是指长期以来，伴随着经济、政治和文化等方面交往和联系的不断紧密，在分布于中华大地各个不同地域和不同民族的人们身上，逐渐形成并客观存在着一种共同的观念意识，这一观念意识让各地各族的人们自愿地将自己归属于一个更高层次的大家庭之中，并以这个大家庭中的一员和主人的身份，自然地去参与这个大家庭的相关事宜，维护这个大家庭的整体利益。正是这样的祖国认同，让各民族自归中国之列，以中国的一部分，参与中国历史和现实之中并扮演重要角色。正是祖国认同，把各族人民凝聚到了中华民族之中。中华民族这一称谓是对这个各民族共同体的民族学取名，在所指范畴上，基于共同地缘—中华大地、共同政治国度—中国、共同文化—中华文化。对祖国认同，是国家民族战乱及民族危机中维系中华民族多元一体格局和统一多民族国家的最直接因素①。增强中华民族对伟大祖国认同是铸牢中华民族共同体意识的一个重要价值取向，只有中华各族人民自愿归属于伟大祖国，中华民族共同体才能够建设好，因为对伟大祖国的高度认同是中华民族共同体中的政治共同体得以存在的根本。因此，民族传统体育铸牢中华民族共同体意识，其中一个重要内容便是增强中华各族人民对伟大祖国的认同。

（二）增强中华民族认同

在当代，对中华民族的民族高度认同可以分为三个层面来认识：一是共同的民族渊源，二是共同的民族文化，三是共同的国家——中国，这三个层

---

① 巩刚军，马进．西北地区高校"五个认同"教育研究［M］．北京：民族出版社，2013：73.

面共同构成对中华民族的认同。对中华民族的高度认同就是对中国国家及中华文化的归属感和认同意识。中华民族是一个有深远的民族渊源、文化渊源以及很强的民族凝聚力和向心力的民族，大一统始终是中国这个多民族国家历史发展的主流，是中华民族共同的政治基础。在漫长的历史进程中，经济上不同区域的民族集团相互依存，各取所需，优势互补，逐渐产生心理上的相互认同，最终形成了有共同价值取向、有民族一体化诉求的政治思想。特别是近现代以来，在国难当头、民族危亡的苦难时期，各族人民同呼吸，共命运，赴国难，御外辱，更加有力地促成了中华民族从一个自在的民族实体向一个自觉的民族实体的转变。因此，中华民族认同是中国境内各民族共同的民族归属意识，是一个超越政治制度以及各主体与非主体文化之上的共同的概念，包含了各族人民的民族价值观、民族感情、责任感以及民族内部的亲和感与凝聚力。民族传统体育铸牢中华民族共同体意识的一个重要内容就是强化对中华民族的高度认同，就是要认识到我国有 56 个民族，每个民族都有自己的传统体育文化，每个民族所传承的传统体育文化都有自己的历史传统、宗教信仰以及风俗习惯，但同时又有一个共同的总称——中华民族传统体育。每一个具体的民族传统体育项目都是中华民族传统体育大家庭里平等的一员，都是中华民族传统体育不可分割的组成部分，都和中华民族传统体育大家庭血肉相连、休戚与共①。

（三）增强中华文化认同

文化认同是文化人类学的一个重要概念，也是当代社会一个重要的论域，是指人与人之间、群体与群体之间以及个人同群体之间的文化确认。现时的文化认同主要指各民族之间文化的相互理解、沟通、彼此认可与尊重。生活在同一个社区之内的人，如果不和外界接触就不会自觉地认同，民族是一个具有共同生活方式的人们的共同体，必须和"非我族类"的外人接触才能发生民族的认同②。文化认同就是我之为我的界定过程。这一过程包含了伦理道德规范的认同、宗教信仰的认同、风俗习惯的认同、语言的认同、文化艺

---

① 巩刚军，马进. 西北地区高校"五个认同"教育研究 [M]. 北京：民族出版社，2013：28-29.
② 费孝通. 中华民族多元一体格局（修订本）[M]. 北京：中央民族大学出版社，2003：9-10.

术的认同等。使用相同的文化符号、遵循共同的文化理念、秉承共有的思维模式和行为规范是文化认同的基本依据。中国是一个统一的多民族国家，尽管各民族文化认同表现出了高低不同的层次，即"多元一体"格局内部的各族群之间存在着民族认同意识的多层次性①。但是，各民族共同创造的文化的一致性和差异性成为各民族达成中华文化高度认同的现实基础。目前加强对中华文化认同的教育就是要深刻认识到，伟大的祖国是一个历史悠久的文明古国，智慧、勤劳、勇敢的中华民族造就了千古流芳的中华文化，各民族都为创造和发展中华文化作出了贡献。中华文化陶冶了中华民族的高尚情操，培育了中华民族精神，是铸牢中华民族共同体意识最深层次的要求②。民族传统体育铸牢中华民族共同体意识置于中华文化认同视域，就是要加强各族人民对中华民族传统体育的文化认同，因为这既是对中华民族传统体育核心价值观的承认，也是对中华民族文化身份的共享，凝聚着中华民族共同体③。

（四）增强中国共产党认同

对中国共产党的认同是铸牢中华民族共同体意识的政治基石④。中国共产党认同是人们在政治生活中对中国共产党的情感和归属感，是经教育刻写与体化实践所形成的对中国共产党所实施的政治制度、政治绩效、政治权利的肯定与赞扬⑤。中国共产党代表中国先进生产力的发展要求，代表中国先进文化的前进方向，代表中国最广大人民的根本利益，对中国共产党的认同与对中国工人阶级领导的中国人民的认同，与对中华人民共和国的认同，与对中国人民开创的中国特色社会主义的认同，与对中国人民孕育的中华民族

---

① 赵世林，陈为智. 文化认同与边疆民族地区和谐社会的构建［J］. 西南民族大学学报（人文社科版），2006（06）：38-41.

② 巩刚军，马进. 西北地区高校"五个认同"教育研究［M］. 北京：民族出版社，2013：31-32.

③ 孙晨晨，邓星华，宋宗佩. 全球化与民族化：中国民族传统体育的文化认同［J］. 体育学刊，2018，25（05）：30-34.

④ 郎维伟，陈瑛，张宁. 中华民族共同体意识与"五个认同"关系研究［J］. 北方民族大学学报（哲学社会科学版），2018（03）：12-21.

⑤ 冯彩莉，张晓红. 中国共产党认同：青海藏区社会变迁进程中的乡村治理［J］. 青海社会科学，2017（06）：38-44.

和中华文化的认同是统一的整体①。当一个国家内部的社会成员建立起一种广泛的政治认同，就会凝聚起集体的意志变为国家的意志，而建构政治认同的力量不只是国家，还有领导和掌握国家政权的政党。政党在国家政治生活中发挥着重要作用，是推动人类文明进步的重要力量②。中华民族作为一个自觉自知的共同体必然应有自己的政治认同意识，这个政治认同的重要内容就是对中国共产党的认同。对中国共产党的认同不是凭空而来，而是经历了历史和现实的检验，由中国共产党的本质特点所决定的。民族传统体育铸牢中华民族共同体意识，其中一个重要内容就是增强广大人民群众对中国共产党的认同。在中国共产党的坚强领导下，中华民族传统体育得以在时代的浪潮中奔流不息，而利好政策的不断释放也为其在新时代的体系传承与广泛传播打下了坚实基础。可以说，中华民族传统体育传承的不断流离不开中国共产党的正确领导。也因此，增强中华各族人民对中国共产党的认同成为民族传统体育铸牢中华民族共同体意识的一项重要内容。

（五）增强中国特色社会主义认同

对中国特色社会主义的认同是铸牢中华民族共同体意识的动力之源③。中国特色社会主义道路就是在中国共产党领导下，立足基本国情，以经济建设为中心，坚持四项基本原则，坚持改革开放，解放和发展社会生产力，巩固和完善社会主义制度，建设社会主义市场经济、社会主义民主政治、社会主义先进文化、社会主义和谐社会，建设富强民主文明和谐的社会主义现代化国家。对中国特色社会主义道路的高度认同，就是要认识到中国特色社会主义道路是中国共产党领导中国人民在长期实践的基础上选择的道路，是实现中华民族伟大复兴的必由之路。坚持社会主义道路是中国共产党人的坚定信念，是中国历史发展的必然趋势，也是中国各族人民的必然选择。党的十

---

① 柴勇. 论对中国共产党的政治认同培育在思想政治教育中的定位 [J]. 中国社会科学院研究生院学报，2017（06）：39-46.

② 习近平. 携手建设更加美好的世界——在中国共产党与世界政党高层对话会上的主旨讲话 [N]. 人民日报，2017-12-02（2）.

③ 郎维伟，陈瑛，张宁. 中华民族共同体意识与"五个认同"关系研究 [J]. 北方民族大学学报（哲学社会科学版），2018（03）：12-21.

八大以来，以习近平总书记为核心的党中央，从坚持和发展中国特色社会主义全局出发，立论定向、科学运筹，周密擘画、谋篇布局，提出一系列新理念新思想新战略，出台一系列重大方针政策，既开辟了中国特色社会主义新境界，推动中国特色社会主义进入了新时代，又开辟了马克思主义中国化新境界，实现了马克思主义中国化新飞跃，取得了重大理论创新成果①。社会主义和马克思主义在中国大地上焕发出勃勃生机，给人民带来更多福祉，使中华民族大踏步赶上时代前进潮流，迎来中华民族伟大复兴的光明前景。因此，对中国特色社会主义道路的高度认同，就是认同党的路线、方针、政策和重大战略部署及治国安邦的各项决策。要充分认识到建设中国特色社会主义的长期性和艰巨性，最终形成坚定的社会主义理想信念，坚持走中国特色社会主义道路②。民族传统体育得以在这个时代实现伟大复兴，彰显的就是中国特色社会主义制度的优越性。因此，增强中华各族人民对中国特色社会主义的认同也是民族传统体育铸牢中华民族共同体意识的一项重要内容。

---

① 邸乘光.论习近平新时代中国特色社会主义思想［J］.新疆师范大学学报（哲学社会科学版），2018，39（02）：7-21.

② 巩刚军，马进.西北地区高校"五个认同"教育研究［M］.北京：民族出版社，2013：32-33.

第四章　民族传统体育铸牢中华民族共同体意识的运行机制

第一节　民族传统体育铸牢中华民族共同体意识的行为主体

民族传统体育铸牢中华民族共同体意识是一个系统性工程，需要多方力量的集体动员。行为主体实际上反映的是"谁来做"的问题，本研究认为，民族传统体育铸牢中华民族共同体意识的行为主体包括各级政府、社会组织与普通民众。在这些行为主体中，各级政府是主管主体，社会组织是执行主体，普通民众是参与主体。通过对各行为主体的行为特征、行为程度、行为效果及行为评价的分析，便于掌握各行为主体在民族传统体育铸牢中华民族共同体意识中的作用机制。

一、各级政府

（一）行为特征

各级政府在民族传统体育铸牢中华民族共同体意识的过程中，其行为特征主要表现在以下几个方面：一是宏观号召性。政府在某项具体事务工作的指导过程中往往具有强烈的宏观引导性，即倾向于在宏观层面进行顶层设计，以此来号召社会力量的集体动员。换言之，基层政府按照上一级政府的宏观规划，在可操作的空间范围内进行自我调适，制定适合本地区具体工作开展的规划。在民族传统体育铸牢中华民族共同体意识过程中，政府并非直接干预整个过程，而是进行宏观引导，如"将铸牢中华民族共同体意识作为新时代我国民族工作的主线"这一顶层设计便是最好的例证。二是政策引领性。政府在具体开展政策制定中往往表现出强烈的引领性，如 2018 年 1 月 22 日，国家体育总局印发的《关于进一步加强少数民族传统体育工作的指导意见》要求，"推进少数民族传统体育文化传承发展，加强少数民族传统体育理论建设，改革完善少数民族传统体育运动会组织管理，建设少数民族传统体育基地，丰富少数民族传统体育活动"①。可见，政府并不会对某一工作的开展进行详细部署，而是在政策上进行引领，以确保具体工作开展的前进方向。三是整体动员性。民族传统体育铸牢中华民族共同体意识是一个整体性的系统工程，并不仅仅依靠体育部门开展工作，这个动态的过程需要民委、教育、体育等多个部门的集体参与。因此，政府在民族传统体育铸牢中华民族共同体意识过程中，需要同时动员多个部门，建立多部门联动机制。

（二）行为内容

行为内容是指政府在民族传统体育铸牢中华民族共同体意识过程中的主要职责。正是由于民族传统体育铸牢中华民族共同体意识具有"动态性"这一特征，所以导致政府无法参与其全过程。换言之，政府主要负责在战略上的顶层设计，如制定相关政策文件，出台相应实施办法等，而无法深入基层参与具体实施的全过程。政府的角色定位是扮演"主导者"，即掌控民族传统体育铸牢中华民族共同体意识的大政方针，并为具体工作开展提供相应的便利。此外，政府也是民族传统体育铸牢中华民族共同体意识的监管者，民族传统体育铸牢中华民族共同体意识必须受到政府的有效监管，以确保在思想路线上正确行使。在具体行为向度上，政府主要开展以下工作：一是制定相关政策。民族传统体育铸牢中华民族共同体意识必须要有先进科学的方法论作为指导，国家政策的颁布就是最好的表征。二是明确工作部门。民族传统体育铸牢中华民族共同体意识需要多部门的协同参与，政府主要明确具体参与部门以及各部门的工作职责，确保多方社会力量的集体整合。三是建立监管机制。铸牢中华民族共同体意识是新时代我国民族工作的主线，民族传

---

① 国家体育总局. 关于进一步加强少数民族传统体育工作的指导意见［EB/OL］. （2018-01-10）［2021-01-22］. http：//www. sport. gov. cn/n316/n340/c844431/content. html.

统体育为铸牢中华民族共同体意识提供了工具性支撑，政府只有建立完善的监管机制，才能确保民族传统体育铸牢中华民族共同体意识具体工作的实施推进。因此，可以通过这三个重要指标来确定政府在民族传统体育铸牢中华民族共同体意识过程中的行为内容。

（三）行为效果

行为效果是衡量各级政府在民族传统体育铸牢中华民族共同体意识过程中投入效率的重要指标。各级政府的行为效果受到诸多因素的共同影响。就国家层面而言，民族传统体育是中华各族人民集体价值观念的映射，聚合着中华民族的共同信仰的文化认同。民族传统体育活动的开展本就是各民族日常生活的一部分，将民族传统体育作为铸牢中华民族共同体意识的工具支撑，容易让民族传统体育赛事活动的开展失去其本真。由此，国家相关政策文件的出台自然受到这些因素的干扰，如何让民族传统体育更好地体现在铸牢中华民族共同体意识中所具有的价值，是当下亟待探讨的问题。就基层政府而言，不同的民族有着不同的宗教文化信仰，对于本民族的传统体育文化有着严格的传习制度，其出现往往与本民族大型宗教祭祀活动相伴。由于民族之间的宗教信仰差异，民族传统体育在基层实践活动中往往表现出一种"场域性"隔离特征，如课题组在湖南省益阳市桃江县鲊埠回族乡的调查中就发现，每年暑假期间当地回族人民都会聚集在清真寺为即将到来的开斋节进行仪式展演，回族武术就是这其中展演的一个重要内容。在整个展演环节中，一般没有汉族人民的参与，尽管没有明文制度限制非本民族人民的参与，但在实际操作中却已形成共同遵守的不成文法则。而在其他时间里，当地回族人民与汉族人民会聚集在一起共同练习武术，这样一种"隔离"就消失了。因此，不难发现，民族传统体育铸牢中华民族共同体意识的基层实践，基层政府的行为效果受到民族文化信仰差异的干预。

（四）行为评价

政府作为民族传统体育铸牢中华民族共同体意识的主要推动者，对其行为效果进行评价是后续工作得以顺利开展的关键保障。具体而言，本研究认为应当围绕以下几个维度展开评价：一是民族传统体育赛事活动的数量。诚如上文所述，民族传统体育本身就是中华各民族传统体育文化的集合，内含着一种文化共同体意识。因而，通过广泛开展民族传统体育赛事，实际上就是在间接铸牢中华民族共同体意识。由此，民族传统体育赛事活动开展的数量与次数将成为评价各级政府行为效果的重要指标。二是民族传统体育文化的挖掘与整理。近一个多世纪以来，随着以奥林匹克为核心的西方竞技体育文化在国内的广泛传播，无论是学校还是社区，无不充斥着竞技体育文化的身影，也正因为此，中华民族传统体育文化的生存土壤发生质变，许多不为大众所知的传统体育文化形态在竞技体育文化的裹挟下逐渐退出历史的舞台。由此，民族传统体育铸牢中华民族共同体意识的一个必要前提就是加强对民族传统体育文化的挖掘与整理，确保中华民族传统体育文化的多元形态。三是民族传统体育文化的传承与保护。中华民族传统体育文化是一个大的系统，而这个大系统又由各民族各自的传统体育文化这些子系统构成，在现代性的冲击下，如何对各民族的传统体育文化进行科学传承与有效保护成为时代之需。可见，对民族传统体育文化的传承与保护力度可以作为评价各级政府对民族传统体育铸牢中华民族共同体意识工作效率的一个核心指标。

二、社会组织

（一）行为特征

作为民族传统体育铸牢中华民族共同体意识的行为主体之一，社会组织是其主要执行承担者。社会组织是政府与普通群众之间的中介领域，有助于推进双方的政治沟通。政府在社会治理与服务创新过程中需要吸纳普通群众进入到自身主导的组织网络中，实现体制引导、嵌入和渗透的目标；而普通群众需要获得反馈主体意愿的渠道，在需求表达和意愿凝聚过程中对政府实施更大且更具持续性的反向"引导"作用。然而，宏观制度和规则设计难以充分考察公众的微观行为，以致双方对话、沟通、协商博弈等成本较高，存在着政府"吃力不讨好"、普通群众"上诉无门"等互动效率低的情况①。

---

① 陈晓运，黄丽婷．"双向嵌入"：社会组织与社会治理共同体建构［J］．新视野，2021（02）：78-84.

因此，政府与普通群众之间互动机制的复杂性成为社会组织进入互动场域的重要条件。作为新兴的社会力量，社会组织通过搭建群体利益协商与集体行动平台，能够更高效、准确地收集利益诉求，降低信息收集的失真和滞后性，在中间领域发挥自身灵活、精干和专业的优势，链接政府与普通群众的互动沟通，发挥着承上启下的作用①。通过上述分析不难发现，社会组织的行为特征主要有以下几个：一是沟通效率高。社会组织直接面向普通群众，通过对政府相关政策文件的解读，直接可以面向群众开展具体实施工作。二是可操作性强。置于国家层面而言，要推动民族传统体育铸牢中华民族共同体意识，只能是在政策上给予引导，无法具体操作实施，而社会组织则成为这一只"有形的手"。三是运行成本低。社会组织专业性强，能够有效减少具体实施层面上运行成本的浪费，进而减少国家财政等资源的投入。

（二）行为内容

社会组织是民族传统体育铸牢中华民族共同体意识的执行主体，承担着所有具体的细节工作。总的来讲，在铸牢中华民族共同体意识过程中，民族传统体育社会组织的行为内容主要体现在以下几个方面：一是组织开展民族传统体育赛事活动。社会组织通过承办民族传统体育赛事活动可以实现铸牢中华民族共同体意识的目标。因而，一方面，社会组织如体育企业，需要积极组织好传统体育赛事，做好参赛人员后勤保障服务，切实满足参赛人员的多元化需求，尽可能做到宾至如归，从而为铸牢中华民族共同体意识打下坚实基础，这也是铸牢中华民族共同体意识的前提条件。另一方面，社会组织还要围绕传统体育赛事设计系列活动，赛事的开展只能为铸牢中华民族共同体意识提供平台，而相应文化交流活动的设计才能真正为民族之间的交往交流提供媒介，进而促进各族人民的深层次交融。二是指导民族传统体育传承与发展。组织开展民族传统体育赛事只能为民族交往交流交融提供平台，而科学指导民族传统体育的传承与发展可以为民族文化自信增添动力，进而增强中华文化认同。近年来，中华各民族不同形态的民族传统体育或多或少地

① 胡辉华，张丹婷. 国家治理体系中的社会组织党建及其面临的挑战 [J]. 新视野，2020（03）：24-31.

受到竞技体育文化的裹挟，传承与发展逐渐式微。由此，通过为民族传统体育提供科学发展理念，能够有效提高传承民族传统体育文化的内生动力，而这往往具有持续影响力。

（三）行为效果

在铸牢中华民族共同体意识过程中，民族传统体育社会组织的行为效果会受到多方面因素的影响，因而有必要对制约其行为效果的因素进行全面深入的分析。总体而言，主要表现在以下几个层面：一是社会组织本身的专业性。组织开展民族传统体育赛事活动是社会组织铸牢中华民族共同体意识的一项重要内容，其专业性可以直接影响到行为效果，如赛事承办场地的限制，饮食住宿文化差异考虑不周造成的参赛人员不适应等。赛事系列活动衔接的不紧密以及赛程安排的紧凑性可能直接导致各族人民在参赛结束后便匆匆离开，无法与其他民族人民进行深层次的交流，进而制约铸牢中华民族共同体意识的效果。二是铸牢中华民族共同体意识的复杂性。铸牢中华民族共同体意识是一个系统性工程，尽管赛事活动的开展是民族传统体育铸牢中华民族共同体意识的主要媒介，但也并非唯一途径，还包括仪式文化、宗教文化等微观层面的融摄。这一些微观层面的操作也并非单一地依靠社会组织就可以实现，还需要充分整合民间非正式组织团体的力量，因为这一部分人群才是真正直接面向受众的群体。三是各民族文化的差异性。中华文化博大精深、源远流长，源远流长主要体现在其拥有的悠久历史，而博大精深则反映出中华 56 个民族的多元内涵。不同的民族孕育着不同的文化，也正是因为此，民族之间文化的差异性成为铸牢中华民族共同体意识不可逾越的一条鸿沟，如何在"多元"的基础上探讨"一体"是当下着重关注的问题。可见，社会组织在民族传统体育铸牢中华民族共同体意识过程中，其行为效果受到多层次的影响，而这也成为后续工作的重点。

（四）行为评价

社会组织作为民族传统体育铸牢中华民族共同体意识的执行主体，对其行为效果进行实时评价是保障后续工作得以顺利开展的关键要素。对社会组织进行行为评价，本研究认为应当从以下几个方面展开：一是关注对民族传统体育文化的呈现。习近平总书记指出，"文化认同是最深层次的认同，是民族团结之根、民族和睦之魂"。可见，让民族传统体育项目的"文化"一面得到充分彰显是社会组织重点要做的事情，只有让民族传统体育其文化的特性展现出来，才能实现各民族的传统体育文化共融，因为中华文化是各民族传统体育共有的特性，只有如此，才能充分实现中华各民族的文化认同。二是关注对民族传统体育文化宗教信仰的认同。说到底，各民族之间民族传统体育文化的差异实质上就是宗教文化信仰的差异，民族传统体育活动的开展总是伴随着民族宗教活动的开展，故而通过民族传统体育铸牢中华民族共同体意识的一个必要前提就是充分认同各民族的宗教文化信仰差异，这是不可逾越的基本原则，也是民族之间相互尊重的体现。三是关注对国家政策的执行程度与执行效果。社会组织是国家与群众之间最为关键的中间媒介，国家出台宏观政策，社会组织在对其深入解读基础上予以实施。然而在实际执行中，社会组织为了操作的便利性，会选择性地执行部分政策，选择对自身有利的部分进行片面化实施，从而制约铸牢中华民族共同体意识的整体性。因此，通过对社会组织以上三个维度行为效果的评价，可以有效实现民族传统体育铸牢中华民族共同体意识的宏伟目标。

三、普通民众

（一）行为特征

在民族传统体育铸牢中华民族共同体意识过程中，普通群众是最直接的参与主体，也是这一动态过程的受众。普通民众重点体现在以下几大人群中：一是边境民众。因为陆地边境区域经济社会发展滞后，边境民众对铸牢中华民族共同体意识的认识有限，跨国民族（含跨境、跨界民族）的民心相通作用发挥不足以及周边国家关系深受大国渗透及干涉等因素影响着边境民众铸牢中华民族共同体意识[①]。二是民族高校大学生。民族高校大学生是未来民族地区经济社会发展的精英力量，培育和铸牢青年大学生中华民族共同体意

---

① 徐黎丽，赵海军，马曼丽. 铸牢陆地边境民众中华民族共同体意识初探 [J]. 北方民族大学学报，2021（01）：5-10.

识，能够稳固铸牢中华民族共同体意识的根基①。第三是边疆民族地区群众。习近平总书记提出的"治国先治边"与"加快边疆发展"战略，充分体现了党中央对边境地区发展的高度重视。边境地区的和谐稳定对于促进民族团结进步事业的发展，尤其对于新时代铸牢中华民族共同体意识具有重要的战略意义②。普通民众在铸牢中华民族共同体意识中主要呈现出以下行为特征：第一，主体与客体二者并存。在民族传统体育铸牢中华民族共同体意识过程中，普通民众既是"铸牢"这一行为的主体，也是客体，因为在没有社会组织介入的民间，普通民众既是民族传统体育活动开展的组织者，同时也是参与者。第二，民族传统体育活动开展中的"排他性"。传统体育活动是一个民族宗教文化信仰的象征，隐喻着本民族的价值观念与文化信仰。由于民族之间文化的差异，在开展传统体育活动的过程中排他意识较为强烈。如课题组在湖南省城步苗族自治县下团村调研中就发现，当地的吊龙舞技术传习只对本族开放。可见，这样一种文化自我保护意识也深刻彰显着普通民众在铸牢中华民族共同体意识中的行为特征。

（二）行为内容

表面上看，普通民众是铸牢中华民族共同体意识的对象，扮演着受众的角色；但实际上，普通民众不仅是作为对象的"铸牢"客体，也是作为发起者的"铸牢"主体。因而，在民族传统体育铸牢中华民族共同体意识过程中，作为执行的主体，普通民众的行为内容也是多维度的。首先，积极参与民族传统体育赛事活动。民族传统体育赛事活动为族际互动与交融创造了平台，是促进各民族交往交流的有效媒介。普通民众要积极参与政府、社会组织以及民间组织的各种传统体育赛事活动，加强民族之间平等对话交流，努力创造融洽、团结的民族氛围。其次，加强对民族传统体育活动中仪式文化的传承。仪式具有聚集各种能量的作用，人们通过有意识的学习和实践所形

---

① 周俊利. 铸牢民族高校大学生中华民族共同体意识——基于文化纽带视角 [J]. 民族学刊，2021，12（02）：9-16+93.

② 罗惠翾. 边境地区铸牢中华民族共同体意识的几个关键问题 [J]. 西北民族研究，2020（02）：29-34.

成的习惯，使身体和场所成为能量以及物质的流通枢纽①。仪式的展演可以理解为一种特殊的以身体表达为实践形式的符号隐喻传递，如竞渡前所举行的祭神仪式。尽管不同的社会文化信仰孕育着不同的仪式文化，但这些仪式文化对于延续社会结构、整合社会秩序、强化集体情感都有着重要意义②，是铸牢中华民族共同体意识的有效载体。最后，深化对民族传统体育的文化认知。文化认同是最深层次的认同，所以民族传统体育铸牢中华民族共同体意识要紧紧围绕文化认同这一路线展开。文化认同，顾名思义，就是要让中华各族儿女对中华民族创造的优秀文化心理上归属、信念上认同。民族传统体育是中华优秀传统文化在体育领域的物质呈现，要深化各族儿女对民族传统体育的文化认知，提高对民族传统体育文化的认同与理解，进而为民族传统体育铸牢中华民族共同体意识夯实文化认同基础。

（三）行为效果

相比政府、社会组织，普通民众在民族传统体育铸牢中华民族共同体意识过程中，其行为效果更加显著。一方面，普通民众本身就是铸牢中华民族共同体意识的对象，大部分民间的传统体育赛事活动由普通民众自发组织，因而在这个过程中，普通民众既是主体，亦是客体，铸牢中华民族共同体意识的效果自然显著；另一方面，民族传统体育本身形成于普通民众的日常生活，既是一种体育文化，也是一种生活文化，因而在普通民众中开展民族传统体育文化活动，实际上就是在推动当代民族传统体育文化的价值回归。当然，普通民众的行为效果同样也受到多方面因素的影响：一是西方生活文化的影响。近年来，西方文化的不断渗透冲击着中国人民的根文化，如以好莱坞为代表的西方影视文化对中国影视文化的冲击、以奥林匹克为核心的竞技体育文化对中国传统体育文化的影响等。这一系列生活文化对中华民族传统体育文化的传承与发展造成了巨大困扰，许多传统体育项目逐渐"退场"，

---

① 彭兆荣.重建中国仪式话语体系——一种人类学仪式视野 [J].思想战线，2021，47（01）：71-79.

② 张继生，刘冬，彭响，等.隐喻·交融·枢纽：民俗体育活动仪式中的象征符号功能表征——以罗锦社龙舟竞渡为个案 [J].武汉体育学院学报，2021，55（01）：33-39.

淡出人们视野，而参与人数的急剧减少也制约着民族传统体育铸牢中华民族共同体意识的进程。二是现代化进程的困扰。受现代社会的流动性和文化传播的影响，人们的社会交往、日常生活已经超越狭小的地域限制，向更广阔的空间拓展，传统体育逐渐脱离了地域的限制，摆脱了社会母体的束缚，而不断普及化、标准化，有的作为一种传统文化符号，有的作为休闲体育方式，延伸到城市化的环境中①。民族传统体育呈现的这样一种"脱域"倾向深深地影响着民族传统体育功能价值的呈现，而民众参与程度的急剧下降也使得民族传统体育传承受阻，进而影响铸牢中华民族共同体意识的效果。

（四）行为评价

受诸多因素的共同影响，当前民族传统体育呈现出两种发展趋势：一是以竞技体育文化为改造模式的"竞技化"，如竞技武术、竞技龙舟、竞技舞龙舞狮等；二是以传统体育文化为传承理念的"保守化"，如各级非物质文化遗产名录中传统体育项目的不断增加。事实上，两种发展模式均不利于我国民族传统体育的发展，过渡竞技化发展导致传统体育其文化本质的缺失，而保守化的传承虽在一定程度上有效遏制了过度竞技化发展造成的传承问题，但也使得传统体育文化走向了一条"固态保护"的道路，其活态传承任重而又道远。由此，本课题提出将民族传统体育作为铸牢中华民族共同体意识的一项工具性支撑，以期通过铸牢中华民族共同体意识，来实现民族传统体育其价值的最大化彰显，也能借此契机为自身的现代化发展指引一种新的核心理念。再者，诚如上文所述，民族传统体育文化本身根植于民间，其本质是一种生活文化，文化认同的内在价值是内隐的。因此，评价民众在民族传统体育铸牢中华民族共同体意识中的行为效果，主要考察两个维度：第一，普通民众对于民族传统体育的活态保护程度。所谓活态传承，是指在少数民族传统体育文化生成发展的环境当中进行保护和传承，在人民群众生产生活过

---

① 罗湘林，邱芬．脱域与重构——现代化进程中的传统体育演化［J］．体育与科学，2018，39（03）：75-81．

程当中进行传承与发展的传承方式①，其目的在于保护文化的生命力②。第二，以传统竞赛形式为主导的民族传统体育赛事活动数量规模。只有民俗的才是最本真的，也只有民俗的才能最大化彰显民族传统体育在铸牢中华民族共同体意识中所发挥的重大价值。

第二节 民族传统体育铸牢中华民族共同体意识的行为取向

本研究提出民族传统体育铸牢中华民族共同体意识的理论命题，其实质就是希冀通过民族传统体育这样一种工具载体，实现铸牢中华民族共同体意识的宏伟目标。行为取向就是指民族传统体育究竟能够铸牢中华民族共同体意识中的哪些核心构成要素。本部分将紧紧围绕铸牢中华民族共同体意识的内涵——提高中华民族共同体认知，增强中华民族共同体认同展开系统探讨。

一、提高政治共同体认知，增强伟大祖国认同

政治共同体认知与伟大祖国认同是一个辩证统一的有机体，提高政治共同体认知的最直接目的实际上就是增强伟大祖国认同。民族传统体育铸牢中华民族共同体意识的第一个行为取向便是提高政治共同体认知，增强伟大祖国认同。民族传统体育既是人类体育文化的组成部分，又是民族传统历史文化的重要内容。作为一种体育文化，它应是不同的民族有目的地、能动地改造人类社会及人类自身的一种客观物质活动；作为一种民族的传统文化，它应具有作为一种文化形态自身的形成、发展及生存的历史过程，具有属于其自身的突出而丰富的科学内涵和与其他相关文化形相相隔的文化限定③。中华民族传统体育是各民族传统体育的统称，每一类形式的民族传统体育代表

---

① 互动百科. 活态传承 [EB/OL]. (2013-05-22) [2021-05-22]. http://www.baike.com/wiki.
② 吕中意. 活态传承视域下的非遗产品开发 [J]. 艺术百家, 2019, 35 (03)：185-190.
③ 崔乐泉. 中国民族传统体育学 [M]. 北京：科学出版社, 2019：24.

的都是一个民族的文化信仰与传统。因而，通过民族传统体育赛事等系列活动的开展，将各民族特有的民族传统体育集聚一堂，可以提高各民族对不同民族传统体育文化的认知，从而在政治认知上将各民族看作为一个整体。通过提高各民族对具体传统体育项目的认知，进而过度到提高其对政治共同体的认知，是民族传统体育提高政治共同体认知的作用机理。伟大祖国认同则需要在提高政治共同体认知的基础上去实现，因为认同是认知的高级阶段。民族传统体育得以在新时代全面复兴，依赖的是伟大祖国的繁荣昌盛，这是民族传统体育发展的前提条件。只有国泰民安，民族传统体育文化才能振兴。中华56个民族传承着许多数量的传统体育项目，这些项目在历史的变迁以及社会的演变中不断自我更新，最终延续保存下来，反映的实际上也是伟大祖国的强盛力量。因此，可以说，民族传统体育的发展，既能够提高中华民族对政治共同体的认知，同时也能增强中华民族对伟大祖国的高度认同，进而为铸牢中华民族共同体意识贡献力量。

二、提高利益共同体认知，增强中华民族认同

2014年5月，习近平在第二次中央新疆工作座谈会上发表讲话指出，"各民族要相互了解、相互尊重、相互包容、相互欣赏、相互学习、相互帮助，像石榴籽那样紧紧抱在一起"①。2017年10月，党的十九大报告中就我国民族政策问题明确提出，"全面贯彻党的民族政策，深化民族团结进步教育，铸牢中华民族共同体意识，加强各民族交往交流交融，促进各民族像石榴籽一样紧紧抱在一起，共同团结奋斗、共同繁荣发展"②。至此，我们可以说以习近平为核心的党中央再次确认了中国作为一个社会主义"多民族国家"的定位，同时又对民族工作的新时代主题做出了新的界定，"石榴籽"这个极富中国意象的表述，是对新时代"中华民族"的最佳比喻。作为中国

---

① 中国青年网.习近平在第二次中央新疆工作座谈会上发表重要讲话［EB/OL］.（2014-05-28）［2021-05-29］.http：//news.youth.cn/gn/201405/t20140529_5284846.htm.

② 新华社.习近平：决胜全面建成小康社会 夺取新时代中国特色社会主义伟大胜利——在中国共产党第十九次全国代表大会上的报告［EB/OL］.（2017-10-18）［2021-10-27］.http：//www.gov.cn/zhuanti/2017-10/27/content_5234876.htm.

传统吉祥物的石榴，自古就有"万子同苞、金房玉隔""千房同膜，千子如一"之说，是合家团圆、美满幸福的象征。石榴虽有"千子""万子"，却始终是"同苞""同膜"的。56 个民族也如这"千子""万子"一般，虽然他们的起源、文化、社会发展不同，却在漫长的历史过程中形成了你中有我、我中有你、相互依存、不可分割的"中华民族共同体"①。习近平总书记对中华民族的"石榴籽"表述，实际上高度呈现出中华民族是一个利益共同体，一荣俱荣，一损俱损，石榴籽紧密地粘合在一起，谁也离不开谁。因此，我们认为，民族传统体育铸牢中华民族共同体意识的一个行为取向便是提高中华各族人民对利益共同体的认知，要让每一位中华儿女深刻明白，只有中华民族的整体利益受到保障，中华各民族人民的利益才能得到根本性的保护。1901 年 9 月 7 日，中国清政府与英、美、俄、法、德、意、日、奥、比、西、荷十一国签订《辛丑条约》，在国家利益受到损害的前提下，全国人民也因此陷入水深火热之中。时隔 120 年，中国与美国进行高层战略对话，中国的外交霸气以及底气振奋了全国人民，也震惊了世界。这一对话充分证明，只有国家利益得到保障，个人利益才能体现。因此，民族传统体育铸牢中华民族共同体意识就是要大力发展民族传统体育产业，通过民族传统体育产业的发展来促进区域民族经济发展，进而为提高经济共同体认知夯实基础。实际上，本研究认为，中华民族认同是在经济共同体认知的基础上发展的，只有在经济发展取得巨大进步，人民生活条件显著改善的前提下，人民对于中华民族经济共同体的认知才能得到提高，也只有这样，人民才会更加认同中华民族，因为只有最基本的生活物质资料得到有效满足，人民心中对于民族的认同感才会不断激发。由此，我们认为，提高利益共同体认知，增强中华民族认同，是民族传统体育铸牢中华民族共同体意识的一个重要行为取向。

三、提高文化共同体认知，增强中华文化认同

文化共同体认知与中华文化认同是一对辩证统一的有机体，文化共同体

---

① 张丽．从"大花园"到"石榴籽"：中华民族概念的新时代阐释［J］．宁夏社会科学，2019（05）：151-156.

认知是前提，中华文化认同是目标，是价值取向。文化认同是一个陪伴人类社会发展的动态概念。人类社会从饮血茹毛的原始时代发展到今天的工业化时代，其中经历了无数的变化，人类对于自然及自身的认识等也都发生了巨大的变化。在人类文化发生着变化的同时，作为文化主位因素的文化认同自然也不会停滞于一个阶段上，而是随着文化的变迁而变化。一个时期的文化认同只能反映这一时期文化的状况，因此文化认同的内涵总是在不断地变化着的。可以断言，任何一种文化，其认同的变化都是上下相承的，有其传统的联系。因此在这个意义上讲，文化认同的内涵随着文化的变化而变化，其自身也是一个动态的、长期的过程。我们可以说，中国历史上汉族某个阶段的文化认同有何内涵、有何特征，但却难以用"中国人的文化认同"这一概念来概括中国的历史，只有把文化认同作为一个与文化发展相伴随的动态概念，才能真正把握文化认同的实质与时代特征。文化认同本身也是一个文化过程。因为在人类社会的发展中，作为文化的主位因素，认同些什么，什么不能为人们所认同，原因何在，通过什么途径与方式达到认同，这是涉及人类文化活动的种种方面，亦是十分复杂的一个文化过程①。可见，要增强中华各族人民对中华文化的认同，前提就是要提高中华各族人民对文化共同体的认知。民族传统体育是中华优秀传统文化的典型代表，每一具体形式的传统体育项目都是一种独特传统文化的表征，这一系列传统体育文化集聚在一起，便构成了博大精深、源远流长的中华民族传统体育。因此，我们认为，民族传统体育铸牢中华民族共同体意识，就是要通过传统体育文化活动的广泛交流，提高各族儿女对不同传统体育文化的认知，从而在整体上提高各族儿女对文化共同体的认知，进而增强其文化认同，为铸牢中华民族共同体意识夯实文化认同基础。

四、提高心理共同体认知，增强中国共产党认同

提高心理共同体认知是铸牢中华民族共同体意识的一个重要途径，中华

---

① 郑晓云. 文化认同论［M］. 北京：中国社会科学出版社，1992：70-71.

各族人民只有在心理上接受彼此，承认彼此，并自愿归属中国共产党的领导，中华民族共同体才能得以实现。1939年12月，中国共产党在延安倡导和建立最广泛的抗日民族统一战线的实践中，率先解决了中国的国家观问题，确立了中国是一个统一的多民族国家的观念——中国是一个由多数民族结合而成的拥有广大人口的国家①；并提出了"中华民族是代表中国境内各民族之总称"的全新民族观②。正是在中国共产党的领导下，在正确民族观的指引下，各族人民在共御外辱的斗争中深切体悟到合则俱兴、离则俱伤，自觉地形成了一个福祸与共、唇齿相依的命运共同体，明晰了中华民族是多元一体的民族实体。中华人民共和国成立从根本上改变了中国的政治生态，中华人民共和国成立之际通过的《共同纲领》中明确规定了少数民族聚居地区实行民族区域自治的宪法原则。中共十一届三中全会揭开了中国社会主义建设事业的新篇章，在全面恢复和落实民族政策，继续推动中华民族共同体建设的实践中，扶持少数民族地区的经济发展也进入到一个新阶段。党的十八大吹响了迎接中华民族伟大复兴的冲锋号。随着国家经济的快速发展与综合国力的稳步提升，中华民族伟大复兴的梦想与国家的前途命运更加紧密地结合在了一起。伟大复兴的中国梦不仅寄托着各族人民的价值期盼和美好夙愿，也依托于各族人民的勠力同心和团结奋进。中华民族共同体建设无疑就是凝聚价值共识和汇聚发展力量最为有效的手段和方式。以习近平为核心的党中央站在新时代的历史高度，将中华民族共同体的建设与经济、民生、文化、外交等多领域相互融通，体现出"民族工作涉及方方面面，方方面面都有民族工作"③的新时代特征，开拓了党推动中华民族共同体建设的新境界。中国共产党在推动中华民族共同体建设过程中始终抓住"带领全国各族人民实现中华民族的伟大复兴"这条主线不放松；把"争取民族独立、人民解放和实

---

① 毛泽东. 毛泽东选集：第二卷 [M]. 北京：人民出版社，1991：622.
② 中共中央统战部. 民族问题文献汇编（1921.7-1949.9）[M]. 北京：中共中央党校出版社，1991：808.
③ 国家民族事务委员会. 中央民族工作会议精神学习辅导读本（增订版）[M]. 北京：民族出版社，2019：237.

现国家富强、人民共同富裕"作为核心任务①。正是在中国共产党的坚强领导下，中华民族共同体建设取得了瞩目的成就，中华民族共同体意识得到有效铸牢。因此，民族传统体育铸牢中华民族共同体意识还要以提高心理共同体认知，增强中国共产党认同为取向，因为只有坚定地在中国共产党的领导下，中华民族共同体建设的宏伟目标方能实现，而这也正是民族传统体育的新时代功能指向。

五、提高命运共同体认知，增强中国特色社会主义认同

中国特色社会主义制度是基于新中国 70 年艰辛探索发展而来的崭新制度形式，是适合中国国情并被当代中国社会发展证明已经取得巨大成功的客观制度②。在历史与实践的基础上发展而来的社会主义制度继承并坚持以实现社会主义现代化为方向，以实现中华民族伟大复兴中国梦为使命，拥有了崇高而先进的制度基础与日渐完备和强有力的制度体系，发挥着卓越而强大的制度效能和制度优势。中国特色社会主义制度因其自身具有稳健的基础、超越性的价值和先进的模式而自信，因其结构的科学性、体系的包容性、实践的革命性而自信③。新中国 70 年为中国特色社会主义制度自信提供了条件、奠定了基础④。在实践中坚持和发展中国特色社会主义，必须坚定中国特色社会主义制度自信。这一制度自信深谙于中国人民对中国特色社会主义制度的高度认同中，内在地包含了历史认同、利益认同、价值认同和国际认同的维度。具体而言，中国特色社会主义制度是近代以来中国人民在制度探索过程中自觉选择并实现认同的结果，这是制度认同坚实的历史根基；改革开放以来尤其是十八大以来中国特色社会主义制度取得的辉煌成就和显著绩效，

---

① 邓斯雨，杜仕菊. 中国共产党推动中华民族共同体建设的历史贡献——基于"背景·问题·使命·实践"的四维分析 [J]. 新疆大学学报（哲学·人文社会科学版），2021，49（02）：58-65.

② 王莉. 高职院校核心素养与"四个自信"的耦合发展 [J]. 中学政治教学参考，2021（47）：52-54.

③ 任鹏，李毅，尚晋. 我国制度自信研究的回顾与展望 [J]. 学校党建与思想教育，2021（23）：84-87.

④ 宇文利. 新中国 70 年与中国特色社会主义制度自信 [J]. 学术论坛，2019，42（04）：14-19.

奠定了制度认同的利益根基；中国特色社会主义制度"以人民为中心"的发展理念及其以社会主义核心价值观为内容的本质特征，蕴含了制度认同的价值立场与价值实质；中国特色社会主义制度在全球治理中发挥的比较优势及获得的高度肯定，彰显了制度认同的国际维度①。铸牢中华民族共同体意识是一种文化寻"根"的实践活动，中国特色社会主义文化在意义拾取、价值诠释、生成建构等向度铸牢中华民族共同体意识，是铸牢中华民族共同体意识的灵魂②。事实上，命运共同体认知与中国特色社会主义认同也是一个辩证统一的有机体，一方面，提高命运共同体认知可以为增强中华各族人民对中国特色社会主义的认同夯实基础；另一方面，增强中国特色社会主义认同也能够为构建中华民族命运共同体提供制度保障。因此，民族传统体育还要以提高命运共同体认知，增强中国特色社会主义认同为行为取向，进而铸牢中华民族共同体意识。

第三节 民族传统体育铸牢中华民族共同体意识的行为方式

民族传统体育能够铸牢中华民族共同体意识，是因为其拥有的独特功能与价值。置于具体操作层面而言，则主要依赖于民族传统体育的文化传承、赛事开展、学校教育、产业发展以及社会治理等具体行为方式。

一、文化传承

民族传统体育具有传承性。民族传统体育的传承性是指其在时间方面流传的连接性，换句话说就是历史的纵向延续性，属于民族传统体育文化常见的继承手段和传递手段③。要想有效传承民族体育文化，必须借助特定社会

① 刘昊. 中国特色社会主义制度认同的四重维度 [J]. 兰州学刊，2021（06）：31-39.
② 于波，王员. 中国特色社会主义文化："铸牢中华民族共同体意识"的灵魂 [J]. 河海大学学报（哲学社会科学版），2019，21（01）：27-34+105.
③ 王飞飞. 中华民族伟大复兴视野下民族传统体育的传承与发展研究 [J]. 搏击（武术科学），2015，12（07）：95-96+102.

关系与社会要求。特定社会关系与社会要求不但规定了人类在选择文化遗产时的自由度，而且规定了人们在选择性传承和弘扬思想文化的实质。民族传统体育文化是被传承、被发展、被创造的，要从本质上适应民族发展内在需求，这属于民族文化发展延续的内在规律①。当民族传统体育文化形成后，会具备相应的稳定性与延续性，在发展过程中使其内容、形式、文化内涵更加丰富，从而在历史发展过程中得以保留，该传承性对增加民族凝聚力与意识认同有很大作用。在民族传统体育的传承与发展过程中，在各项因素的推动与制约下，民族传统体育文化在目的、方法、内容、手段等方面会随着社会历史发展产生和产生适应性变化②。文化传承是民族传统体育铸牢中华民族共同体意识的一个重要行为方式，作为"五个认同"的重要组成部分，中华文化认同是铸牢中华民族共同体意识的一个重要内涵，中华文化认同得以确立的前提就是中华文化传承的延续不断。换言之，只有中华文化不断地在历史的长河中生生不息，其文化的旺盛生命力才能得以最大彰显，因而我们认为，只有加强对中华优秀传统文化的大力弘扬，让中华文化能够在社会变迁中历久弥新，不断进行创造性转化与创新性发展，中华各族人民才能从根本上对中华文化予以高度认同，铸牢中华民族共同体意识的文化基础才能得到深刻夯实。民族传统体育是中华优秀传统文化的重要传播载体，通过传承民族传统体育文化，可以为中华优秀传统文化的新时代传承丰富载体，从而在这个西方文化广泛渗透的时代不断增强中华各族人民的中华文化认同感，进而铸牢中华民族共同体意识。

二、赛事开展

民族传统体育不仅是中华优秀传统文化的传播载体，同时也是中华民族开展体育活动的重要媒介。随着社会发展和时代进步，各民族间在发展过程中进行了交流和融合，民族所具有的共同区域、血缘关系、文化等都可能发

---

① 王飞飞. 中华民族伟大复兴视野下民族传统体育的传承与发展研究［J］. 搏击（武术科学），2015，12（07）：95-96+102.

② 薛凌. 高校民族传统体育理论、发展与技能研究［M］. 北京：中国水利水电出版社，2017：27.

生不同的变化。一个民族只有在被认同时，才能得以存在和发展，而民族认同取决于人们对该民族存在和发展的态度。民族传统体育活动在人们对本民族的自我认同中起着非常重要的作用。例如，为了纪念我国著名历史人物屈原，每年端午节都会举行划龙舟比赛，通过这个活动可以使人们产生强烈的民族自豪感和自信心，也使得民族向心力、凝聚力和号召力加强。参加舞龙、舞狮、拔河、摔跤、斗牛、赛马、踩高跷等集体性项目，除了可以使参与者具有强烈的竞争心理和意识外，还有着集体荣誉感。所以，参加集体性的民族传统体育项目既可以培养人们的团结协作精神，加强人们的群体意识，又可以培养人们对本民族的认同感和凝聚力。作为文化的一种载体，民族传统体育在民族间的联系和交流中起着桥梁和纽带的作用①。赛事开展是民族传统体育铸牢中华民族共同体意识的一个重要行为方式，赛事开展的最显著特征与价值就是为各民族之间的交往交流提供平台，尽管随着民族地区人口的外出务工，一部分少数民族人口成为"流动民族"，但整体上来看，大部分少数民族仍居住在各民族地区，与其他民族的交往交流机会较少。通过民族传统体育赛事活动的开展，各民族人民获得了深度交往交流的机会，各族人民借助传统体育赛事这一机会聚集在一起进行沟通交流，能够有效增进民族之间的相互认同，同时通过传统体育项目的展演也能够加深相互之间的文化认同，进而为情感上的共鸣与交融奠定基础。因此，我们认为，赛事开展是民族传统体育铸牢中华民族共同体意识的一个重要行为方式。

三、学校教育

中国的民族学界认为文化是人们在体力劳动和脑力劳动过程中所创造出来的一切财富，包括物质文化和精神文化，以及人们所具有的各种生产技能、社会经验、知识、风俗习惯等②。文化是人类创造的，同时，文化又陶冶和塑造了人类本身③。因此，文化影响着人的思维、观念、心理、性格和行为。

---

① 薛文忠. 民族传统体育文化与研究生体育健康教育研究［M］. 长春：吉林大学出版社，2017：18.

② 林耀华. 民族学通论［M］. 北京：中央民族大学出版社，1997：384.

③ 林耀华. 民族学通论［M］. 北京：中央民族大学出版社，1997：399.

教育是人类社会特有的一种文化现象，教育起源于生产劳动实践①。人类学、民族学大量的研究资料表明，人类社会的初期，人类对自然环境的认识极为有限，面对变幻莫测的大自然，人类的生活极为艰难；为了繁衍生息，人类需要把生产生活的知识和技能传授给下一代。言传身教，口头知识的代代传授，使劳动生产经验的积累日益增多，以肢体运动为主的集体传习活动，掌握生产生活的技能。随着社会生产力的发展，人类的思维逐渐有了抽象概括能力，人类精神世界的活动随之渐渐丰富起来，开始了最初的对自然物和自然现象的崇拜。对神灵、祖先的崇拜需要举行特定的仪式表现出来，以达到娱神、慰神的目的。一些宗教活动仪式既达到了宗教活动的目的，同时仪式的参与者进行了自愿的身体活动和练习，体现宗教仪式活动的双重性，既慰神又娱人②。在宗教活动仪式中需要学会遵守规则、学习礼仪、同伴之间互助与容忍、竞争的目的性与活动过程的教育性等内容，在人的心理品质与人格塑造方面起到重要的作用。很多民族体育活动源自人类对生产生活技能的传授和宗教仪式活动，因此，民族体育文化在规范人们的思想道德意识、群体生活方式和价值取向等方面具有积极的意义，对人格的塑造起到了其他文化形式不可替代的作用③。因此，我们认为，学校教育也是民族传统体育铸牢中华民族共同体意识的一个行为方式。将民族传统体育全面在大中小学进行推广，扩大参与人群，通过民族传统体育技术、文化课程等形式的开展，提高学生对民族传统体育的认识，为增强学生的中华文化认同奠定坚实基础，进而铸牢中华民族共同体意识。

四、产业发展

党的十九大报告指出，我国社会主要矛盾已经转化为人民日益增长的美好生活需要和不平衡不充分的发展之间的矛盾。这种不平衡与不充分发展体

---

① 林耀华. 民族学通论［M］. 北京：中央民族大学出版社，1997：439.

② 陈丽珠. 少数民族传统体育活动中的宗教文化因素——基于高山族的个案分析［J］. 沈阳体育学院学报，2012，31（03）：129-132.

③ 陈丽珠. 民族体育文化概论［M］. 北京：中央民族大学出版社，2015：29-30.

现在当下经济社会的各个方面，区域民族间发展的不平衡就是一个重要表现，如 2020 年西藏 GDP 为 0.19 万亿元，福建省为 4.39 万亿元，浙江省为 6.46 万亿元，湖北省为 4.34 万亿元，山东省更是高达 7.31 万亿元。可见，如何实现西部地区经济社会的快速发展，将成为有效缓解我国社会主要矛盾的一项重要抓手。丰富经济业态，促进经济高质量发展有助于实现欠发达地区产业结构的优化调整，进而加快经济社会的高速发展。在西部欠发达地区，民族传统体育文化形态丰富，由于受外界干扰因素的影响少，这些地区的传统体育形态保持着"原生态"样貌，其产业化发展的空间较大。产业化发展是民族传统体育适应社会主义市场经济发展的需要，是实现民族传统体育转型发展的需要，同时也是改变民族传统体育传承与弘扬路径的需要①。最重要的是，民族传统体育的产业化发展是为区域经济发展助力的有效手段。由此，我们认为，产业发展是民族传统体育铸牢中华民族共同体意识的一个行为方式。我国民族传统体育资源具有主体性、广泛性、地域性的特点，根据这些特点，建立区域特色经济，可以对民族地区经济发展起到重要的推动作用。从实际情况出发，民族传统体育为整个体育产业的发展创造了有利条件，注入了新的活力，这一价值主要体现在以下几个方面：首先，可以通过建立民族体育竞赛表演、健身娱乐、民族体育用品等市场，组织民族传统体育项目的比赛活动、宣传广告和电视转播等，获取一定的经济效益。其次，可以丰富我国民族传统体育文化，满足人们日益增长的健康消费需求，继续拓展人们体育文化教育和健身娱乐消费的空间。再次，可以建立与体育产业相关的经济实体，如体育活动器材、民族体育服饰等，促进民族体育用品的制造和销售。最后，发展体育旅游产业，使具有区域民族特色的民族体育项目与旅游相结合，从而拉动区域经济的快速发展，使经济效益和社会效益得到更好地体现②。

---

① 彭响，刘如，李佳川. 批判与重构：汨罗龙舟产业发展的困境与对策 [J]. 城市学刊，2019, 40（06）：39-44.
② 陈晓梅. 民族传统体育文化的弘扬与典型项目教学指导 [M]. 北京：中国水利水电出版社，2016：27-28.

五、社会治理

党的十八届三中全会明确将"推进国家治理体系与治理能力现代化"作为全面深化改革的总目标①；党的十九大也指出，必须坚持和完善中国特色社会主义制度，不断推进国家治理体系和治理能力现代化②。推进国家治理体系和治理能力现代化是坚持和发展中国特色社会主义的必然要求，也是实现社会主义现代化的应有之义③。国家治理体系与治理能力现代化是全方位的现代化，需要经济社会发展的各个维度实现现代化，基层是现代化建设的重点区域，也是基础最雄厚、难度最大、任务最艰巨的地方。可见，推进基层治理体系与治理能力现代化具有重要意义。社会治理是治理体系与治理能力现代化中的一个核心概念，也是其在经济社会发展中的具体表现。由此，本研究将社会治理作为民族传统体育铸牢中华民族共同体意识的一个行为方式。民族传统体育所具有的社会治理功能主要体现在其内涵的丰富仪式文化中，仪式在某种程度上就是以规定性的身体实践进行符号隐喻传递和表现仪式的展演，它是人为主导和建构下营造人神沟通的一种神圣环境，在该环境下激发起人的强烈情感体验④。列维·斯特劳斯认为，透过仪式的展示可以了解人类文化的深层结构⑤。民族传统体育活动是一种仪式化的传统体育活动，它的出现往往和一定的仪式结合在一起，如在龙舟竞渡之前通常要进行一套程式化的祭祖或者是祭神仪式⑥。这些仪式具有较强的稳定性，是社会文化展演的形态之一，对于延续社会结构、整合社会秩序、强化集体情感具

---

① 中国共产党第十八届中央委员会第三次全体会议．中共中央关于全面深化改革若干重大问题的决定［Z］．2013-11-12.

② 中国共产党第十九次全国代表大会．决胜全面建成小康社会，夺取新时代中国特色社会主义伟大胜利［Z］．2017-10-18.

③ 习近平．完善和发展中国特色社会主义制度，推进国家治理体系和治理能力现代化［N］．人民日报，2014-02-18（01）.

④ 张彤，杨嘉民，常华．神圣与世俗的组构：仪式体育的身体操演变迁［J］．体育与科学，2015，36（06）：53-57.

⑤ 列维-斯特劳斯．结构人类学［M］．张祖建，译．北京：中国人民大学出版社，2006：215.

⑥ 彭响，刘如，张继生．民族传统体育铸牢中华民族共同体意识研究［J］．武汉体育学院学报，2020，54（02）：59-64.

有重要意义①。具体而言，主要体现在五个方面：一是价值导向的秩序影响；二是道德示范的秩序规训；三是文化认同的秩序生成；四是关系调适的秩序再造；五是社会整合的秩序凝聚②。可见，民族传统体育仪式中蕴含的仪式文化对于推进区域社会治理具有重要作用，也因此，社会治理成为民族传统体育铸牢中华民族共同体意识的一个行为方式。

第四节　民族传统体育铸牢中华民族共同体意识的行为反馈

民族传统体育铸牢中华民族共同体意识的行为主体反映的是"谁来做"的问题；行为取向反映的是"做什么"的问题；行为方式反映的是"怎么做"的问题；而行为反馈反映的则是"做的怎么样"的问题。本部分将从目标反馈、运行反馈以及效果反馈三个维度详细展开论述。

一、目标反馈

民族传统体育铸牢中华民族共同体意识的价值取向即目标，也即行为取向，即提高政治共同体认知，增强伟大祖国认同；提高利益共同体认知，增强中华民族认同；提高文化共同体认知，增强中华文化认同；提高心理共同体认知，增强中国共产党认同；提高命运共同体认知，增强中国特色社会主义认同。目标反馈是指对民族传统体育铸牢中华民族共同体意识的行为取向的反馈。尽管本研究从"五个认知"和"五个认同"提出了民族传统体育铸牢中华民族共同体意识的行为取向，但这些论述仅仅止步于理论层面，需要通过实证考察进一步论证。由此，有必要对民族传统体育铸牢中华民族共同体意识的行为取向进行目标反馈，以进一步充分论证其理论依据。研究认为，应当从以下几个方面进行反馈：一是行为取向的具体内容。究竟民族传统体

---

① 杨海晨. 族群体育的实践理性与文化表达 [D]. 华中师范大学，2014.
② 王晓晨，乔媛媛，蒲玉宾，等. 少数民族传统体育文化内生秩序逻辑及其参与社会治理路径——基于对桂西的田野调查 [J]. 沈阳体育学院学报，2019，38（03）：132-137+144.

育可以铸牢中华民族共同体意识中的哪些要素或核心内容，这需要大量的实证考察进行论证。或许民族传统体育无法提高各族人民对命运共同体的认知，亦或者无法增强各族人民对中国特色社会主义的认同，这些都是目标反馈的重要内容。二是行为取向中"认知"和"认同"具体内容的差异性。民族传统体育在"五个认知"和"五个认同"中，对于每一个"认知"和"认同"，产生的铸牢效果是不一样的，如可能提高文化共同体认知的程度高于利益共同体认知，所以有必要对行为取向中认知和认同的差异性进行目标反馈，只有确定了民族传统体育在铸牢中华民族共同体意识要素中哪些要素效果最为显著，才能尽最大可能发挥民族传统体育在铸牢中华民族共同体意识中的作用。三是行为取向中"认知"和"认同"的差异性。认知和认同是两个阶段，认知是初阶，认同则是高阶。由此，在目标反馈中，还要具体考察民族传统体育提高与增强中华民族共同体认同的差异性，探讨是否提高中华民族共同体认知效果显著于增强中华民族共同体认同，亦或是反之。

二、运行反馈

对民族传统体育铸牢中华民族共同体意识进行运行反馈，实际上就是对其行为方式进行考察评价。民族传统体育铸牢中华民族共同体意识的行为方式主要包括文化传承、赛事开展、学校教育、产业发展以及社会治理，因而运行反馈也主要围绕这五个方面展开。第一，在文化传承上，主要考察民族传统体育文化传承的体系，传承体系包括传承内容、传承人、传承方式等。在传承内容上，要考察在竞技体育文化广泛传播的背景下，民族传统体育传承中文化内核的保护问题，因为文化认同是最深层次的认同，也是铸牢中华民族共同体意识的文化基础，所以其文化内核或者精神内核的保护至关重要，这也是文化传承的重要考查内容。在传承人和传承方式上，主要考察具体项目是否拥有完善的传承人更替制度以及传承方式是否"守旧"——口传身授。当前随着互联网时代的到来，大数据的广泛应用不断创新着民族传统体育的传承方式，固态保护以及活动传承等多元传承方式成为民族传统体育传承的主流模式，因而这也是文化传承需要重点关注的内容。第二，在赛事开展上，主要考察民族传统体育赛事体系的建设与完善。赛事级别丰富且完善是保障民族传统体育赛事供给的前提，因而要重点关注民族传统体育赛事数量以及级别，如单个项目锦标赛是否建立以及各具体项目是否拥有各级别的赛事活动。第三，在学校教育上，主要考察学校开设民族传统体育课程以及活动数量。学校是民族传统体育传承的主要阵地，具有广泛的人群参与基础，所以从民族传统体育课程以及活动数量可以反馈民族传统体育在学校教育行为方式上的力度与实践效果。第四，在产业发展上，一是考察民族传统体育产业的生产总值，并计算民族传统体育产业总产出在体育产业总产出中的占比；二是考察是否建立完善的民族传统体育产业统计分类标准，只有建立科学完善且细致的民族传统体育产业统计分类标准，才能更加准确地优化民族传统体育产业结构。第五，在社会治理上，主要考察对于民族传统体育仪式文化的保护与传承，仪式具有社会整合、稳固结构的功能，因而重点关注民族传统体育仪式文化保护评价可以有效促进民族传统体育参与社会治理。

三、效果反馈

效果反馈是指对民族传统体育铸牢中华民族共同体意识的行为效果进行反馈评价，从而达到提高民族传统体育铸牢中华民族共同体意识效果的目的。究竟如何评价民族传统体育铸牢中华民族共同体意识的效果，本研究认为，主要应该从以下几个方面展开：一是认知与认同层面。如上所述，中华民族共同体意识包括中华民族共同体认知和中华民族共同体认同，中华民族共同体认知又包括文化共同体认知、利益共同体认知、心理共同体认知、政治共同体认知以及命运共同体认知；中华民族共同体认同又包括伟大祖国认同、中华文化认同、中华民族认同、中国共产党认同以及中国特色社会主义认同。所以，在认知与认同层面，要重点考察民族传统体育在提高文化共同体认知、利益共同体认知、心理共同体认知、政治共同体认知、命运共同体认知五个认知维度以及增强伟大祖国认同、中华文化认同、中华民族认同、中国共产党认同、中国特色社会主义认同五个认同维度上的效果。值得一提的是，这里还需要关注在"五个认知"与"五个认同"上，民族传统体育的具体效果差异，从而更加科学地指导民族传统体育铸牢中华民族共同体意识的实践工作。二是民族传统体育本身的传承与发展。民族传统体育铸牢中华民族共同体意识关键还在于民族传统体育，只有民族传统体育得以体系传承与科学发展，民族传统体育铸牢中华民族共同体意识才得以可能。因而，要重点考察中华各民族传统体育项目的传承与发展：一是民族传统体育赛事开展情况，赛事的广泛开展可以为各族人民的交往交流与交融创造平台；二是民族传统体育传承体系的建构，当前民族传统体育的传承普遍存在传承体系不完善的问题，如传承人的更替结构不健全等，这些因素制约着民族传统体育的当代传承，加之受竞技体育文化广泛传播的影响，民族传统体育的传承更是举步维艰，因而要加强民族传统体育传承体系的评价，促进民族传统体育传承体系的建构。

第五章　民族传统体育铸牢中华民族
共同体意识的个案考察

第一节　龙舟竞渡铸牢中华民族共同体意识的实证考察

2017 年 10 月，国家主席习近平总书记在党的十九大报告中提出"铸牢中华民族共同体意识"并写入党章①。2021 年 8 月，习近平总书记在中央民族工作会议上旗帜鲜明地强调："铸牢中华民族共同体意识是新时代党的民族工作的'纲'，所有工作要向此聚焦"②。铸牢中华民族共同体意识是新时代我国民族工作的主线，作为中华优秀传统文化的重要传播载体，民族传统体育在中华民族共同体建设过程中扮演着各族人民交往交流的使者角色，成为族际互动与交融的重要桥梁③。尽管笔者在《民族传统体育铸牢中华民族共同体意识研究》一文中，基于民族传统体育对铸牢中华民族共同体意识所具有的促进作用以及铸牢中华民族共同体意识对民族传统体育发展所产生的重要影响进行了理论探讨，同时探索性地提出了民族传统体育铸牢中华民族共同体意识的实践逻辑。然而，民族传统体育铸牢中华民族共同体意识这一命题不能止步于理论层面，局限于意识形态上的建设与价值层面上的抽象中；应当以具体的民族传统体育项目为载体，通过对其铸牢中华民族共同体意识作用机制的分析，考证民族传统体育铸牢中华民族共同体意识这一理论命题，

---

① 习近平. 决胜全面建成小康社会 夺取新时代中国特色社会主义伟大胜利［N］. 人民日报，2017-10-18（002）.

② 人民日报评论员. 把铸牢中华民族共同体意识贯穿党的民族工作全过程各方面［N］. 人民日报，2021-08-31（001）.

③ 彭响，刘如，张继生. 民族传统体育铸牢中华民族共同体意识研究［J］. 武汉体育学院学报，2020，54（02）：59-64.

进而为民族传统体育铸牢中华民族共同体意识的实践提供思路。由此，扎根于个案，实证考察民族传统体育铸牢中华民族共同体意识这一理论命题就显得尤为重要。

一、研究设计：个案选择与思路交代

（一）个案选择

龙舟竞渡是中华民族参与较为广泛、开展较为普遍、历史较为悠久、内涵较为深厚的传统体育项目①。尽管龙舟竞渡起源的说法不一，学界尚未形成统一定论，但龙舟竞渡的变迁与传承脉络已足以体现其与中华文化传统的密切关联。换言之，龙舟竞渡得以传承至今，依赖的是其所承载的中华民族共同文化信仰与价值认同，而中华文化认同恰恰是最深层次的认同，是铸牢中华民族共同体意识的根本②。因而，本研究选取龙舟竞渡作为民族传统体育铸牢中华民族共同体意识实证考察的对象。道县（古称道州），隶属湖南省永州市，位于潇水中游，东邻宁远县，南界江永县和江华瑶族自治县，西接广西全州县、灌阳县，北连双牌县，素有"襟带两广、屏蔽三湘"之称，是著名的中华龙舟之乡③。道县龙舟竞渡习俗是道县民间社会在每年端午和中秋时段自发举行的一系列民俗活动的总称。它以村落、宗族为主体，以打龙船、雕龙头、龙船下水及竞渡等活动为主线，整合了人际互动、节庆、信俗、仪式、制作技艺、体育竞技、草药、饮食、民间传说等民俗生活和文化内涵。道县民间划龙船竞赛，明、清时已发展成习俗。每年端午节期间（农历五月初一日到初五日），道县潇水河内，以上关、水南、五洲、白马渡河段为赛区，尤以上关、水南河段规模为盛。1945年，为庆祝抗日战争胜利，县里组织了龙船竞赛活动，参赛龙船20余艘，观众达数千人。中华人民共和国成立后，龙船竞赛每年依旧进行。1979年，营江公社白地头大队农民，新

① 彭响，刘如，李佳川．批判与重构：汨罗龙舟产业发展的困境与对策［J］．城市学刊，2019，40（06）：39-44.
② 陈凌．文化认同是最深层次的认同［N］．人民日报，2021-03-07（004）.
③ 道县人民政府．魅力道县［EB/OL］．［2021-09-09］．http：//www.dx.gov.cn/dx/dxgk/dxgk.shtml.

制龙船 2 艘，端午节期间带头在潇水河中划游。随后，上关、水南等大队亦新制或修制龙船。至当年中秋节，潇水河上关、水南河段已有 15 艘龙船参赛，两岸观众逾万人。此后，每年端午节（有时还加上中秋节）均开展龙船竞赛活动。1982 年，上关大队和水南大队，首次组建女子龙船队，打破自古女人无权划龙船的旧规。1984 年，全县龙船发展到 73 艘。至 2003 年底，先后有 4 个龙船代表队参加全国及省、市主办的龙船比赛，有 3 个代表队获奖。其中，1994 年，道县代表队在岳阳获得"中国民间龙船展示大赛"第一名。道县曾 10 次被省体育局授予"湖南省农民体育节"先进单位。2003 年端午节期间，有 63 个代表队参加全县龙船竞赛，城乡观众近 10 万人。2006 年 5 月 25 日，"道州龙船赛"被湖南省文化厅公布为首批 74 项省级非物资文化遗产之一；2021 年入选第五批国家级非物质文化遗产代表性项目名录①。道县龙船主要分布在道江镇（城关镇）、寿雁镇、上关乡、东门乡、富塘乡、营江乡和万家庄乡"两镇五乡" 37 个行政村，各地龙船均各具特色。与竞技龙舟赛不同，道县龙舟竞渡被赋予更多的是自娱自乐和文化传承的含义。作为一项全县参与的地方性大事件，道县每一个社区、乡镇都有数支龙舟队，每一个桨位均有替补队员，通过龙舟竞渡的全员参与提高了地方民众凝聚力，实现了区域共同体的打造，从而增强了共同体意识。

（二）思路交代

实证研究即基于事实和证据，致力于探寻确凿无疑知识的研究②。实证研究一定要通过设计、取证和基于证据的分析，主要运用的是归纳思维，求真是其核心追求。实证研究包括定量研究、质性研究和混合研究三种亚范式：定量研究是对事物可以量化的部分进行测量和分析，以检验研究者自己关于该事物的某些理论假设的研究方法，又称"量的研究""量化研究"；质性研究是以研究者本人作为研究工具，在自然情境下采用多种资料收集方法对社

---

① 国务院. 国务院关于公布第五批国家级非物质文化遗产代表性项目名录的通知 [EB/OL].（2021 - 06 - 10）[2021 - 09 - 09]. http://www.gov.cn/zhengce/content/2021 - 06/10/content_5616457. htm.

② 袁振国. 实证研究是教育学走向科学的必要途径 [J]. 华东师范大学学报（教育科学版），2017, 35 (03): 4-17+168.

会现象进行整体性探究，使用归纳法分析资料形成结论和理论，通过与研究对象互动，对其行为和意义建构获得解释性理解的一种研究范式，主要包括以质性材料分析为特点的田野研究、个案研究、叙事研究等；混合研究则是量化和质性研究的有机结合①。从研究范式上来看，定量研究以实证数据作为材料支撑，基于现实调研分析问题并得出相应结论。然而，定量研究有着明显的场域限制，受到具体研究对象与内容的影响。尽管通过对中华民族共同体意识内涵的深刻诠释，可以较为科学地设计铸牢中华民族共同体意识的调研问卷。但在研究中面临着两个现实问题：其一，中华民族共同体意识是一个具有丰富内涵的民族学概念，属于意识形态层面上的虚拟建构，通过定量研究的实证研究范式无法穷尽其内涵；其二，龙舟竞渡铸牢中华民族共同体意识是一个文化建构与心理认同的发生过程，这个过程涉及群众的心理情感变化等诸多不可控因素。因此，本研究主要基于质性研究的实证研究范式对龙舟竞渡铸牢中华民族共同体意识进行实证考察，以期通过对龙舟竞渡活动开展过程、参与基础、观众投入等具体内容的深度描写，构建出龙舟竞渡铸牢中华民族共同体意识的发生机制，进而考证民族传统体育铸牢中华民族共同体意识这一论断。

二、理论阐述：龙舟竞渡与中华民族共同体意识的内在逻辑

（一）龙舟竞渡的文化特质

针对龙舟竞渡与中华民族共同体意识的内在逻辑的探讨，首先要回到龙舟竞渡的文化特质层面上来，只有理清龙舟文化的特质，才能从学理层面把握龙舟竞渡与中华民族共同体意识生成之间的关系。龙舟竞渡又称划龙船、赛龙舟，距今已有两千多年的历史，自被纳入端午节俗之后就迅速成为端午节的标志性节俗之一，其影响甚至早已走出国门，遍布整个东南亚乃至太平洋海岛②。作为一项民间传统体育活动，能够在两千多年的历史长河中历久

---

　　① 马勇军，姜雪青，杨进中. 思辨、实证与行动：教育研究的三维空间 [J]. 中国教育科学（中英文），2019，2（05）：111-122.
　　② 唐宏岳. 端午龙舟竞渡的文化考察 [J]. 装饰，2011，（06）：92-93.

弥新、长盛不衰，这与其文化特质有着密不可分的关联。众所周知，龙舟文化的本质就是中华民族对龙文化的崇拜与认同，龙舟活动只是龙文化的一种外在物质体现。在自然界，龙并非真实客观存在的，而是人们虚拟想象出来的。这一想象而成的特殊符号实际上就是中华各族人民集体信仰的象征。龙舟竞渡主要开展于中国南方地区，这与其必须在水上进行竞渡是分不开的。而近年来，随着龙舟竞渡的快速发展，传播影响力的不断深入，北方地区开始出现冰上龙舟运动。可以说，龙舟竞渡是除武术以外，目前开展最为广泛的一项民族传统体育项目。

从龙舟文化的独特内涵来看，龙舟文化是对龙文化的一脉相承，龙是中国古人对自然界的诸多动物和天象"模糊集合"而产生的一种神物，是中华民族的图腾和文化象征。龙的精神是一种"兼容、奋进、福生、谐天"的精神，因而形成了龙文化的四种功能：凝聚、激励、教育和警示，千百年来感染着每一位华夏儿女①。龙舟文化是中华民族对龙舟竞渡及其相关客观现实的感受、认识的升华和历史的沉淀，它包含着人们对龙舟、信仰、心理、习俗、伦理、艺术等诸多特质的审美意识，融科学理论、制作技术、艺术表达、体育竞赛、情感交流于一炉②。

首先，龙舟文化是一种图腾崇拜。古代吴越、荆楚一带"崇拜龙、祭祀龙、模仿龙的仪式"是龙舟竞渡的起源之一③。他们以龙为图腾，在每年的五月初五举行盛大的图腾祭祀活动，以祈求龙的保护和庇佑。只是随着时间的推移，科学技术的不断发展，人们对世界的认识有了更进一步的发展，因而对于龙的图腾崇拜开始逐渐消解。然而在农村等欠发达地区，由于认知水平的局限，人们还是将祈福等思想寄托于龙神的祭拜上。与单纯的图腾崇拜不同，当前人们对于龙的信仰更多地是"作为龙的传人"的彰显。正如习近平总书记在故宫会见前美国总统特朗普时说到的"文化没有断过流，始终传承下来的只有中国，我们这些人也延续着黑头发、黄皮肤，我们叫龙的传

① 庞进. 龙的精神及其当代意义 [J]. 唐都学刊，2004（02）：133-137.

② 伍广津，秦德增. 龙舟文化的内涵及其当代价值 [J]. 黑龙江民族丛刊，2010，（06）：141-144.

③ 姚正曙，何根海. 龙舟竞渡的起源探析 [J]. 成都体育学院学报，2000（06）：36-38.

人"那样，中华各族人民因作为龙的传人而感到骄傲。置于古代，龙是一种图腾象征，是一种精神崇拜；置于当代，龙则上升到国家层面，是整个中华民族的象征。事实上，这种对于龙文化的高度认同对于整个国家、民族的凝聚与整合具有积极的作用。

其次，龙舟文化是一种礼仪教化。龙是中华民族力量的象征，龙舟文化的内涵一直教育和感染着众人具有热爱祖国、热爱人民的乐观向上、勇往直前的人文精神。龙舟文化不仅是对龙文化的沿袭，更是对中华礼仪文化的融摄，这从龙舟竞渡活动开展中的各个仪式环节便可见一斑。尽管随着现代化进程的加快，民间龙舟活动开展开始呈现出一种"从故事到赛事"的标准化发展趋势，但在龙舟竞渡的开展过程中，各种仪式文化仍充斥在其中，如祭龙头、点睛、下水等环节的各种具体要求。在龙舟竞渡过程中，以村为单位的龙舟队将村民牢固地整合在一起，往日的民众纠纷在此刻烟消云散，这是龙舟仪式文化对村落秩序的整合与统筹，更是龙舟文化对参与者的礼仪教化。

（二）龙舟竞渡与中华民族共同体意识的关系

首先，龙的图腾信仰是民族凝聚力的外在象征，是中华民族共同体意识生成的重要思想基础。中华民族共同体意识的本质是一套内在的价值观念体系，在这套价值观念体系下，中华各族人民自愿地从大脑意识深处归属于中华民族这一大家庭，而这一过程得以实现的前提就是民族凝聚力的客观存在。民族凝聚力如何存在？共同的民族信仰就是一个重要的实现途径。龙的图腾信仰是民族信仰的重要组成部分，中华各族人民对龙这一想象图腾的追随体现出强大的信仰凝聚力。也因此，当代中华儿女自豪地认为自己是龙的传人。事实上，"龙的传人"这一表达充分地彰显了"龙"在中华民族共同体意识建构中的突出作用。中华各族儿女将自己定义为龙的传人，实际上就反映了中华民族共同体的客观存在。此外，尽管民间开展龙舟竞渡活动的目的不尽相同，纪念人物也依据地方特色而各异，但即使是为纪念地方性的人物，这也体现了地方民众对这一人物及其文化思想的认同与感知。

其次，龙舟竞渡是一项集体参与的民间活动，能够推动"区域共同体"的生成。集体性的体育项目最显著的功能就是培养集体意识，增强团队凝聚力。当前，民间龙舟活动的参与主体并不会意识到这一层面的特殊作用，而是主动以参与者的身份去推动龙舟竞渡成绩的提升，以帮助龙舟队取得好的名次，为的是一个"面子"。置于地方而言，龙舟竞渡作为一项地方性的大事件，吸引着成百上千群众的积极参与，短期内实现了地方民众的聚集与凝聚，由此形成一个区域范围内的"小共同体"，广大群众从内心深处接受并认同这项地方性的传统体育活动，因而这一"小共同体"更多地是体现在民众的心理层面。置于参赛而言，每一艘龙舟上的队员实际上就是一个"小共同体"。在竞赛夺冠的目标导向下，这个"小共同体"中的队员相互信任、共同发力，形成了区域范围内的利益共同体。同时，观赛群众对于本村龙舟队员的鼓励与呐喊实际上又强化了这一地方性的共同体意识。

最后，龙舟竞渡仪式的开展能够积极推动村落礼治与德治，从而构建良好的村落社会秩序。尽管现代化进程改变了民间龙舟竞渡的生存土壤，但当前在许多地区仍存在着纯粹民俗风味的龙舟竞渡活动，这些活动的开展没有政府的干预，也没有标准化竞赛制度的约束，而是端午时节民众自娱自乐的一种休闲方式。在这些地方，龙舟竞渡完整地保存着最原始的仪式文化，竞渡的各个环节遵循严格的乡约民规。值得一提的是，龙舟竞渡仪式文化的礼治与德治功能并非本身所内涵，而是地方社会的权威与秩序所固有的，只是龙舟竞渡仪式将这些文化融摄其中，从而促成了仪式文化对社会结构的稳固。龙舟竞渡仪式文化对地方社会秩序的维持，有效促进了一定区域范围内社会的稳定与团结，在一定程度上巩固了地方社会的共同体格局，为中华民族共同体夯实了基础。

三、实证考察：道县龙舟竞渡的田野调查报告

（一）道县龙舟竞渡的开展流程

道县龙船赛举办时间为每年端午节期间。道县名家南宋理学大师周敦颐生辰也在农历五月初五，在封建时期，重文轻武的社会认知下，周敦颐的《爱莲说》《太极图说》等作品扬名天下。于是道县龙船赛在纪念屈原这一基础上，也包含着当地民众纪念理学鼻祖周敦颐的文化色彩。道县的龙船，从

最开始的制作到最后比赛都有相对应的祭祀环节，并且还要邀请祭祀师主导，完成整个流程，每个环节都有相对应的祭祀仪式（以下内容由村民口述整理而成）。

1. 赛前通知。每年道县龙舟赛开赛通知一般是由县政府、体育局提前20天左右通知到每个村的村委会还有龙舟队队长。村委会接到通知之后就会挨个通知本村龙舟队的队员。队员们一般都在外面做工讨生活，但不管是在哪里，有多远，只要收到通知就一定会回来参加比赛。一般都是在比赛前十天就能赶回来，最迟是十天，一般都是十五天左右就可以可以赶回村社里开始训练了（ZSX，车头村村长，20210607）。

2. 动员训练。所有接到备赛通知的村委会，把消息传达给本村社里的龙舟队员后，便开始有组织地进行训练。训练时间就是在正式比赛时间之前的这一段时间，龙舟队员在训练期间的各种费用，都是由本村社的一些龙舟爱好者及村民进行捐款，每个人捐几百，有钱的几千都有，他们捐款后把这些钱集中到村委会去，统一安排用于支持龙舟队。一般是中午开始训练，下午也会训练一小时，有一些排名比较靠前的队伍还会在晚上进行加训，争取夺得好名次。一艘龙舟上最少二十个人，最多二十二个，特殊情况下也可以少一点。道县的龙舟和其他地方的不太一样，它是两头翘中间船体吃水深，划桨时要花费更多的体力，船体中间立着四根圆木柱子，四个顶端都用绳子绑住将一面龙船鼓穿过使其悬空，比赛时队伍中有一名有节奏的龙船鼓手是至关重要的，所以在训练时也注重训练出一名优秀的鼓手来带动队员划桨的频率，船尾一根巨大的关公舵用于控制龙舟的方向。没有哪一个地方像这里一样是用关公舵、为什么我们要用关公刀，因为它可以杀掉水里的怪物，可以辟邪气（ZLJ，车头村居民，20210607）。

3. 修购龙船。每个村社从各自的龙船寮将龙船运到河道边的社区广场，检查船体是否有损坏，是否需要重新上油漆，船体损坏和新加入龙舟竞渡的周边村社则是找造船师傅订制新龙船。道县龙船是用一种叫做春阳树的木材制作的，春阳树又叫龙木，从砍下来到开始造龙船前都要用石头垫高不能接触地面，不然龙魂就跑了，这一个过程在道县当地称为"偷"龙骨树。以前那种船一扒①就扒十多年的，像现在的小伙子他今年扒了龙船，明年他就不要这个龙舟了。以前订的龙船最少要扒十多年的，现在小伙子他扒了一年他就嫌船不走路，他人不厉害他怪船，他就要换新的（ZPL，车头村村民，20210608）。道县的龙船还有一种龙船崽崽，是用来给小孩子玩的，大人们在河道里比赛扒龙船，小孩子就在河道边上玩龙船崽崽。道县的龙船和这个龙船崽崽，从宋朝就开始有了，道县有一句古话，初五扒完了，到了初六了，小孩子们去捡龙船崽崽去了。这个龙船崽崽在以前国民党时期都是一种儿童的玩具，玩龙船崽崽的家庭还是比较富裕，不是一般的家庭或者穷人家的孩子能玩的（ZCY，水南社区居民，20210607）

4. 定制龙船头及其琐项。道县龙舟会在船头安装一个兽头，龙船头是用一些重木雕刻，油漆涂制而成的，近现代一些村社为了追求龙舟的速度则改用一些较轻的木材进行制作，大小也比以往稍微小一些。道州龙船头分为龙、凤、虎、麒麟四类，按漆色及形态差异又可细分为十三种。形色各异的兽头对应着不同村落、宗族的庙祠、门楼或传说，构成了村落、宗族间认同与区分的符号系统，古时候家族用的什么兽头就只能用这种兽头。存在一些特殊的情况，如东阳坊用的是金色，他们有九个龙头两个虎头，因为在早期他们的宗族是最兴旺的，在地方上有一定的势力；另一种情况则是一些周边新进的村社想要参加道县龙舟竞渡，则需要向强盛的家族请兽头，村社被允许使用兽头之后就加入该家族的麾下，龙舟竞渡时和家族的龙舟队一起进行比赛（ZSX，车头村村长，20210607）。村社中添置新的龙舟需要定做新的兽头，也有一些破旧的兽头需要重新上油漆，他们就提前找到道县龙舟文化馆的龙船头雕刻师陈斌寿师傅，麻烦他制作新的兽头和维护旧兽头，以便龙舟竞渡的正常进行。（ZLJ，车头村居民，20210607）

5. 乐龙、暖龙。道县龙舟龙船头为拆卸安装，在雕刻师制作好龙头后，村中人便会选良辰吉日将龙头迎接回村中，期间不断地敲锣打鼓，燃放鞭炮，好不热闹。暖龙则是村中新制作了龙头，在中秋节下水，期间邀请邻村或周边社区的龙船共同下水竞渡，并完成相应仪式的过程。

---

① 当地方言称划龙船为扒龙船。

6. 开坛启事、发文、安太岁。祭祀师在各自社区供奉龙神或其他神明的庙宇中用祭具进行祭祀，一般是采用纸牌楼，就是用竹篾编织成的法器，最顶端挂着祭祀师制作的神明小像，口中念叨着请神牒文，请各路大神来进行法事，祈求诸神保佑当地民众平安，消灾避邪。

7. 开光点睛。祭祀师主持，在开光前先进行洒净，即口中念叨咒语，在场地中挥洒香水，并用香水净化祭祀用具，对龙头进行法力的加持。点睛则是由村中德高望重的人或者宗族中身份地位显赫的成员完成，用毛笔蘸着朱砂和鸡血的混合物点在龙头的眼睛和耳朵处，使龙增添灵气。

8. 点俊。点俊又叫做划旱龙船，村社里的人们将龙船放在社区广场上，在龙船周围摆上祭品，点上蜡烛，在龙船头摆上屈原画像（屈原被道县人民尊称为龙船公公），祭祀师诵读屈原投江的历程，并模拟行船过程，人们在这一过程中每到激情的部分就附和着"嘿咻嘿咻""啊哈"的声音，以此来助威。

9. 打犁头火。村中男性青年拿着烧红的老犁头围绕绕着龙船逆时针跑动两圈，因为道县在南方丘陵地带，多瘴气，跑动的目的是驱赶瘟神。不同村社保留的礼数不同，有些村社还要求青年头戴红头巾，并在跑动过程中不时地喷火，就是口中含着用高度酒、鸡蛋等物品调制成的混合物向老犁头喷出，形成龙吐火的景象。早期喷火物还掺杂了煤油和桐油等有害物质，随着村社演变和时代进步，人们渐渐改变了旧时礼数中的陋习，但同时也是一种文化的流失。

10. 送瘟送圣。送瘟是指祭祀师通过仪式把瘟神和不详之物送走，保佑龙舟下水平安，送圣则是在祭祀仪式完成后将请来的各路神仙敬送走。

11. 划阴龙船。划阴龙船都是在傍晚时分夜色降临的时候进行，龙舟队员们点燃火把，在河道边把龙船运下水后登上龙舟，在河里划三圈，全过程不敲锣打鼓，龙舟队员们也是轻轻地划，不喊号子，并且每个人要带四个粽子，其中两个要扔进水里，可以祛瘟疫祛灾，祈求平安，等到三圈过后，就可以开始敲锣打鼓喊号子，这一仪式过程主要为了祈求出行平安，龙舟队能够旗开得胜。

12. 掌龙头。龙舟竞渡时每艘龙船都会有一个人站在船头，在古时候是身份和地位的象征，现在也主要是由出钱和物资最多的人来做。在五月初一、初二、初三、初四这四天分别会有龙头竞标，竞标成功的人就做掌龙头的人，一天里这些龙舟队员训练吃饭的所有费用都由他来出，初一初二是表演赛，初三初四是正式比赛，所以在初三初四这两天掌龙头需要出更多的费用，竞标也需要拥有更多的财力物力。

13. 下水仪式。在比赛下水之前都要敲锣打鼓、烧香、烧纸、放鞭炮。在此过程中，还要三拜九叩，之后掌龙头的人将三杯特质烧酒洒在地面，祈求龙神保佑风调雨顺。在正式下水之前，掌龙头的人和师公还会将鸡血涂抹在龙公公的头身之上，有着保佑族人平安的美好寓意。还有部分村落会给龙神过生日，有钱的捐钱，没钱的捐物品。

14. 正式比赛。道县龙舟竞渡活动多达 10 个乡镇（街道）50 多个行政村、140 余条龙船、3000 余名运动员参加比赛，所有龙舟以四大家族势力和外来龙舟队势力划分，分别于城郊码头、西洲公园码头和政府组织码头处下水，所有龙舟领取号码牌后贴于龙船头下巴处，于八点正式开始进行龙舟竞渡比赛。在码头下水时，各势力中的领头姓氏家族所属龙船最先下水，其他龙舟随后下水，这是早期留下来的规矩（ZSX，车头村村长，20210607）。五月初一和五月初二这两天主要进行表演赛，也就是集中训练，没有正式规则，所有龙舟在西洲公园所在河道内争相斗艳，不同势力的龙舟之间暗自较量，比较哪一方的龙舟数量多、龙船头数量和颜色丰富。以前的龙舟都是用来争夺水资源来灌溉农田的，所以就免不了不同势力之间的恶斗，到了现代随着文明法制社会的改造使得落后的武斗行为逐渐演变为互相攀比龙舟规模的文斗行为，这无疑是一种文明文化的进步。五月初三和五月初四这两天进行正式比赛，所有参赛队伍分为四组，500~800 米赛道计时，取前 10~20 名进入决赛。决赛同样为赛道竞速计时，最终取前十名。比赛结束后，所有势力龙舟从各自码头处上岸后将龙舟运回龙船寨，龙船头拆卸下来后放置在各自村社中的庙宇中，祭祀师和家族元老对神明进行祭拜感谢神明，祈求来年龙舟队取得好成绩，随后在村社中摆宴庆祝，宴席结束表示龙舟竞渡活动圆满结束。

（二）道县龙舟竞渡的典型特征

道县龙舟竞渡是一项典型的地方性大事件，划龙船习俗成为道县人民日常生活的重要组成部分，也成为道县文化的一张重要名片。通过田野调查发现，道县龙舟竞渡主要呈现出以下几个显著特征：

1. 群众参与广泛

在现代化进程中，我国民族传统体育的发展已呈现出一种高度竞技化发展的必然趋势，标准化、去民俗化成为当代民族传统体育发展的显著特征。也因此，民族传统体育最原始的参与群体逐渐退出活动的现场，表现出一种"不在场"的状态，开始由最开始的"参与者"沦为"旁观者"，参与主体的身份已然不再，被赋予"观众"的身份。与当前大多数传统体育项目不同，道县龙舟竞渡非但没有在现代性的裹挟下走向"脱域"，反而形成了一套能够自发稳定运行的系统。道县龙舟竞渡是一项全县参与的地方性大事件，同样与其他地方传统体育项目开展不同，道县县城的龙舟竞渡开展的气氛异常浓烈，每个社区都拥有自己的龙舟队，而且数量不等，有的多达上十条。同样，道县每个乡镇也拥有属于自己的龙舟队，经济发展水平不同，所拥有的龙舟数量也不同。总体而言，划龙船成为道县人民日常生活必不可少的元素。调研发现，道县龙舟竞渡在预赛的时候龙船数量有100多条，接近200条，潇水河几公里内河面上都摆满了龙船，可谓全国之最，甚至央视等电视台都多次报道，道县人民都热爱这种竞争激烈，又需要团结合作的运动项目。

2. 龙头种类丰富

龙舟竞渡是一项普及程度非常高的民族传统体育项目，在端午节等重要传统特殊节日，全国各地均有着不同形式的龙舟竞渡习俗，这些丰富多元且具有不同开展形式的龙舟竞渡活动共同铸就了龙舟竞渡的深厚文化底蕴。尽管在组织形式、文化信仰、龙舟样式等方面，全国各地龙舟竞渡活动均有着较为明显的差异，但总的来讲，龙头的制作基本大同小异，没有显著性的差异。然而，课题组在对道县进行调研时发现，道县龙船所佩戴的龙头与其他地方有着非常显著的差别，准确地来说，道县龙船所佩戴的并非龙头，而应该是兽头。道县龙船所佩戴的龙头有龙、凤、虎、麒麟四类，按漆色及形态差异又可细分为十三种。事实上，四种兽型的龙头象征着道县最开始的四大宗族，早期在潇水河附近，为争夺水资源，人们只有团结邻里才能逐渐稳固势力，保障自身利益，于是久而久之形成了这四大宗族。早期争夺水资源，为避免"自家人"受伤，便在船上以不同的龙头作为身份的标记，这也是道县龙舟竞渡的原型。随着社会的变迁，法治观念以及人权意识的不断增强，过去的这种武斗逐渐消失，而龙舟竞渡活动这样一种文斗形式成为道县农耕文化的延续。随着改革开放的不断深入，人们生活水平不断上升，社会经济水平也得到快速发展。划龙船逐渐成为道县人民富有身份的一种隐喻，人们纷纷加入龙舟竞渡的大队伍中，希望通过龙舟竞渡的参与来实现自身身份的认同。然而兽型只有四种，于是在四大兽型的基础上就衍生出了不同颜色的兽型龙头。各乡镇新建的龙舟队纷纷要拜在四大兽型所代表的宗族的码头下，逐渐形成了四分道州的格局。也因此，随着道县龙舟竞渡活动的深入开展，各乡镇龙舟队的陆续加入，龙头的种类也变得更加丰富。

3. 政府干预较少

传统龙舟竞渡是一项家喻户晓的民俗体育活动。最开始，龙舟竞渡只是民间自发组织的在端午节等重大节日进行的一种娱乐活动，尽管其中已经融摄竞技对抗的元素，但这种竞技性更多地是为其娱乐性服务的。换言之，传统龙舟竞渡的最终目的指向娱神与娱人。在传统龙舟竞渡活动开展的过程中，从组织到开展基本都是民间自发组织的，没有过度标准化的竞赛模式，参与基础雄厚，如有的是在水中捉鸭子，有的是在水中比技术等。这种娱乐导向龙舟竞渡活动整合了一个区域全体民众的参与力量，也使得传统龙舟竞渡活动成为各地的一项地方性大事件①。然而，随着现代化进程的加快，城镇化建设走向发展的快车道，在这样的宏观大背景下，传统龙舟竞渡活动的生存空间受到挤压，逐渐从人们的日常生活中脱离出来。加之，受国家宏观政策调控的影响以及体育产业自身发展的需要，体育赛事成为体育产业的一个重要突破点，传统龙舟由于群众基础较好，成为现代化改造的重要对象。因而，

---

① 罗湘林，刘亚云，谢玉. 从故事到赛事——汨罗龙舟竞渡的底层视角 [J]. 体育与科学，2015, 36 (01)：81-85.

标准化的发展模式被贯彻到龙舟竞渡活动中，于是也就衍生出了"中华龙舟大赛"等龙舟赛事品牌。由于竞技性与观赏性都显著于传统龙舟竞渡活动，加之人们生活方式的变迁，平时忙于工作，基本没有空闲时间用于传统龙舟竞渡的训练与比赛，从而使得传统龙舟竞渡逐渐退场。然而，在道县的调研发现，道州划龙船习俗非但没有受到现代化进程的影响，反而呈现出一种欣欣向荣的态势。归根到底，政府干预较少是决定性的因素。通常在政府的领导干预下，基层组织往往会失去自身运行的内生动力，逐渐走向依赖。而道县人民政府在龙舟竞渡活动中充分扮演着主导者的角色，只负责赛事活动的策划与安全维稳等工作，组织等核心环节均由民间组织展开，这种模式极大地提高了基层组织办赛的积极性，充分保障了基层群众的主体性地位。

4. 民俗风味浓厚

民族传统体育是中华各民族的传统体育活动的统称，各民族的传统体育活动根植于民间，来源于民众的日常生活，其本质是一种生活文化。传统体育的鲜明特征是传统性，更准确地来说，应该是民俗性。传统体育的民俗性是由其生存的环境所决定的，即传统体育产生于民间。近年来，随着国家实施非物质文化遗产保护工程的陆续推进，各地各级相关部门纷纷开展抢救、普查、解读、再现、保护、传承等工作，其本意是希望通过外源动力来培养民族传统体育传承的内生动力；殊不知，脱域的民族传统体育传习活动很难再受浓郁乡土文化的浸润①。然而，课题组在道县调研发现，道州划龙船习俗并未因这一系列外源动力的输入而走向脱域。相反，在"政府搭台、民间组织主导、群众唱戏"的联合措施推动下，道州划龙船习俗不仅完整地传承并发扬开来，同时其最具内涵，也最能反映道县文化的民俗风味也被充分体现出来。数年来的发展，道县龙舟依旧保持着木质结构，都是老工匠纯手工打造。道州龙船有着鲜明的"道州标签"，特别是其龙头，造型奇特，为道州独有。外地龙舟上的龙头是清一色的龙头，而道县龙舟上的龙头却分龙、虎、凤、麒麟四类，并且每一个龙头造型都代表一个村落和一个族群的信仰

---

① 冀宁，杨海晨，钟喜婷. 未预结局视域下民族传统体育传承的过程-事件分析及实践反思——闽南 LT 村宋江阵传承的民族志 [J]. 上海体育学院学报，2021，45（08）：52-62.

和历史源流，保存了"一村一信仰"的文化信息。道州人"见龙头便知是哪村人"的俗话由来已久，这也成为了与其他地方有区别的一部分。

（三）道县龙舟竞渡的参与主体

通过田野调查发现，道县在开展龙舟竞渡活动的过程中，多元主体参与其中保障龙舟竞渡活动的顺利开展，这些参与主体是推动道县龙舟竞渡传承与发展的中坚力量。

1. 政府

政府参与民间传统体育活动开展并非生而有之，而是在一定的现实背景下才产生的。总的来讲，主要有以下几个方面：第一，民间传统体育发展式微。城镇化建设进程中，标准化、现代化成为城镇化的重要标志，随之而来的是生活文化演变所导致的社会结构变迁。民间文化是民间传统体育活动赖以生存的根本土壤，由于这一生存土壤的改变，民间传统体育活动逐渐从民众的生活文化中剥离出来，失去了其传承与发展的核心支撑，从而走向式微。政府参与民间传统体育活动开展，能够为其带来资金支持与政策保障，确保活动的顺利开展。第二，民间传统体育活动开展过程中安全问题频发。2013年6月10日，湖南岳阳市湘阴县湘滨镇莲花塘村群众自发组织的龙舟在毛家湖（内湖）试水时意外翻船，导致船上36人全部落水，其中35人获救、1人失踪①。2018年4月21日，两艘龙舟在广西桂林市桃花江发生翻船，共造成57人落水，17人遇难②。正是由于民间传统体育赛事安全问题的频发，使得地方政府面临着巨大的赛事监管压力。由此，政府需要介入其中确保民间体育赛事的安全运行。只是在参与民间传统体育赛事开展的过程中，政府既可以扮演"强政府"的角色，也可以扮演"有为政府"的角色，这中间涉及到的便是政府的角色定位问题。在道县龙舟竞渡活动开展中，道县人民政府扮演的便是"有为政府"的角色，政府并非什么事都管，也并非什么事都不管，而是始终发挥着服务者的功能，为赛事活动的正常开展保驾护航，因而

---

① 搜狐网. 湖南湘阴龙舟试水意外翻船致36人落水1人遇难［EB/OL］. （2013-06-12）［2021-09-12］. http：//news. sohu. com/20130612/n378616403. shtml.

② 新京报. 广西桂林两龙舟翻船17人死亡落水者翻船后到底经历了什么［EB/OL］. （2018-04-21）［2021-09-12］. https：//baijiahao. baidu. com/s? id=1598405726828385453&wfr=spider&for=pc.

确保了龙舟赛事活动的有序举办。

2. 社会组织

在我国，长期以来人们最熟悉的是社会团体。改革开放之初一度使用过"中介组织"的概念，后来称之为"民间组织"，直到近年才统一称为"社会组织"。"中介组织"的概念在 20 世纪 80 年代较为流行，指那些介于政府与市场之间参与社会管理、提供中介服务的各类社会组织，主要是指社会团体、行业协会等组织①。但是，由于这个概念容易与职业、婚姻、宴会等中介服务组织混淆，现在已经很少使用。1987 年，民政部成立"民间组织管理局"。"民间组织"一度成为官方和学界普通使用的概念。2006 年党的十六届六中全会正式提出了"社会组织"的概念。此后，党和政府的许多重要文件都使用了"社会组织"这个概念。2016 年，民政部"民间组织管理局"更名为"社会组织管理局"。至此，"社会组织"概念成为普遍使用的概念②。社会组织是政府与民间传统体育活动开展建立联系的媒介，在调研中发现，道县各社区以及各乡镇基本都拥有自己的龙舟协会，只是这些协会并非像我们平常所看到的那样正式，他们并没有建立完整的内部组织体系，也没有系统的管理制度。换言之，这些协会是以"隐性"的形式内嵌于各社区与乡镇中间的。每逢端午等重大节日到来，这些组织中的核心成员便主动张罗筹办赛事，在赛事结束后，他们又回归到往常的生活。在这些协会中不乏当地村委会干部等公职人员，他们的加入使得这些非正式的社会组织变得更加有号召力，从而保障了龙舟赛事活动的顺利开展。

3. 民间精英

通常而言，民间精英应当是隶属于社会组织的；因而，在传统文献论述中，学者们往往将这两者放在一起论述。然而，课题组在道县的田野调查中发现，民间精英在龙舟竞渡活动开展中起着决定性的作用。道县龙舟竞渡活动开展的经费并非单一来源于政府，政府只承担奖金以及前期与策划相关的部分费用，参赛龙舟队所需的各项费用全部由各龙舟队独自买单。既然没有

---

①　龚禄根. 中国社会中介组织发展研究［M］. 北京：中国经济出版社，2006：4.

②　柳望春，张远凤. 社会组织培育与监督研究［M］. 北京：中国社会出版社，2019：6.

资金的扶持，各龙舟队又是如何得以每年持续开展的呢？经过调研发现，与其他地方不同，道县龙舟在比赛过程中，每艘龙舟前方都会站一名"龙头"，这个"龙头"代指负责当天整条龙舟所产生的一切开销的人，"龙头"可以由该条龙舟队的任何一人担任。因此，从本质上来讲，做"龙头"实际上是道县人民一种身份的象征，通俗来讲就是一种"面子"文化。每个社区或乡镇各村的民众外出打工赚了钱，端午节回到家乡，通过做"龙头"，既以龙舟竞渡的名义实现了自我身份的认同，同时也通过宴请全村达到了人情往来的目的，提升了自豪感。在访谈中，车头村的村长谈到，做"龙头"没有具体的要求，只要负责当天全部开销就可以做龙头，而一天"龙头"所产生的费用基本上万元。因此，对于外出返乡的民间精英而言，他们既希望将本村的龙舟组织开展起来，同时也希望借此机会增强他人对自己的认可。通过上述分析可以发现，这一部分民间精英承担着龙舟竞渡开展的经费来源，对于龙舟竞渡的开展产生着不可替代的作用。

4. 普通群众

毋庸置疑，普通群众是龙舟竞渡活动开展中的参与主体，没有基础雄厚的群众参与基础，任何一项体育活动的开展都将受阻。在调研中对车头村村长的访谈我们得知，车头村龙舟队以前并没有，而是近几年才成立的，没有属于自己的龙头，他们就拜在其他码头上。对于车头村而言，端午节胜似传统的过年，在端午节前后十来天，外出务工的人都会提前回来参与龙舟队各项事务，有做事的，也有划船的。龙舟数量不够时，村民们就轮着来划。用村长的话来说，划龙船不为争名夺利，而只是为了"好耍"。正是划龙船"好耍"的这种特征，吸引着全村各年龄阶段村民的积极参与，也正是基于划龙船的这一特性，普通群众成为龙舟竞渡活动的主体。对于外界而言，划龙船的这些群众是表演者；而对于这些村民自身而言，他们纯粹只是为了"好耍"，不为任何人表演。因此，对于道县龙舟竞渡而言，普通群众是真正意义上的参与主体，而非流于形式、不在场的"他者"。可以说，道州划龙船习俗得以传承至今，并呈现欣欣向荣之势的根本原因在于其强大的基层群众参与基础，这些普通群众不是作为表演者的"他我"而存在，而是作为参与者的"本我"而存在，是一种主体性的彰显。

四、机理阐释：道县龙舟竞渡铸牢中华民族共同体意识的作用机制

作为一个学术性概念，中华民族共同体意识可能存在于人们的大脑意识中，但人们并不一定能够感知这种意识的真实存在，因而中华民族共同体意识是抽象的，它一定是以某些客观载体作为支撑的。铸牢中华民族共同体意识与中华民族共同体建设是一对辩证的统一体。铸牢中华民族共同体意识能够推动中华民族共同体建设，而建设中华民族共同体也有利于铸牢中华民族共同体意识。在对道县划龙船习俗的调研中发现，道县龙舟竞渡铸牢中华民族共同体意识主要表现在通过开展龙舟竞渡活动来构建共同体社会层面。因此，本节将重点从共同体建设这一维度深入展开论述。

（一）区域共同体：道县龙舟竞渡铸牢中华民族共同体意识的外在表征

1. 区域共同体：中华民族共同体的基本单元

中华民族共同体是一个泛化的概念，"她"是作为一个整体的中华民族的统称。就中华民族共同体的概念而言，中华民族本身就是一个不可分割的整体，中华民族是中华 56 个民族的总称，而中华民族共同体更是强化了这一整体。作为一个实体存在，中华民族共同体需要以客观的具体存在为基础，即中华民族共同体应当有具体的存在形式。从概念范畴上面来讲，中华民族共同体是中华 56 个民族的共同体，是一个大的共同体；而这个大的共同体必然由若干个小共同体构成，可以是民族的，也可以是地方的，还可以是区域的。例如，某一民族全体人民的统称可以理解为某一民族的共同体，而 56 个小共同体则构成了中华民族共同体这一大共同体。然而，近年来，中国经济社会的高速发展促进了人口的大量流动，少数民族人口分布范围也随之进一步扩大，截至 2008 年底，散布在全国各地的少数民族人口已超过三千万。中华各民族并非以民族为单位集中居住，而是各民族相互嵌套的一种存在形式，因而，中华民族共同体以某一民族共同体为基本单元显然不符合现实情形，就当前大团结的大环境下，以某一民族的共同体为基本单元也不符合新时代

我国民族工作发展的基本路线。同样，以省份为基本单位的小共同体也面临着上述现实问题。由此，本研究认为，以区域共同体作为中华民族共同体的基本单元，既符合当前中国社会发展的现实诉求，也可以有效避免了其中涉及到的民族政策问题。区域共同体是指将某一区域的全体人民视为一个共同体，这一区域的范围没有明确的限定，有大有小，大至一个市县，小至一个社区或村落。区域共同体的构建能够极大地提高地方社会和谐程度，有利于增强某一区域内民众之间的凝聚力。这种凝聚力便是对区域共同体的认同，而这种基于区域共同体产生的认同感恰恰是中华民族共同体意识存在的原始形态。此外，从现实层面来讲，中华民族共同体建设不能单一地停留于宏观层面上的顶层设计，应当寻求现实层面的具体抓手，因而以区域共同体作为其基本单元，能够实现中华民族共同体建设走向实践。在对道县龙舟竞渡的田野调查中就发现，道县龙舟竞渡就是通过构建区域共同体进而为中华民族共同体建设夯实现实基础，进而铸牢中华民族共同体意识。

2. 道县龙舟竞渡推动区域共同体建设的内在机理

道县龙舟竞渡是一项全县人民集体参与的大型民俗体育活动，尽管各地龙舟竞渡活动从形式上看都是地方社会的整体性参与，但这种整体性参与仅仅只是流于形式，而非实质上的全体投入。道县龙舟竞渡是全县各社区、各乡镇共同参与的民间体育活动，更确切地说，是各村落的广泛参与。道州的龙船文化滥觞与万年的稻作文化，吮吸了舜德文化的精髓，浸润了楚韵骚风，融入了理学文化的博大精深；道县龙舟文化起源于宋代，既是纪念屈原，也是纪念周敦颐；道州虽然不是龙舟的发源之地，但它正是荆楚文明，中原文明由北向南传播之要道和承接之地①。在道县，每一个社区、乡镇都拥有属于自己的龙舟队，少则一条，多则七八艘。据道州文化、体育部门统计，道州人民群众每年为龙舟赛活动自发性投资捐款累计金额在 2000 万以上，并且规模一年比一年大，乐此不疲。从这些数据可以看出，道县人民对于龙舟竞渡的热爱已经深入到骨子里，成为其生活文化必不可少的元素。

---

① 三湘都市报. 道州龙船的历史渊源与传统工艺之美 [EB/OL]. (2020-12-26) [2021-09-15]. https: //baijiahao. baidu. com/s? id=1687103846373338390&wfr=spider&for=pc.

各社区、乡镇（村）龙舟队的建立主要是将各社区、乡镇（村）打造为一个区域共同体，实际上，道县龙舟竞渡对于区域共同体建设的意义远不止于此。道县龙舟的龙头共分为四类，这四类龙头在早些年主要象征着四大宗族，如今主要象征着道县四大"势力"，值得一提的是，我们这里所讲到的"势力"并非指黑恶势力，而是指龙舟竞渡活动开展中影响力最大的四大势力。道县龙舟竞渡虽是全县的整体性参与，但这种全体性参与是有前提条件的，亦或者说是有选择性的。道县龙舟竞渡中，龙舟没有龙头是不允许下水的，而龙头只有四大类，分别由四大势力（当地称码头）掌管，四大势力所拥有的龙舟下水位置都有着严格的限制，必须在指定时间在指定地点方可下水，"地盘意识"非常强烈。由此，后来加入的龙舟队要想与其他龙舟队同台竞技，就必须通过"拜码头"方可融入其中。因此，可以发现，通过龙头所代表的码头的区分，各社区与乡镇（村）之间再次进行整合，最终形成以龙头分类为依据的四大区域共同体。

通过上述分析不难发现，道县龙舟竞渡所打造的这种区域共同体并非是固定不变的，而是相互嵌套、错综复杂的，同一个村落所形成的区域共同体置于全县范围又会嵌入一个更大的区域共同体中。也正是这种相互嵌套，恰恰加强了不同成员之间的紧密联系，逐渐将原本不熟悉的陌生人转化为熟人，进而将一定区域内的群众牢牢地整合在一起，有效地增强了共同体意识。

（二）身份认同：道县龙舟竞渡铸牢中华民族共同体意识的内在隐喻

1. 身份认同与铸牢中华民族共同体意识的内在逻辑

身份认同是一个人对自己归属哪个群体的认知，是自我概念的重要组成部分①。处于社会环境和社会互动中的个体往往具有多重角色，但不同的社会场域和互动场景赋予其不同的身份属性，由此产生不同的身份认同，即对某一角色的身份认同②。中华民族共同体意识归根到底是一种共同体意识，置于大的共同体而言，这种意识是中华民族的；置于小的共同体而言，这种

---

① DEAUX K. Reconstructing social identity ［J］. Personality and Social Psychology Bulletin, 1993 （1）：4-12.

② 王真真，王相飞. 虚拟社群跑者的社群参与度对其身份认同的影响——感知线上社会支持的中介作用 ［J］. 北京体育大学学报, 2021, 44（08）：54-64.

意识是区域地方的。本研究认为，一个区域范围内的民众要实现对这一区域的认同，从心理上归属这个共同体，前提是要自身的身份得到认同，因为这是内嵌于社会中的个体认同他者或集体的基础。只有自我身份得到认同，这种心理意识才能得到迁移，进而转化为对共同体的认同。

公民的身份认同基于不同的场域有着不同的期望，置于公司而言，下属渴望所从事的工作得到领导的赏识，进而实现自我身份在公司的认同；置于学校而言，学生渴望在考试中获得高分，期望老师以及父母给予认可，进而实现自身学习成果的被认同。因此，置于中华民族共同体意识而言，从宏观层面来看，这种认同是民族认同，即自己归属的民族属于中华民族这个大家庭的重要一员，而自己属于这个民族的一员；从中观层面来看，这种认同是集体认同，即对自己所归属的这个集体的认同；从微观层面来看，这种认同是身份认同，即对自我价值实现的认同。概言之，身份认同是铸牢中华民族共同体意识的微观前提，个体的身份认同的程度直接影响着铸牢中华民族共同体意识的效果。

2. 龙舟竞渡增强道县人民身份认同的发生机制

通常的龙舟竞渡，无论是竞技赛事还是民间赛事，每一艘龙舟上的队员基本都是精挑细选出来的运动精英，这些运动员为了一个共同的目标而刻苦训练。在这种以赢为目标导向的理念支撑下，无论是竞技赛事还是民间赛事，最终都发展成为一项精英运动，即具有较高运动能力的精英们的运动，而普通群众最终沦为观赏者。

道县龙舟竞渡与传统视野中的龙舟竞渡有着天壤之别，道州划龙船并没有严格的竞赛规则，也没有绝对的胜负之分。从形式上看，道州划龙船也分预赛、决赛，但实际上到最后，龙舟队基本都能参与比赛的全过程。正是基于这样的"随意"赛制，道县人民无论哪一年龄阶段的群众均能参与划龙船，这也极大地激发了广大普通群众参与龙舟竞渡的热情与积极性。具体到各社区、乡镇（村），这种随意性更是体现得淋漓尽致，出于"好耍"的目的，每一个人都可以参与划龙船，人数多了就轮着划，不问输赢，只为"好耍"。

　　没有政府的资金扶持、企业的多方赞助，一项活动的开展往往难以持续。道县龙舟竞渡似乎在这两大资金来源之外发掘了一条适合本县发展的特色道路。道县龙舟竞渡的每一条龙船都配备一个"龙头"，这个"龙头"是具体的人的象征，也是身份的隐喻。这个"龙头"谁都可以担任，但需要负责当天的全部开销，这笔开销在 1 万元到数万元不等，依据"龙头"的客气程度会有不同差异，这一笔费用主要用于当天训练或比赛的吃饭、喝水、抽烟、帮忙等。据车头村村长称，每天"龙头"给大家伙开什么烟没有具体要求，图客气就发好烟，当然普通的也没问题，发烟的对象泛指全部参与其中的群众，不特指划龙船的队员。至此，我们可以清晰地发现，道州划龙船经费的来源问题，没有政府与企业的资金扶持，道州群众硬是凭借着对于龙舟文化的信仰巧妙地解决了活动资金的问题。

　　然而，一个新的问题似乎逐渐浮出水面，即为何会有人愿意承担这一天所产生的高额费用呢？这笔费用对于县城居民来说还能负担得起，而农村居民毕竟收入有限，难以支撑起这笔开支。在田野调查中我们发现，在农村组建的龙舟队中，担任"龙头"的基本都是外出务工赚钱了的"老板"。"老板"在村民眼中就是有钱人，是身份的象征。因而，这些地方精英所提供的经费成为当地龙舟队日常开支的资金来源。但是，这些地方精英为何愿意承担这一笔费用开支。结合访谈材料我们发现，这中间主要涉及两个层面的因素：第一，地方精英渴望通过做"龙头"实现自我以及家族的身份认同，即村民口中所说的"有面子"。在做"龙头"当天，通过宴请全村人吃饭，一方面，可以获得村民们的一致认可；另一方面，也是最主要的，即实现自我以及家族成员与其他村民关系的再生产。第二，村民们希望这些地方精英主动承担起这个"责任"。访谈中，这些曾经担任过"龙头"的精英们纷纷表示，"每年划龙船搞得热火朝天，人与人之间难得如此亲近，我们也有义务去担当起这个责任"。

　　通过上述分析不难发现，正是在"面子"与"责任"的双重作用机制下，地方精英纷纷加入划龙船的活动中，通过资金的支持以及情感的整合，将一个社区、村落牢牢地整合在一起，构建出一个区域共同体的格局，从而有效增强了群众的共同体意识，进而为铸牢中华民族共同体意识打下坚实基础。

五、结论与启示

（一）结论

道州龙船历史悠久，较为典型地反映了湘南地区在漫长历史发展过程中的稻作、移民、宗族等文化信息，也保存了湘南地区端午祭屈原、祀水神、敬舜帝等古老习俗。形色各异的龙头构成了一整套村落、宗族间认同与区分的识别系统。从雕龙头、打龙船到下水参赛，整个过程伴随着丰富的仪式和人际互动的内容，发挥着调适与凝聚地方社会的作用。通过对道州划龙船习俗的田野调查发现，尽管龙舟竞渡并不是直接铸牢当地民众的中华民族共同体意识，但却是通过龙舟竞渡活动的参与，将地方社会打造成一个区域共同体，这些区域共同体最后凭借着道县人民"想象的共同体"将道县整合为一个集合体。同时，通过赛制、模式的转换，道县龙舟竞渡将地方精英牢牢地与当代划龙船习俗捆绑在一起，从而科学巧妙地解决了民间龙舟竞渡活动开展资金匮乏的大难题。因此，道县龙舟竞渡正是通过身份认同的建构将地方精英融入其中，同时通过区域共同体社会的打造，有效增强群众的区域共同体意识，进而为铸牢中华民族共同体意识夯实基础。

（二）启示

基于对道州划龙船习俗的实证考察，本研究证实了龙舟竞渡铸牢中华民族共同体意识的这一假设，也充分肯定了民族传统体育对于铸牢中华民族共同体意识的独特作用与特殊意义。有鉴于此，本研究认为，在对民间龙舟竞渡发展制定相关政策或提供传承思路的过程中，应当注重以下几点：第一，在龙舟竞渡活动的主体角色上，要积极推动作为表演者的"他我"向参与者的"本我"角色转变。道州划龙船习俗充分证实了群众作为参与者参与龙舟竞渡活动所产生的独特功效，因而在现代性的裹挟下，要充分重视普通群众在龙舟竞渡活动开展中的主体地位。第二，国家要积极推动民间传统体育赛事的引导与治理。当前民间传统体育赛事竞技化改造痕迹明显，娱乐性逐渐丧失，慢慢走向精英运动。在广泛开展竞技龙舟赛事的同时，国家、地方政府要积极引导民间龙舟赛事开展，适当予以资金扶持，引导其形成自主发展的运行机制。第三，对于民间龙舟活动开展得较好的地方，政府要减少对其正常运行的干预介入。民间龙舟活动开展有其赖以生存的文化土壤，这是其经久不息的根文化，政府的外源力量干预往往容易破坏其发展的内生动力，从而使其走向退场。

第二节　中华武术铸牢中华民族共同体意识的实证考察

中华武术是中华文化的瑰宝，是中国文化的一张重要名片。中华武术不仅在国内各民族之间有着广泛的参与基础，在国际上同样也被不同国家的爱好者习练着。铸牢中华民族共同体意识是新时代我国民族工作的主线，中华武术作为民族传统体育的典型代表，肩负着铸牢中华民族共同体意识的时代使命。中国武术文化中的"中和""修身""尚武"精神能够分别为铸牢中华民族共同体意识提供思想支撑、观念支撑与情感支撑。具体而言，中国武术与中华文化互融共生的意识可以铸牢文化认同，中国武术与中华民族互动共存的意识可以铸牢民族认同，中国武术与国家命运互联共荣的意识可以铸牢国家认同[①]。然而，已有研究止步于理论探索层面，为此，本研究希冀通过对个案的实证考察，充分论证中华武术铸牢中华民族共同体意识这一时代命题，进而为新时代中华武术铸牢中华民族共同体意识提供实践支撑。

一、研究设计：个案选择与方法交代

（一）个案选择

孟村回族自治县隶属于沧州市，位于河北省东南部，东临渤海，是河北省六个少数民族自治县之一，总面积 386.73 平方公里，总人口 23.28 万人

---

① 陈芳芳，李守培. 中国武术铸牢中华民族共同体意识的核心与方略 [J]. 体育学研究，2021，35（03）：92-98.

（2016 年），辖 4 个镇、2 个乡①。根据第七次人口普查数据，截至 2020 年 11 月 1 日零时，孟村回族自治县常住人口为 203507 人②。孟村回族自治县是中华优秀传统武术拳种八极拳的发祥地，有"武术之乡"之称③。八极拳，全称"开门八极拳"，初创地为河北省孟村回族自治县孟村镇。八极拳发展距今已有三百年的历史，目前已传承十四代，传人遍布全国，远播至日本、韩国、新加坡等国家和地区，习练人数逾十万以上。新中国成立之后，在第一次举办的全国民族式体育大会上，八极拳被列为全国正式武术比赛项目。1988 年，八极拳被国家体育总局武术运动管理中心审定为中国传统武术十大优秀拳种之一。孟村八极拳属于河北省第二批省级非物质文化遗产保护项目之一，被列为第二批国家级非物质文化遗产④。作为一个极具地域特色的优秀拳种，它的出现就是以孟村社会文化为背景的，八极拳是孟村的文化名片，也是凝聚孟村人民的一股核心力量。从理论层面来看，八极拳成为孟村的文化特色，孟村因八极而闻名，孟村人民也因八极而凝聚在一起。因此，本研究选取孟村回族自治县作为田野地点，对孟村八极拳进行深入调查，以期为中华武术铸牢中华民族共同体意识探索孟村实践。

（二）方法交代

1. 田野调查法

课题组于 2021 年 9 月 30 日-10 月 7 日对河北省沧州市孟村回族自治县进行八极拳的田野调查，一方面，积极与当地习练八极拳的群众展开沟通，并亲身参与当地日常生活中的八极拳演练，以期通过参与观察获得切身体验；另一方面，对八极拳习练人群就当前八极拳传承人、传承模式、传承规模等内容进行大范围的深度访谈。

① 孟村回族自治县志编纂委员会.孟村回族自治县志 [M]. 北京：科学出版社，1993.
② 沧州市统计局.沧州市第七次全国人口普查公报 [EB/OL].（2017-07-28）[2021-09-17]. http：//www.tj.cangzhou.gov.cn/zwgk/gggq/815639.shtml.
③ 孟村回族自治县人民政府 [EB/OL].[2021-09-17]. http：//www.mengcun.gov.cn/plus/list.php? tid=17.
④ 沧州市人民政府.孟村八极拳 [EB/OL].[2021-09-18]. http：//www.cangzhou.gov.cn/wcjs/whzc/fwzwh/gjj/dep/147922.shtml.

2. 口述史方法

采用结构式访谈和非结构式访谈相结合的方法，围绕八极拳起源、演练特征、文化内涵、历史变迁、传承问题等内容，对孟村回族自治县八极拳传承人、见证人、参与居民、基层管理人员等进行口述历史资料的收集和整理，并做好笔录和录音。

3. 文献研究法

通过图书馆、中国知网、文化系统、民委系统、体育系统等处查找、收集、整理与八极拳、中华民族共同体意识相关的专著、论文、地方志、统计报表、地方法规等。

4. 历史分析法

运用历史分析法对孟村回族自治县八极拳以及中华民族共同体意识的演进脉络进行分析梳理，为研究中华武术铸牢中华民族共同体意识奠基。

二、理论阐述：武术活动与中华民族共同体意识的内在逻辑

（一）武术活动的文化特质

中华武术是中华优秀传统文化的重要组成部分，也是中华优秀传统体育文化的最典型代表。武术博大精深，源远流长。博大精深体现在其拳种的丰富多元类型上，源远流长则体现在其形成的历史久远上。中华武术是中华民族集体智慧的结晶，每一个民族都拥有自己独特而又充满魅力的武术种类，这些武术拳种汇集着各族人民的文化信仰与价值观念，是集体价值体系的集中表达。中华武术蕴含着丰富的哲学思想，这些思想的融摄是武术永葆青春的核心。从已有研究取得的共识来看，中华武术的文化特质主要体现在"中和""修身""尚武"3个层面①。

首先，从"中和"的文化特质来看。"中和"是"中"与"和"的统称，"中"体现的实际上是"度"，即分寸；"和"体现的是以和为贵的思想。在武术中，"中"主要体现在3个层面：一是求中。武术在行拳走架出

---

① 陈芳芳，李守培.中国武术铸牢中华民族共同体意识的核心与方略 [J].体育学研究，2021，35（03）：92-98.

手之时，周身均无定向，要想在多维空间内、在动态中寻求平衡，必然先建立自己在这个多维世界中的坐标与原点，然后才能够确定前后左右，进退反侧，否则习拳走架也就无从谈起。这个坐标、原点就是自身的"中正"，因此"求中"是和式太极拳行拳走架时的重要要领，身体不能前俯后仰，左歪右斜，需中正安舒，方能支撑八面。二是守中。意念守中是武术修炼之心法。行拳走架动作规矩端正，不贪不欠，无过不及，不即不离，轻灵圆活，这些是意念的训练。武术练习时要求松心凝神，心平气静，意念守中，本心与意念抱元守一，方能够心动意出，意动形随，意到劲到。三是用中。中线是距离最短的击打点，武术出拳讲究中线发力，如咏春拳中的日字冲拳等。在以最短距离、最快速度出拳的同时，又能守住中线，从而避免自身受到攻击。

其次，从"修身"的文化特质来看。武术是一种身体的文化语言①，武术的习练是一场自我的修行。中国武术作为中国传统文化的标志性符号，其身体思想可以充分地展示中国传统文化的智慧结晶②。武术的习练过程实质是武术文化对身体重新部署的过程，是一种身体的文化实践③。身体是武术教育的起点与归宿，中国武术正是通过身体的自我参与、自我感受、自我肯定、自我养成来体知和感悟中国武术④。习武者通过对中国武术的不断修习，能够逐渐达到由感知到内省、由身体到品行，内化为内在人格的养成，人生境界的提升⑤。中国文化之显著特征在于自古讲求道德，乃自个人开始，再遍及于全社会、全天下，无论后稷、文王、周公、孔子、老子皆然，旨在经由推己及人，进而成就一个理想社会。在以儒家文化为本位的古今中国，"修身、齐家、治国、平天下"的浓郁情怀扎根在包括武术在内的每一项传统技艺的血脉之中，强化了各民族习武者对民族国家的认同，以及心系民族

---

① 王岗. 发现"原点"，追溯"原点" [J]. 博击. 武术科学，2007（01）：98.

② 金玉柱，王岗，张再林. 中国武术：一种身体的文化修行——基于身体哲学的视角 [J]. 北京体育大学学报，2017，40（04）：127-132+145.

③ 戴国斌. 武术：身体的文化 [M]. 北京：人民体育出版社，2011.

④ 赵岷，李金龙，李翠霞. 身体：武术教育的原点与归宿 [J]. 武汉体育学院学报，2015，49（03）：53-57.

⑤ 王岗，侯连奎，姜丽敏. 中国武术：一门"成人"的学问 [J]. 武汉体育学院学报，2019，53（11）：57-63+100.

命运和国家发展的自觉意识①。

最后，从"尚武"的文化特质来看。尚武，不是逞凶斗狠、热爱战争，而是指一种绝不忍受压迫的精神，一种敢于反抗不公的精神。中华民族自古以来就是一个尚武的民族，即便在社会昌明的今天，每当社会不公或道德沦丧事件出现时，人们内心总渴望着扶危济困、扶危济急的侠义人士出手相助，折射出各族人民崇武尚武的普遍情感。换言之，武术提倡的就是侠义之气，在当代社会即正义感。武术习练者造就的是一身凛然正气，这种正气既体现在国家层面的强兵护国、精忠报国，也体现在社会层面的打抱不平，还体现在个人层面的练武修身、强身健体。

（二）武术活动与中华民族共同体意识的关系

首先，武术活动的参与能够增强群众文化认同。文化认同是最深层次的认同，是铸牢中华民族共同体意识的根基，这一文化认同特指中华文化认同。武术是中华文化的瑰宝，是中华优秀传统文化的重要载体，承载着中华上下五千年文明。在当前以西方竞技体育文化为主导的世界体育发展大格局下，中华武术作为中华民族传统体育的典型代表，凭借其顽强的生命力以及广阔的包容性跻身世界体育发展大家庭，并在全世界范围内引起广泛关注与追随。文化认同是人们在一个民族共同体中长期生活所形成的对本民族文化的肯定性表达，其核心是对一个民族基本价值的认同②。文化认同不仅影响个体对自身的身份认定、群体归属、社会属性，还影响着民族及民族传统文化的保持、国家意识形态维持与强化。根植于中华民族历史传统和文化心理土壤的武术运动，其发展过程中带着明显的传统文化烙印，其各种招式与动作蕴含着丰富的中国传统哲学、养生学理论和知识，是我国传统文化的一个重要载体，武术与中华传统文化的逻辑联系由此体现③。因此利用这种青少年喜闻乐见的运动项目在促进武术文化认同的同时，增强其中华传统文化认同也由

---

① 陈芳芳，李守培．中国武术铸牢中华民族共同体意识的核心与方略［J］．体育学研究，2021，35（03）：92-98．

② 秦宣．关于增强中华文化认同的几点思考［J］．中国特色社会主义研究，2010（06）：18-23．

③ 高旭，柴娇，孟宇．中学生武术文化认同：结构、量表及特点［J］．沈阳体育学院学报，2019，38（04）：99-107．

此成为可能。

其次，武术活动的参与能够增强群众民族认同。武术是中华各个民族武术项目的统称，从各武术项目的萌生开始，武术就深深地打下了民族的烙印。民族一词的内涵指向 2 个层面：一是某个具体民族；二是中华民族。武术项目产生时开始于某个具体民族，是某个具体民族集体文化信仰与价值观念的耦合，它深刻地反映着这些民族的文化品格与生活特性。随着时间的推移，各民族之间交往与交流的深入，各民族武术项目也在历史的长河中不断互学互鉴，逐渐形成当今丰富多元且意义深远的中华优秀传统武术文化。就微观层面而言，武术是某一民族的文化象征，增强的是某一民族的文化认同；就宏观层面而言，武术是整个中华民族的特殊文化符号，全世界为中华民族所特有。武术项目的世界传播与推广，国家层面的高度重视，以及亚运会赛场以及奥运会开幕式的纳入，无不彰显出中华武术在当今世界舞台所具有的特殊意义。这种民族自豪感深深地刺激着中华民族，也使得民族认同得到深化，而这正是中华民族共同体得以存在的重要保障。

最后，武术活动的参与能够增强群众的国家认同。国家认同是最基本的认同，是促进各民族像石榴籽一样紧紧抱在一起的基本前提。换言之，国家这一实体的客观存在是中华民族大团结得以实现的保障。回溯武术的发展历程，无不与国家的统一有着紧密的关系。中国武术作为我国各族人民集体智慧的结晶，经千百年来的持续发展已成为与国家共休戚、共命运的共同体。从某种程度而言，近代以来不仅是各族人民以"武"共同抵御外敌的抗争史，也是以"武"推动中华民族共同体意识的铸就史①。民族认同作为国家认同基础，武术凭借其作为中国体育文化的特殊符号享誉世界，这是国家繁荣昌盛的结果；没有国家的统一与安定，也就没有中华武术当前的国际影响力与特殊地位。

---

① 陈芳芳，李守培. 中国武术铸牢中华民族共同体意识的核心与方略 ［J］. 体育学研究，2021, 35（03）：92-98.

三、田野报告：孟村武术活动的个案考察

孟村县被称为"武术之乡""八极拳发祥地"。20世纪80至90年代，孟村八极拳逐渐传播全国及世界20个国家和地区，被国家评定为"国家级非物质文化遗产"。县委、县政府提出"武术搭台、经济唱戏"的构想，为发展武术提供了广阔的平台。先后成立开门八极拳研究会、太极拳健身研究会和劈挂拳研究会。县内的劈挂、功力、弹腿等拳种次于八极拳。历史上出现不少武术精英，前志所载不再赘述。1988年以后，去世的武术人物中，丁志义于1958年在部队大比武活动中获全国武术比赛第一名。回乡后，曾多次获全县武术大赛荣誉奖。1989年至2009年，全县各武术团体培养了大批武术精英，他们在全县各项武术比赛中屡创佳绩。一些八极拳高手曾多次应邀在《神鞭》《大刀王五》《康德第一保镖》等历史故事片中扮演武术角色。武术精英辈出，在省以上比赛中获奖。

八极拳是孟村回族人民传统的武术项目，以崩撼突击、贴身进发、拳路多变为特点，竞技风格独特，在中华武林中独树一帜。八极拳始传于清雍正初年，迄今已有280年历史。起初，授术仅限于孟村镇附近村庄，后渐布县域南北，但最远不过百里。八极拳史上记载最早的传人是吴钟，为二世传人，他一生以大枪著称，史称"北方八极拳术之初祖"，与另两位武术名流并称"武林三杰"。自五世传人吴会清（回族）于1936年续修八极拳谱，拳术传播渐广。1978年以后对外开放，使八极拳发扬光大，不仅名手辈出，而且誉扬海外。七世传人吴连枝（回族）在挖掘整理前人拳术经验的基础上，应用力学、人体结构等科学知识丰富了八极拳的传统理论，他所撰写的《八极拳及理论探讨》一文，获河北省优秀论文奖。2008年6月，孟村八极拳被国家评定为"国家级非物质文化遗产"，传承人吴连枝。至2009年，八极拳已远布日本、韩国、美国、新加坡、德国、法国、英国、意大利、比利时、瑞士等国，故孟村被誉为"八极拳的故乡"①。

---

① 孟村回族自治县志编纂委员会 . 孟村回族自治县志［M］. 北京：科学出版社，1993.

（一）孟村武术门类的详细介绍

1. 八极拳

1985 年 1 月，成立孟村回族自治县开门八极拳研究会。2006 年，吴连枝与其子吴大伟自筹资金 300 万元，创建八极拳国际培训中心。至 2009 年，研究会发展会员 1.2 万人。投资 200 万元，扩建了培训中心，培养国外学员 1000 人。

（1）机构

1985 年 1 月 22 日，孟村县成立开门八极拳研究会，并召开第一届理事会议，选举陕西省体委副主任马贤达（孟村杨石桥村人）任名誉会长，吴连枝任会长。有理事 30 人，会员 4000 人。2006 年 12 月 30 日，开门八极拳研究会召开第二届理事会议，选举吴连枝任会长，吴大伟任常务副会长兼秘书长，李俊义、常玉刚任副会长。有常务理事 32 人，理事 56 人，会员 1 万人。至 2009 年，研究会会员 1.2 万人。

（2）谱籍

据《孟村回族自治县志》载：吴钟的师兄自称"癖"者，曾赠吴钟《拳械秘诀》一卷，现已无考。清乾隆五十四年（1789），八极拳三世掌门人吴溁著《沧县孟村镇吴氏八极拳秘诀之谱》（手抄本，以下简称"拳谱"。当时孟村属沧县）。谱中尊"癞"为八极拳始祖一世，"癖"与吴钟并列为始祖二世。1924 年，此谱毁于兵乱。1936 年，吴会清在其徒侄强瑞清的帮助下，再撰八极拳谱，石印 10 册，除吴秀峰、吴兆海、吴德龙各存 1 部，余皆分发至外地八极门人处。1985 年，吴秀峰之次子吴连枝重修此谱，印 500 册，发至各地八极门人。2009 年，孟村开门八极拳研究会，主持第四次续修《河北省孟村镇吴氏开门八极拳秘诀传承大谱》，入谱弟子遍及全国各地，并首次记录国外八极拳弟子。

（3）旅游专线

1988 年 1 月，原国家体委副主任徐才，在河北省武术协会主席南仆陪同下，专程到孟村考察八极拳，视察孟村经济、文化、社会事业。1991 年 8 月，时任国家旅游局局长刘毅，在省旅游局长陆正、沧州地区行署专员王加林的陪同下，一行 13 人，到孟村考察八极拳。期间，为开发八极拳旅游资源，八极拳研究会专题审报，国家旅游局批准，将孟村八极拳资源定为河北省旅游专线之一。

（4）基地网站

1989 年至 2009 年，先后在英国、法国、意大利、比利时、日本、韩国等国成立八极拳研究基地，同时在上海、北京、天津、江苏、山东、吉林、辽宁、广西、广东、山西、河南等地成立八极拳研究基地。2006 年初，创建吴连枝八极网站，展示八极功夫，探讨八极文化，交流习武技艺。使孟村八极拳国际培训中心和吴连枝八极网成为沟通八极拳爱好者的连心桥。

（5）研究成果

1991 年，吴连枝先后在日本出版《吴氏开门八极拳》专著 3 部，摄制发行八极拳教学录像带、光盘 16 部。1998 年，开门八极拳研究会编写《中国传统武术系列规定套路——八极拳》一书，经国家体育总局中国武术培训中心审定，由人民体育出版社发行，确定八极拳，为全国传统武术十大优秀拳种之一。在"中华武术展现工程"中，人民体育音像出版社，录制吴连枝、吴大伟父子的八极拳教学光盘 15 部，在国内发行。

（6）遗产评定

1990 年 12 月 24 日，吴连枝被河北省高级教练职称评审委员会评为武术高级教练。1991 年，吴连枝被北京民族学院聘为东方文化系教授。2003 年，吴连枝被河北省体育学院传统体育系聘为客座教授。2008 年 6 月，八极拳通过逐级审报，被国务院、文化部命名为"国家级非物质文化遗产"，孟村开门八极拳研究会为保护单位。2009 年，吴连枝被授予国家级非物质文化遗产代表性传承人，吴大伟被授予省级非物质文化遗产代表性传承人。

（7）八极拳国际培训中心

1991 年，国家旅游局拨款 50 万元，支助孟村建设八极拳国际培训中心。2006 年，为尽快建成实施，八极拳研究会会长吴连枝及其子吴大伟自筹资金 300 万元，在县城西 1 公里处，风光秀美的林场中，占地 15 亩，建有 300 平方米的训练大厅，配有国内高级的设施和设备，其中，有学生宿舍、高级接待室、办公室、食堂、餐厅、浴室等 1450 平方米。培训中心设顾问 1 人，主任兼总教练 1 人。设教练处，教练 3 人；学生处，管理人员 1 人；办公室，管理人员 1 人；后勤保障处，管理人员 1 人。培训科目主要有：文化课、八极拳基本功、八极拳基本拳械套路、八极拳养生、八极拳格斗技击。2009年，投资 200 万元，扩建学生宿舍、搏击馆 1200 平方米。八极拳国际培训中心初具规模。共培养八极拳学生 1500 人。先后为北京体育大学、上海体育学院、天津体育学院、河北体育学院、西安体育学院、吉林体育学院、河北省体工大队等十几家院校和单位，输送学员 30 人。培训亚、欧、美、非等十几个国家八极拳学员 1000 人。被河北省武术管理中心定为"河北散打队培训基地"，被河北省体育学院定为培训基地，被孟村县公安局定为"巡特警训练基地"。

2. 劈挂

19 世纪末，始传于盐山县大左村左宝梅。清末，由肖化成传入今县境之辛店村。后又传播于卜老桥、卜寨等村庄。光绪二十六年（1900），杨石桥马凤图（回族）拜黄林彪为师习练劈挂拳。宣统二年（1910），马凤图等在天津创办中华武士会，始用"通背劈挂拳"名称。1926 年，马凤图在兰州改编传统劈挂拳套路，并加以理论说明。

劈挂拳传统套路：劈挂拳快、慢套，青龙拳，飞虎拳，太淑拳、趟子拳、对打，扣子拳等。改编后新增炮锤、挂拳、白猿三出洞、溜脚式、十二连锤、滚雷拳等，器械有刀、枪、剑、鞭、钩、棍等。劈挂拳的技击特点：一般用于外圈突破，讲求吞、吐、伸、缩、虚、实、往、返、折、叠。

人物简介：

（1）陈秀景，1940 年生，男，汉族，卜家寨村人。劈挂拳八世传人，沧州通背劈挂拳研究会副会长。十几岁开始习武，拜赵海清为师。50 多年练功不辍，深得劈挂真缔，在习练传统劈挂拳的基础上，结合现代长拳的优点，对劈挂拳大胆改进，习练风格更加突出，行拳更加舒畅，突出了劈挂拳大劈大挂，放长击远的特点。他曾多次参加市级、县级武术比赛和表演。2003 年第七届沧州武术节，一人独揽劈挂拳和双器械两项特别优秀奖。其为人谦恭，武德高尚，曾多次组织武术会演和交流活动，授徒百人，被评为沧州地区体育工作先进个人。

（2）陈培吉，1969 年生，男，汉族，卜家寨村人。武术六段，劈挂拳九世传人。自幼随父亲陈秀景习武，习练劈挂拳 30 年，1999 年，又拜八极拳常玉刚为师。获第六届沧州武术节传统拳术、器械优秀奖。2003 年，获第七届沧州武术节劈挂类中年武师拳术、器械、对练三项特别优秀奖。2007 年，获中国·淮南全国传统武术邀请赛传统拳术器械 2 块金牌。2008 年，在《中华武术》第 8 期发表《劈挂拳》论文 1 篇。

3. 功力拳

功力拳传人历代所传：清乾隆四十年（1775）前后，今县境内高河村尹平，从一云游涨沙村的落难僧人处学得功力拳法。僧人行前赠尹功力拳谱 1 套。尹平传艺给孙英、苏连祥、许荣泰、王广运、吕仲秋等。吕曾在山海关一带传授功力拳法。光绪年间，其第四世传人吕德庆曾以功力拳应试，中武举，年老返乡后设场传授拳法。新中国成立后，功力拳传至七世吕秀增。在天津、成都、宜宾、绵阳一带授徒多人。1988 年 11 月，成立功力拳法研究会和振兴武馆。吕秀增任会长兼馆长，授徒 60 人。

功力拳掌法有挑掌、撩掌、砍掌、劈掌、穿掌、上拍掌。拳法有冲拳、撩拳、挑拳、劈拳、砸拳、崩拳、抱拳等。手法有出、领、起、截四种。出手似放箭，回手似火烧，刁拿锁扣，手起撩阴，肘法护心，起如猛虎捕人，落如雄鹰捉物。

功力拳有功力大架子、功力小架子、遛腿架、弹腿、蹿拳、金撞钟、花拳、遛架式、挨身靠等套路，其中对练套路有五虎锤、小锤、金龙拳、顺手掌。器械有刀、枪、剑、鞭等。

功力拳法舒展大方，节奏明快，端庄扎实，并讲究内练气，外练功，功力合一，得心应手，具有刚柔相济、攻防兼备之特点。

4. 弹腿

中华民国初年，丁庄子村海朝英（回族）在易县拜马兆荣阿訇为师，习弹腿武功。1931 年，在任沈阳南寺阿訇期间，曾授徒 10 人。1935 年，传艺于赵瑞林。次年，又授徒黄骅县羊三木村多人。1940 年，随海朝英受业者数百人，海朝英返回故里后，传艺其子海德朋，德朋又教授 5 个儿子。其他姓氏习此武功者寥寥。其传统套路 12 趟弹腿，每趟分作 2 式，共 24 式；器械有刀、枪、钩、镗、橛、棍等。

5. 太极拳

2001 年以前，县内太极拳习练者不足 10 人。2002 年，孟村县太极拳健身研究会成立。2005 年，改称太极拳研究会。由 20 余人发展到 2009 年的 80 人，其中被沧州市体育局评为三级社会体育指导员 8 人。2006 年，获河北省老年太极拳，剑团体项目（四十二式太极拳、三十二式太极剑）第一名。2007 年，获河北省老年太极拳、剑团体项目第三名。2008 年，获老中青少团体总分第一名。2009 年，获河北省老年太极拳、剑团体项目金奖。教练王景礼和教练樊洪香被评为中国武术五段。樊洪香获北京市"李瑞东杯"武术太极拳比赛女子中年组四十二式太极拳第一名，北京体育大学第九届国际武术交流大会女子 C 组四十二式太极拳第一名，河北省"鑫石杯"武术太极拳（器械）锦标赛暨太极项目段位赛女子中年组四十二式太极剑第二名。李俊梅获河北省老年太极拳自选拳金奖、各式拳银奖。

太极拳设信合小区、城东小树林、邮局广场、老干部活动中心、文化艺术广场 5 个活动站①。

（二）孟村武术教育组织的构成

1989 年至 2009 年，先后组建开门八极拳研究会、太极拳健身研究会和劈挂拳研究会，带动武术教育向前迈进。辛店、孟村、新县、路庄子等相继成立武术训练点，并举办武术学校。至 2009 年，全县有武馆 1 处，拳社 41 处，80 多名拳师传艺，习武者 2 万人。

1. 俊义武术学校

1976 年 8 月始创，称业余武术学校。2006 年 9 月，以李俊义的名字命名。李俊义，回族，13 岁正式随其舅父八极拳世家传人吴连枝习练八极拳，

---

① 孟村回族自治县志编纂委员会．孟村回族自治县志［M］．北京：科学出版社，1993.

并得到其外祖父吴秀峰的厚爱和指教，系八极拳第八代传人。1968 年初冬开始，收授大文台村李金龙、李文楼、李海亮、马俊德、李海周、李全国等 10 人习练八极拳术。1972 年春参加工作，在牛进庄乡塔上村任中学语文教师。1972 年 5 月至 1976 年 8 月，在塔上村收授刘良峰、刘良祥、张玉龙等 20 人习练八极拳。1976 年 8 月至 1996 年 8 月，在孟村城关成立业余武术学校，并由沧州地区体委发放准许证，20 年收授学生 200 人，且利用学校的操场或农村的打麦场义务教学。1981 年、1983 年、1984 年，被沧州地区体委评定为先进业余体校，并拨资金给予资助。自 1983 年，先后接待国外武术爱好者个人或团体 500 人（次），接待日本、韩国、澳大利亚、瑞士、法国、美国、土耳其 13 个国家和地区的武术爱好者。1984 年，被河北省体委授予武术挖掘"雄狮奖"，被沧州市体委授予"特别贡献奖"。1986 年 11 月，到日本讲学一个月。1996 年 8 月至 1999 年 8 月，应邀到石家庄市"中原竞技学校"任教，三年间收授学生 130 人。1998 年 8 月至 2006 年 9 月，在孟村县城成立俊义武术专业学校，校址在城关中心地段，设有训练厅、宿舍、训练操场，投资 5 万元，购买设施设备训练器材，招纳国内外学生 300 人。1999 年，带队参加长春市举行的"皓月杯全国八极拳比赛"，获男女个人全能第一、总分第一，男女队员均进入前 8 强。2000 年，带队参加沈阳市举办的""国强杯"全国八极拳邀请赛"，获得所有比赛项目前三名，又一次在国内引起轰动。2009 年，李俊义任八极拳国际培训中心教练。

在俊义武校受业的学员中，被特征入伍为特种兵 3 人，成为东海航队海军 1 人，考入人民公安大学 1 人，考入北京体育大学 1 人，韩国留学 1 人，考入河北省体院 34 人，参加全国武术比赛 15 人，国际武术比赛获特等奖 18 人（次），一等奖 42 人（次）。参加电视剧《康德第一保镖传奇》的拍摄 4 人，其中张梅和杨国明出演主角。

2. 东河武术学校

2001 年李忠东在东河村创办，有学生 100 人。2009 年在国家体育总局注册，并多次参加国内外重大武术比赛。学校研究出一系列绝活：飞钉五米掇木板、燕子叼泥、单足顶立、转肩、狮子滚绣球、头顶开路、单腿上踢、30

秒踢 20 个等。2008 年，李忠东与学生张亚新被中央电视台《想挑战吗》栏目组邀请，李忠东单指推"奥迪车"，张亚新单腿蹲起一分钟 30 次，现场一分钟做了 37 次，成为当期挑战英雄，上海基尼斯总部把单腿上踢 30 秒 20 个作为中国功夫，在德国媒体网站上向世界传播。武校的武术绝活被山东卫视"阳光快车道"、浙江卫视"旗开得胜"、山西卫视"才艺大比拼"、河北卫视"电视大精彩"多次邀请并获擂主。2009 年，东河武校被河北卫视"百姓大擂台"邀请表演绝活，并成为擂主。《河北日报》《沧州日报》《沧州晚报》争相报道。东河武术学校有全国冠军 1 个，亚军 2 个，季军 1 个，国家一级运动员 4 个，二级运动员 52 个，向省队输送运动员 15 个①。

四、机理阐释：孟村武术活动铸牢中华民族共同体意识的作用机制

课题组通过对孟村回族自治县武术活动的田野调查发现，孟村武术活动的开展对于铸牢孟村人民中华民族共同体意识具有显著的推动作用，而且这种作用机制具有复杂性与根本性。总的来讲，孟村武术活动的开展主要通过"一体"打造、"两翼"发力以及"三维"共谋来实现铸牢中华民族共同体意识的目的，其中最核心、最关键的就是"一体"——孟村文化共同体的实现。

（一）"一体"打造——武术推动孟村文化共同体构建

1. 文化共同体：中华民族共同体的根本

按照组词结构，中华民族共同体的本质是指中华民族是一个共同体。在这里，"中华民族"并非特指，而是泛指汉族以及各少数民族。中华民族这一共同体是政治共同体、利益共同体、心理共同体、命运共同体、文化共同体的统称，"她"具有丰富的内涵与意义，其中文化共同体是最基础，也是最根本的。前期研究已表明，中华民族共同体意识既包括对中华民族共同体的认知，也包括对中华民族共同体的认同，认同即"五个认同"。在"五个

---

① 孟村回族自治县志编纂委员会. 孟村回族自治县志 [M]. 北京：科学出版社，1993.

认同"中，文化认同是中华民族共同体意识的本质意蕴，是最深层次的认同，它是中华民族共有精神家园之所依①。精神家园与物质家园相对，是建立在理性思维和理想信念基础之上的文化认同和精神寄托②。文化认同与中华民族共同体发展同样存在着十分密切的关系，文化认同是中华民族共同体建设的思想基础、精神动力、整合机制，是凝聚中华民族共同体意识的强大力量③。在笔者看来，文化认同实际上就是指中华各族人民对中华各民族文化的集体性认同，其中折射的是对其他民族文化的包容与接受。文化具有潜移默化的作用，文化的熏陶能够规制人的行为，使其朝着既定方向发展，因而文化认同是最根本的认同，同时文化认同也是其他认同的基础。文化认同与文化共同体实际上是一对辩证统一的概念，二者具有相互作用的、相互影响的功能。增强文化认同能够有利于文化共同体的构建，而文化共同体的形塑也能够促进文化认同。因此，文化共同体可以说是中华民族共同体的根本，文化共同体也从最深层次影响着中华民族共同体这一客观实体的存在于实现。

2. 武术推动孟村文化共同体构建的内在机理

中华武术是中华民族集体智慧的结晶，是中华各族人民集体价值观念的整体映射，反映着中华各族人民的生活习惯与文化信仰。八极拳是孟村回族人民传统的体育项目。

走进孟村，无论身处哪一条大街小巷，总能出现一处别致风景，一两个民间拳师带领一群学生在广场、停车场、空地等处习练武术，这些学生多为小学、初中生，其中也不乏个别高中生。其中，有人练拳，有人玩枪，有人舞剑，还有人耍棍等。

八极拳因孟村而萌生，孟村也因八极拳而闻名全国、享誉世界。孟村"八极拳"在一代又一代拳师的精心传承下，将孟村文化以八极拳这样一种文化符号的名片向外传播，也正是在这种文化符号的建构下，孟村逐渐被

---

① 董慧，王晓珍. 中华民族共同体意识的基本内涵、现实挑战及铸牢路径 [J]. 中南民族大学学报（人文社会科学版），2021，41（04）：21-30.
② 欧阳康. 中华民族共有精神家园如何构建 [N]. 光明日报，2012-02-28（001）.
③ 崔榕，赵智娜. 文化认同与中华民族共同体建设 [J/OL]. 民族学刊：1-13 [2021-10-11]. http：//kns. cnki. net/kcms/detail/51. 1731. c. 20210918. 0602. 002. html.

"八极拳"这种文化熏陶与繁荣。八极拳的广泛传播对孟村发展产生了巨大的推动作用，各国、各地区的武术爱好者慕名而来进行文化学习交流，使得孟村这样一个县城被世界各国、地区所认同，这种文化符号所具有的社会建构功能使得孟村 20 余万人民对八极拳产生内在的心理认同与喜爱。文化具有凝聚的功能，这种凝聚是发自内心深处的认同。孟村以及孟村人民因为八极拳而被外界认知，孟村人民也因八极拳而感到无比的自豪。因此，八极拳作为一种文化存在，将孟村人民牢固地整合在一起，并构建出一个虚拟的文化共同体。

在武术文化的熏陶下，孟村人民似乎形成了一种内在意识，即"不会武术就不是孟村人"。据张教练说到，"曾经有一个家长和我交流，等我儿子不上学了，在外面做生意，外地人问你是哪里人？我说沧州孟村人，外地人都会问会八极拳吗？他如果练一套，我的业务肯定成了。这是在做生意的角度，也有的人认为是孟村人不会练武术丢人"（ZF，八极拳研究会副秘书长，20211001）。孟村人民以回族、汉族为主，作为一个回族自治县，孟村并没有因为民族之间不同的宗教文化信仰而产生分歧，因为武术，回族与汉族人民相互交往交流交融，有效地促进了族际间的互动与沟通，并缓解了民族之间的内在张力。现在孟村县里回族汉族关系非常融洽，都互相尊重，现在也有回族与汉族通婚，这是一种民族信仰的事情（ZF，八极拳研究会副秘书长，20211001）。

（二）"两翼"发力——学校武术教育+民间武术开展

在对孟村的田野调查中我们发现，孟村武术文化底蕴深厚，武术习练氛围也非常浓烈。通过对孟村武术的参与观察，结合对相关人员的深度访谈，可以发现，孟村武术之所以能够有效地增强当地居民中华民族共同体意识，依靠的是学校武术教育以及民间武术开展两种方式的协同配合。尽管当地政府并没有这样一种前瞻意识渗透其中，但孟村恰恰是通过这样一种特殊方式实现了武术文化的大力弘扬与传播。学校武术教育是在武术进校园的基础上展开的，尽管当前我国各省市学校武术进校园工作都开展得较为深入，但实际上并没有产生较为显著的影响。相反，孟村学校武术教育却产生了其他地方所不具备的特殊作用——铸牢学生中华民族共同体意识，而这种特殊作用的发挥离不开民间武术开展的积极配合。

1. 学校武术教育：武术铸牢孟村青少年中华民族共同体意识的关键

学校是教育的主要阵地，也是价值观念传递的关键一环。在孟村，学生与中老年人是习练武术的主要人群。在小学时练拳，到了初中考学家长要求学习，初中就断了，老年人主要练太极拳，中间年龄阶段的大多数不会武术（YCX，河北孟村回民中学武术教师，20211001）。孟村学校武术是贯穿小学至高中全过程的，任何一个年级、任何一个学期都安排有武术课程。只是这些武术课程内容以不同的课时数量嵌入每个学期，由此也就真正做到了每一位学生在小学至高中阶段都能接触并练习武术。因而，每一位学生从小就被武术文化深刻熏陶着，以至于无论走在何处都能见到一帮自发练习武术的孩子。

究竟学校武术教育是如何铸牢孟村青少年中华民族共同体意识的，本研究认为主要有以下几个方面：首先，通过校园武术的全员参与来形成武术文化氛围。文化氛围的形成是学生形成武术习练习惯的关键，孟村不同年级的各所学校均普遍开设武术课程，并且是每一学期都开设。学校武术教师带头主编武术教材，实现了"小学-初中-高中"一体化的武术课程教学模式。不同年级练习不同难度的武术套路，从而使得孟村学生武术习练功底逐年见涨。步入高中阶段，一批武术功底较好的学生开始走专业发展，从而实现了上大学的目标。由此，在孟村各所学校形成的这种武术习练氛围深深地将武术文化的烙印刻在每一位学生的脑海中，从而实现了文化符号的身体建构，也因此增强了学生的文化认同感，进而为铸牢中华民族共同体意识打下基础。其次，通过校园武术的广泛开展来增强民族认同。众所周知，文化认同是最深层次的认同，而民族认同则是认同最外显的表征形式。尽管孟村县城居民基本都为回民，但整个县城是被大量居住在县城周围的汉族人民所围绕的。孟村武术在创立之初便打破民族之间的隔阂，缓解族际间的张力，八极拳虽为回民创造，但在传播过程中并未抵制其他民族人民的参与，从而使得孟村各族人民均能习练八极拳，并为八极拳文化所熏陶。学校武术教育面向不同民族的学生,各民族学生齐聚一堂共同习练武术,增进了相互之间的交流与沟通,这种互动有效消除了学生之间的民族印记,让学生形成一种"我们都是中华民族"的内在意识,从而增强了学生的民族认同感,也极大地为铸牢中华民族共同体意识提供了思想支撑。

2. 民间武术开展:增强"民众-家长-学生"自我认同的保障

在武术进校园的大力推广下,全国上下各级各类学校纷纷响应号召开展校园武术活动,毋庸置疑,这些举措有效地促进了武术文虎的传承与弘扬,使得一批优秀武术拳种得以延续。尽管校园武术开展得如火如荼,但民间武术活动的开展却是名存实亡,举步维艰。

沧州是国家首批武术之乡中的一员,位于沧州市的孟村回族自治县又是闻名全国、享誉世界的八极拳发源地。孟村武术不仅在学校武术教育层面取得了丰硕的成果与成功经验,在民间武术开展工作上也具有非常深厚的基础与底蕴。

如果说学校武术教育是从文化认同与民族认同的角度为铸牢学生中华民族共同体意识奠定基础,那么民间武术活动的开展又是如何实现这一目标的呢?通过田野调查,我们发现,民间武术活动的开展实际上是一个由普通群众、学生家长以及学生三类参与主体共同形成的技术场域。在这一场域中,学生是直接的参与者,家长是间接的参与者,普通群众则是作为旁观者而存在。民间武术活动的开展是由一些地方精英自发组织的,张教练就是其中一位。张教练是银行的一位行政人员,由于父母是戏曲演员,张教练从小学习武术。上世纪八十年代中期,张教练因会武术而以武术兵应征入伍,也正是这一段经历,退伍回来被分配到银行系统工作。张教练因武术而当兵,也因当兵而获得了一份在当时看来非常不错而又体面的工作。因而,在工作之后,当有同事想让他带小孩练武术时便爽快地答应了,结果这一队伍越拉越大,张教练也因此成为孟村民间武术圈的"红人"。

通过对张教练的深度访谈发现,通过日常武术教学活动的开展,当地民众对于武术的认同感逐步提高,而这种对于武术的认同感也逐渐升华,最后成为一种自我认同,即因为会武术而感到自豪,也因此就出现了日常训练场上所见到的一幕场景——普通民众在旁跟着捣鼓。家长在其中扮演的间接参与作用也是非常明显的，据张教练说，起初孩子们都是被家长领过来练武术的，一来孩子们不太了解武术，觉着好玩；二来孩子们在家看电视、玩游戏，不利于身心健康发展。于是在这样的动因下，孩子们被纷纷领进武术学习的大门。随着时间的沉淀与推移，家长们也产生了一种内在的认同感，这种认同同样也是从对武术的认同发展成为对自我的认同。"因为我不会，所以想让孩子会（家长，20211001）"。通过家长的表述，我们可以清晰地发现，家长为自己不会武术而感到内疚，他们认为自己不会武术，小孩应该要会武术。实际上，家长的这一心理实际上反映的就是一种自我认同。孟村因八极拳而闻名，在他们眼里，自己不会武术，不好意思说自己是孟村的，因而他们希望自己的小孩能够学会武术。

综上所述，透过民间武术开展这一现象的观察，可以肯定武术对于普通民众、家长以及学生自我认同所具有的建构作用，而自我认同的生成便是对孟村这一集体的心理归属，这是共同体意识生成的关键。

（三）"三维"共谋——研学基地+拳馆+地方精英

孟村因八极拳而闻名全国，孟村人民也因八极拳享誉世界而感到骄傲与自豪。正是在八极拳的文化符号建构下，孟村人民对于中华民族文化的认同感得到显著提升，民族之间的联系也变得更加密切，像石榴籽一样紧密地结合在一起①，成为相亲相爱的中华民族"一家人"。文化共同体的构建属于意识形态层面上的提炼，学校武术教育与民间武术传承则属于战略层面的顶层设计，而研学基地+拳馆+地方精英构成的"三维"举措则是具体战术层面的操作。"三维"共谋形成了孟村武术铸牢中华民族共同体意识的工具支撑。

1. 八极拳研学基地：孟村武术对外传播的名片

众所周知，八极拳出自孟村。然而，孟村八极拳是如何被外界所认知的，这是很少有人关注到的。通过调研我们发现，孟村八极拳不仅在国内拥有大批习练爱好者，在国际上同样吸引着众多武术爱好者。这些慕名而来的武术

---

① 范君，张前."石榴籽"效应：铸牢中华民族共同体意识的应然视角［J］.青海社会科学，2018（03）：73-79.

爱好者基本上都集中在八极拳研学基地训练，八极拳研学基地包括国际培训中心与研究会等部门，主要负责外来接待与相关学术研讨。可以说，八极拳研学基地承担着孟村八极拳文化的对外传播与交流，是孟村八极拳享誉世界的关键前提。

在调研中，课题组从民间武术拳师以及学校武术教师那里了解到，八极拳国际培训中心主要针对外来武术爱好者开放，并对他们实施收费制度；本地民众如果想要在此学习武术亦可，但不收取任何费用。因而，我们可以发现，尽管孟村武术发展也是一种商业化的操作模式，但在商业化包装过程中并未舍弃传统的本质，以至于孟村八极拳并没有完全沦为资本积累的产物。

文化的传播并非生而有之，而是有人为技术的干预才得以实现。孟村八极拳在非物质文化遗产传承人吴连枝的带领下，积极探索创新发展模式，走出了一条特色发展道路，使得八极拳传播至世界各地，也使得孟村开始暴露在全世界人民的视野中。因此，可以看出，八极拳研学基地对于八极拳文化的对外传播产生了巨大的推动作用，它是孟村武术对外传播的名片，而这也正是增强孟村人民自我认同的前提支撑。

2. 武术拳馆：民间武术爱好者的习练中心

散布在孟村回族自治县各处的武术拳馆同样也是孟村武术文化传播的一个重要媒介。相比八极拳国际培训中心的标准化经营，民间武术拳馆的打理显得更加随意。

民间武术拳馆多由孟村当地八极拳各传承人开设，从日常形式上来看，民间武术拳馆与八极拳国际培训中心并无直接的关联；但从本质上来看，两个部门之间的联系还是非常紧密的。首先，在外地大型武术爱好者团体到来时，国际培训中心短时间无法接待较大数量的武术爱好者，民间武术拳馆就担负起授课讲学的重大任务。其次，每逢孟村举行重大武术活动时，民间武术拳馆作为八极拳各传承人的门户，承担着各种展演活动的组织与筹备工作。最后，孟村民间武术拳馆的性质具有双重性。当面对外来武术爱好者时，民间武术拳馆实行的是有偿教学，即外来武术爱好者付费学习八极拳；当面对孟村本县的武术爱好者时，民间武术拳馆实行的是无偿教学，即拳师免费为这些爱好者教授八极拳。

对于孟村本地民众而言，八极拳是对他们身份的符号建构。因而孟村本地民众对于自己是否会八极拳这件事情还是较为在意的，因为外界对他们赋予了"八极拳"这样一种身份建构。换言之，在他们的潜意识中孟村人必须会八极拳，否则就不好意思说自己是孟村人。因此，民间武术拳馆为孟村普通群众习练武术提供了场所与平台，也为每一位孟村人真正成为"孟村人"提供了可能，而这正是促进孟村普通群众文化认同与自我认同的关键。由此我们认为，民间武术拳馆开展的义务武术教学活动对于铸牢孟村民众中华民族共同体意识具有重要意义。

3. 地方精英：推动普通群众文化符号建构的中坚力量

精英即社会的成功人士，他们在能力、见识、胆识、财产、文化素养等方面超过大多数群众，对社会的发展有着极其重要的影响和积极作用，是社会的精华。地方精英对于地方经济社会的发展有着不可替代的作用，他们能够为地方发展吸引社会资本、社会资源等，从而为地方经济建设保驾护航。

孟村八极拳能够为外界所共同认知与接受，商业化的包装与推广固然重要，但绝不是全部因素。我们通常会看到这样一幅场景，一项地方性事务在外界看来名声昭著，许多游客慕名而至，但本地居民却无人问津，这就是纯粹商业化运作所产生的后果。以笔者所在地为例，汨罗市龙舟竞渡在全国各地均有着较好的口碑，每逢端午时节，外地游客纷纷前来观光游览，而本地群众对于这样一个地方性的大事件却表现出漠不关心。究其根本，在于商业化操作的背后是以牺牲当地群众的参与权为代价的，在龙舟竞渡开展过程中，本地居民已经由过去的参与者沦为时下的观赏者，随着新鲜感的消逝，当地群众也就失去了对龙舟竞渡的热情。

孟村八极拳传播与发展的成功，背后是无数地方精英共同努力的结果。这些地方精英大多从小与武术结缘，工作岗位相对较好，非常愿意牺牲自己的业余时间来教授孩子们无数。据河北孟村回中杨老师称，张教练一年365天，只要没有特殊情况都会出现在民族团结广场等地教孩子们练武术（YCX，河北孟村回民中学武术教师，20211001）。这些地方精英与武术或多或少都有结下一些缘分，以至于他们愿意从事这项义务活动。

正是孟村这些地方精英的共同努力，年青一代的学生不仅人人学会了武术，更是增强了中华民族文化的理解与认同；同时，年复一年、日复一日的室外训练也激发了孟村普通群众的文化觉醒，以至于许多成年人纷纷加入武术的习练中来，其中一个重要的群体就是学生家长。家长们通过现场的自学，回到家里再对孩子进行额外辅导，从而保障了武术习练的学习效果，也加深了对武术文化的认识。在这些地方精英的努力下，学生、家长以及普通群众纷纷融入武术习练的大团队，"八极拳"这张文化符号的名片也深深地建构着孟村人民。

五、结论与启示

（一）结论

尽管已有研究从理论层面对中华武术铸牢中华民族共同体意识的核心与策略进行了探讨①，但仅限于意识形态上的应然建构中。通过对河北省沧州市孟村回族自治县的田野调查，课题组证实了中华武术铸牢中华民族共同体意识的命题，为中华武术铸牢中华民族共同体意识夯实了理论基础与实践支撑。通过田野调查的分析，主要结论如下：

第一，武术铸牢孟村人民中华民族共同体意识是通过构建"文化共同体"实现的。孟村八极拳的世界闻名极大地刺激着孟村人民的文化觉醒，八极拳最开始只是孟村人民的传统体育活动方式，作为一种茶余饭后的娱乐休闲方式，在政府、地方精英等多元社会主体的共同努力下，孟村八极拳逐渐被外界认知。外来武术爱好者以及游客的到来刺激着当地经济社会的发展，为地方发展带来了希望。最为重要的是，八极拳作为孟村的特有文化，在被世界认知的过程中使得孟村人民不断增强了自信与自豪，这种内在意识的变化极大地增强了孟村人民对于中华文化的认同。当这种文化认同成为孟村人民的普遍价值观后，一个意识形态层面上的"文化共同体"就被虚构出来，

---

① 陈芳芳，李守培．中国武术铸牢中华民族共同体意识的核心与方略 [J]．体育学研究，2021，35（03）：92-98．

尽管这是属于精神世界的共同体，但这个文化共同体却深刻地影响着孟村人民，从而使得孟村形成一个牢固的共同体，这种共同体的出现对于铸牢孟村人民中华民族共同体意识具有重要意义。

第二，学校武术教育与民间武术开展的协同配合是武术铸牢孟村人民中华民族共同体意识的重要保障。作为学校武术教育开展的重要手段，武术进校园已经在全国各地遍地开花，但对于地方武术的传承与发展所产生的推动作用并不明显。究其原因，在于其民间武术开展脚步未能跟上学校武术教育推进的步伐。孟村武术能够增强民众文化认同，其关键在于学校武术教育推进的深入以及民间武术开展的广泛。没有民间武术的广泛开展，学校武术教育将止步于形式。正是在学校武术教育全面贯彻的基础上，民间武术的广泛开展有效增强了学生对于武术文化的认同；家长、群众的同时在场也使得武术成为一种文化符号深刻建构着孟村人民的精神世界，从而使得文化认同牢固地嵌入在大脑意识深处。

第三，研学基地+拳馆+地方精英构成的"三维"是武术铸牢孟村人民中华民族共同体意识的工具支撑。孟村武术的发展是以具体的、可操作性的媒介为工具支撑的。研学基地负责外来接待与国内外推广，有效地将八极拳作为一种文化符号在海内外传播开来，极大地提高了孟村的知名度，为群众的文化认同打下了基础；民间拳馆的存在为本地武术爱好者提供了习练与交流场所，有效地培育了民间武术氛围，这是民间武术开展的重要基础，同时民间拳馆也为孟村人民广泛参与武术创造了机会；地方精英所具有的特殊作用主要体现在民间武术活动开展层面，这些精英在工作之余主动牺牲个人休息时间参与民间武术教学，有效地促进了民间武术的参与，最为重要的是通过辅导学生武术练习赢得了广大家长的认同，也加深了家长以及民众对于武术文化的理解。

（二）启示

通过对孟村回族自治县八极拳的田野调查，武术铸牢中华民族共同体意识的命题已经得到证实，这属于理论层面的实证建构。透过武术这一个案，本研究认为主要有以下启示：

第一，国家与社会层面要高度重视民间武术活动的开展。民间武术开展是夯实武术参与基础的关键，没有民间武术的实质支撑，学校武术教育的繁华也只能是名存实亡。因而国家与社会层面要高度认识到民间武术活动开展的重要价值，出台民间武术开展的相关政策，成立专项基金用于民间武术开展。同时，国家层面要高度认识到地方精英在武术开展过程中所具有的独特作用，积极引导地方精英投身民间武术活动，从而扩大武术参与基础，为中华文化认同夯实基础，进而推动中华民族共同体认同。

第二，要深入推进中华优秀传统武术文化的国内外传播。孟村的个案启示着我们，当一个地方的特有文化被外界高度认同，并因此产生地域认同时，民众对于这种文化的认同将达到前所未有的高度，而这种认同感的集体产生能够建构出一个地域的"虚拟文化共同体"，这是所有群众自愿归属于某一集体的表征。因此，要对中华优秀传统武术的国内外传播提高认知，通过社会资本、团体的介入，推动武术文化符号的生成，进而促进国内外传播，为中华文化认同夯实基础。

第三，要把握好武术产业化发展的"度"。众所周知，产业化发展是促进传统武术现代化发展与传承的重要途径，也是推动传统武术与市场经济有效衔接的必要方式。然而，高度产业化发展也会给传统武术的传承造成不可逆的打击，如传统武术生存空间的挤压等。孟村武术巧妙地在武术的产业化发展上做好了权衡，以至于在八极拳的国际推广过程中，孟村民间八极拳的开展同样如火如荼进行着。因此，传统武术的产业化发展务必把握好这个"度"，切不可在产业化发展道路上"守其形而弃之魂"①。

第三节　舞狮活动铸牢中华民族共同体意识的实证考察

文化是民族的血脉，是人民的精神家园②。中国文化有着悠久文明传统

---

① 彭响，雷军蓉. 舞龙运动的标准化发展研究 [J]. 河北体育学院学报，2017，31 (06)：92-96.
② 买佳. 民族传统体育在我国学校体育教育中的发展与经验启示 [D]. 华中师范大学，2014.

的文化，是由华夏民族演衍而来的汉族及五十五个少数民族共同构建的中华民族的文化，具有极大的传承性与包容性。在数千年的文明发展进程中，中国传统文化所蕴含的思维方式、行为准则、价值观念，为我们留下了宝贵的文化遗产①。中华文化由各民族不同意蕴的文化元素共同组成，文化成为不同民族之间沟通联系的桥梁，文化的传承性使得各民族得以延续发展，而文化的包容性则使得各民族得以紧密联系，从而丰富精神生活。龙狮运动是一项极具民族特色，同时又蕴含浓厚文化底蕴的传统体育项目，起源于最初的祭祀求雨活动，经过不断的演变最终发展成为今天我们所看到的竞技龙狮运动，其发展经历了从祭祀求雨活动——民间民俗信仰——现代竞技这一过程②。在当今全球化推动下，龙狮运动已经由一项民族传统体育项目发展为世界性的竞技运动，国际龙狮运动联合会的成立以及世界龙狮锦标赛和亚洲龙狮锦标赛的成功举办是龙狮运动走向世界的重要标志。

作为民族传统体育的一项重要代表，龙狮运动的世界推广是中华文化走向世界的典型表征。龙狮运动的广泛参与与跨文化传播对于增强国民文化认同具有重要作用。基于此，以龙狮运动为个案探讨民族传统体育铸牢中华民族共同体意识的内在机制，对于考证民族传统体育铸牢中华民族共同体意识这一理论命题具有显著意义。

一、研究设计：个案选择与思路交代

（一）个案选择

藤县狮舞形成于唐开元年间（约公元718年），虽然当时狮子仅供王公贵族们观赏，但狮子威武雄壮的形象却悄然传入了民间，并成了民间神话的产物。民间将其视为吉祥物和威武勇敢、权贵的象征③。藤县狮舞内容分为两种：采青狮和高桩狮。藤县采青狮，是由蒙江子孙堂醒狮团的老前辈结合

---

① 许结. 中国文化史 [M]. 广东：花城出版社，2006：1.

② 彭响. "一带一路" 战略下舞龙运动跨文化传播研究 [J]. 吉林体育学院学报，2017，33 (05)：98-103.

③ 杜长青，刘靖南，杜科锋. 广西藤县舞狮开展现状的田野考察 [J]. 当代体育科技，2014，4 (18)：147-148.

狮子的十大神态（喜、怒、醉、乐、猛、惊、疑、动、静、醒）所创编的具有地域和民族特色的舞狮内容。民国初年，由来自广东佛山的吴细牛、陈添二人担任"富炉灶子孙堂队"的打击乐和舞狮技艺的师傅，并与富炉灶子孙堂原班舞狮老艺人逐步创编并完善了一整套采青狮节目、表演技法及打击乐技法。中华人民共和国成立以后，藤县民间舞狮技艺进入发展与创新阶段。在传统采青狮基础上，运用传统技艺与现代技艺相结合，创新推出了一套全新的舞狮内容，即高桩狮。1951 年，滕县在太平镇三民中学召开庆祝解放军剿匪胜利大会时，曾有"百狮贺庆"的场面。改革开放后，滕县县城舞狮之风兴盛一时。1992 年，蒙江镇也曾出现"百狮闹蒙城"的景象。20 世纪末，藤县塘步镇榕洲狮队吸取其他狮队地面采青狮技艺的同时，开始学习广东高桩舞狮技艺，研究高桩舞狮技法。藤县文体局于 1997 年成立了藤县舞狮队，高桩舞狮队是由塘步镇榕洲狮队人员作为班底，挑选狮队优秀舞狮队员组合而成①。2004 年 7 月，藤县狮队在马来西亚"云顶杯"第六届世界狮王争霸赛中夺得冠军，赢得"东方狮王、世界狮王"的称号，在国内外引起了巨大的轰动。此外，藤县民间舞狮活动的开展也是热火朝天，每个乡镇，甚至每个村都有自己的舞狮队，在当地称为"堂口"，民间舞狮活动开展的热火也为藤县舞狮文化的繁荣增添了不少动力。鉴于此，本研究选取藤县舞狮作为田野调查个案，以期通过对藤县舞狮活动开展的田野调查，从舞狮这一个案论证民族传统体育铸牢中华民族共同体意识这一理论命题。

（二）思路交代

本研究主要采取田野调查法对舞狮活动铸牢中华民族共同体意识进行研究，调研时间为 2021 年 10 月 15 日至 2021 年 10 月 22 日，调研地点为广西壮族自治区梧州市藤县龙狮运动协会、藤县职业中专、藤县塘步镇第一中学、龙狮训练基地以及各龙狮团。首先，课题组计划对藤县龙狮运动协会相关负责人员进行深度访谈，充分掌握当前藤县舞狮活动的开展现状与取得的主要成就；同时就地方政府与舞狮活动发展之间的互动关系进行深入调研，以掌

---

① 陈小蓉. 中国体育非物质文化遗产：广西卷 [M]. 兰州：甘肃教育出版社，2018：19-32.

握政府在民间体育活动开展中的角色定位。其次，课题组计划对藤县职业中专舞狮专业建设情况进行深入了解，掌握当前舞狮专业学生的来源、家庭背景、社会就业等情况；同时对藤县塘步镇第一中学龙狮社团建设情况进行调研，掌握学校舞狮活动的开展现状与主要瓶颈。最后，对藤县各大龙狮训练基地以及龙狮团进行田野调查，主要考察舞狮队员的家庭结构以及就业发展等。

二、理论阐述：舞狮活动与中华民族共同体意识的内在逻辑

（一）舞狮活动的文化特质

舞狮是一项典型的中华民族传统体育项目，有着悠久的发展历史。作为一种亚洲民间传统表演艺术，表演者在锣鼓音乐下扮成狮子的样子，做出狮子的各种形态动作。中国民俗传统认为舞狮可以驱邪辟鬼，故此每逢喜庆节日，如开张庆典、迎春赛会等，都喜欢敲锣打鼓，舞狮助庆。狮子为百兽之尊，形象雄伟俊武，给人以威严、勇猛之感。古人将它当作勇敢和力量的象征，认为它能驱邪镇妖、保佑人畜平安，由此逐渐形成了在春节及其他重大活动里舞狮子的习俗，以祈望生活吉祥如意，事事平安。

纵观舞狮活动的发展历程，总体上可以说是经历了驱邪辟鬼到娱乐喜庆的功能变迁，即由娱神向娱人转变。在早期，人们认知水平有限，面对突如其来的自然灾害，只能通过这样一种娱神的方式来祈求得到老天的保佑与眷顾，从而使其摆脱灾难的困扰。随着生产力的提升以及科学技术的发展，人们对整个世界的认知得到提升，当遇到灾害病痛时，人们不再诉诸于求神祈福，而是向科学求解。因此，科学的进步改变了舞狮活动的社会功能，传统的舞狮也开始从不断变迁的社会结构中脱域出来。然而，尽管舞狮的驱邪辟鬼功能逐渐式微，但其健身、休闲、娱乐、喜庆的功能却开始不断彰显，如当前各级各类学校广泛开展的校园舞狮活动与竞赛、节日庆典时期的舞狮表演等。

舞狮活动的形成与发展，实际上映射的是舞狮文化在中华文化中所占据的特殊地位。就舞狮文化而言，它不仅折射的是早期中华民族面对灾害病痛

所表现的智慧与人格心理，还折射出当代中华儿女对大自然的敬仰。与西方文化不同，中国传统文化注重人与自然的和谐共生，即天人合一的哲学思想。面对大自然的一切威胁，中华民族讲究的是如何与这些客观存在实现共存，而非消灭对方以满足自己的生存。也因此，舞狮文化实际上体现的就是中国人运用自己的独特智慧来实现对外界威胁的震慑作用，从而在不伤害对方的同时，也能实现自身的生存。无论是驱邪辟鬼，还是祈福求安，舞狮的目的都是敬仰神明、敬畏自然，而非挑战神明、挑战自然，这也是中华民族品性的体现。

（二）舞狮活动与中华民族共同体意识的关系

首先，舞狮文化中对于大自然的敬畏是中华民族命运共同体得以实现的重要保障。2021 年，在中央民族工作会议上，习近平总书记明确指出，铸牢中华民族共同体意识，就是要引导各族人民牢固树立休戚与共、荣辱与共、生死与共、命运与共的共同体理念。由此可见，中华民族共同体实际上是一个命运共同体。从命运共同体的内涵来看，它不仅强调人与人的和谐相处，更强调人与自然的和谐共生。从舞狮文化的内涵来看，它反馈的实际上就是人对大自然的崇拜与敬仰，反映出中华民族面对大自然所表现出的一种处世智慧。因此，从某种程度来说，舞狮活动的参与有助于增强民众的命运共同体意识，进而为铸牢中华民族共同体意识夯实基础。

其次，舞狮活动所承载的文化记忆是中华民族所共同拥有的，是中华民族心理共同体得以存在的重要元素。当前舞狮活动不仅在国内开展的热火朝天，在国外华人聚居区同样开展得如火如荼。华人特有的文化制度规范、价值导向、传承架构等构建起华人舞狮海外发展的轨迹，而舞狮作为华人群帮内部的一种特定文化行为，在舞狮表演与观赏中实现了华人与华人、华人与华人群帮、华人群帮与华人社会的有机联系与相互认可，不断凝集共有的文化因子，并随频次的不断交错叠加编织成华人特有的文化社交网络，形成以华人身份认同为基础的华人文化圈际效应[①]。可以说，通过舞狮活动的参与，

---

① 黄东教. 新加坡华人舞狮文化研究 [J]. 体育文化导刊, 2017, (02): 86-91.

海内外同胞实现了文化的交融与记忆的唤醒，"我是中国人"这一内在情感油然而生。作为华夏子孙，舞狮承载着中华儿女共同的文化记忆与烙印。因此，舞狮活动对于中华民族心理共同体的塑造有着特殊的作用，而这正是中华民族共同体的一个重要外在体现。

最后，舞狮活动所表达的思想情感是对美好生活的向往，是中华民族共同体意识生成的动力来源。当前我国社会主要矛盾已经发生转变，人民对美好生活的向往是未来很长一段时间内社会经济建设与发展工作的重点。众多的研究表明，人民安居乐业是中华民族共同体意识生成的必要前提。换言之，满足人民对美好生活的向往有利于铸牢中华民族共同体意识。过去舞狮主要见于祭祀祈福场景，当前舞狮主要见于节日喜庆时期，有的地方丧葬也会舞狮。不难发现，过去舞狮传递的是一种信仰，而当前舞狮表达的是一种情感输出。无论是节日喜庆、休闲娱乐，还是丧葬哀思，这些都是当代人对美好生活向往的外在表达形式。可以说，舞狮活动中，无论是舞狮人员，还是观赏人员，无不在特定的场域内享受着某种生活乐趣，而这种乐趣正是美好生活的体现方式，并由此成为中华民族共同体意识生成的动力来源。

三、实证考察：藤县舞狮活动的田野调查报告

（一）藤县舞狮活动的历程回顾

1995 年 5 月，南安镇禤洲村青年钟启春在本村办了第一个农村少年儿童武术队，后经县团委推荐到县城表演。县体委及时扶持、指导该武术队技术提高和成长，并定名"藤县业余体校禤洲武术队"。1996 年 1 月，禤洲武术队十多名少年儿童经体委联系到濛江狮队拜师学艺。1997 年 7 月，组建由邓明华、廖金胜、茹恩南等人为带头人，禤洲武术队员为主要班底的禤洲狮队。1997 年 7 月，庆祝香港回归和庆七一，禤洲狮队在县体育局球场表演"十八罗汉桩"，这是藤县首次出现高桩舞狮。运用传统技艺和现代技艺相结合的方法，狮队创造推出一个全新的舞狮内容——高桩狮。高桩狮是在采青狮的基础上，根据狮子的喜、怒、醉、乐、猛、惊、疑、动、静、醒、寻、望、

探、烦 14 大神态和借用武术、舞蹈、技巧、杂技的表现手法而设计的一种竞技性很强的藤县狮舞内容。

1999 年 12 月，禤洲狮队代表藤县狮队参加广西第三届狮王大赛（桩阵比赛），代表梧州队获双狮银牌、获南单狮银牌；代表藤县队，获女单狮金牌、南单狮铜牌。此后，禤洲狮队代表藤县狮队。2000 年 4 月 29 日，藤县狮队代表广西武术院参加长沙全国南北狮王争霸赛，A 队获第三名，B 队获第五名，被授予国家 A 级狮队。9 月 27 日，广西第四届八桂狮王赛在宾阳县举行，藤县出 2 队参加，代表梧州队获第一名，代表藤县队获第二名。11 月 2 日，藤县狮队代表广西参加在四川举行全国农运会舞狮比赛，北狮获第二名，南狮获第二名，并获优秀套路编排奖。此后，藤县高桩狮舞渐趋成熟，狮舞内容有"高桩舞狮""金狮倒挂""灵猴攀树""金狮翻筋斗""醉狮独峰赏月""绝壁采灵芝"等，技艺（套路）有"飞攀上桩""侧空翻下桩""桩上钢线前滚翻""钢线一字腿""飞桩 3.5 米""独桩挟腰转体 450 度""金狮倒挂"等。这些节目和套路（技法），造型美观、逼真、独特、雄健、惊险、生动，几年来，通过藤县舞狮队多次在国内外进行展演、比赛，均获佳绩。2001 年 2 月 6 日，藤县狮队参加 2001 年"季华铝业杯"南粤狮王之王佛山争霸赛，获第二名。广东珠江台、岭南台连续两周播放藤县狮队场上情况。5 月 2 日，藤县狮队参加福建石狮第五届中国国际舞狮邀请赛获第二名，同年 10 月获全国农运会南北狮比赛第二名。2002 年 8 月，获全国武术精英赛第二名，获广东佛山南狮比赛第二名。9 月，藤县狮队参加秦皇岛全国体育展示大会舞狮比赛，获南狮第 2 名，北狮第 3 名。2003 年 9 月 30. 藤县狮队参加广东南海第七届中国国际舞狮赛获第 6 名。11 月 23 日，藤县狮队参加中国民间舞狮艺术湛江邀请赛获金杯奖。

2004 年 3 月 9 日，藤县狮队赴马来西亚美里砂拉越洲参加美里国际舞狮比赛，赛中失误无名次。5 月，藤县狮队参加浙江省天台全国南北狮王赛，获第一名。2004 年 7 月，获马来西亚"云顶杯"第六届世界狮王争霸赛冠军，赢得"东方狮王、世界狮王"的称号，得到中国驻马来西亚大使王春贵接见，在国内外引起巨大轰动，马来西亚报纸、电视台和《人民日报》新华社、凤凰电视台、中央电视台、台湾电视台等媒体纷纷报道，为中国舞狮事业发展起到推动作用。9 月，狮队 5 名代表随梧州市市长钟想廷率领的市艺术团赴法国巴黎参加中国年活动表演。2005 年 4 月 17 日，藤县狮队受越南福寿省越池市邀请，参加"雄王庙"活动表演。10 月，受中国少数民族文化基金会的邀请，进京参加在国庆节举行的 2005 年中国民族文化暨中国少数民族绝技艺术展演，期间共 7 天，表演 21 场。

藤县狮队总训练基地设在山青水秀的、浔江中的襕洲岛。2005 年，狮队共有高桩狮 28 组，地狮 100 多组，高桩双狮 6 组，已在中国香港、北京、上海、深圳、广州、南宁及湖南等地成立分队。狮队积极钻研，刻苦训练，独创许多高难度的动作，如"狮子攀树""金狮倒挂""醉狮独峰赏月""瑞狮闯悬崖攀绝壁""绝壁采灵芝""侧空翻下桩""钢线前滚翻""钢线上一字腿""探峰攀崖""独桩挟腰转体 450°绝技""飞距 2.8 米"（狮尾起至落点）等，技惊四座，名扬东南亚，饮誉粤、港、澳、台。狮队将武术、杂技、技巧、体操、舞蹈等技术融于狮艺之中，把狮子的喜、怒、醉、乐、猛、惊、凝、动、静、醒等神态、形态表现得淋漓尽致、出神入化，给观众留下回味无穷的美好艺术享受①。

（二）藤县舞狮活动的典型特征

舞狮是藤县最典型的民俗文化之一，同时也是最具代表性的民俗体育项目。通过田野调查我们发现，藤县舞狮主要有群众基础雄厚、组织架构完善、政府定位明确以及发展模式清晰等典型特征。

1. 群众基础雄厚

藤县舞狮具有雄厚的群众参与基础，据藤县龙狮运动协会会长称，藤县各乡镇，甚至是各村、堂口均有自己的狮队，只是现在随着市场化经济发展速度的加快，舞狮不再像以前那样作为一种茶余饭后的娱乐方式而存在，而是以一种节日庆祝的娱乐方式而存在着。舞狮由于其展演形式的特殊性，需要专业器材以及几个人的协同配合方可进行，因而并不能像武术那样随时随

---

① 藤县地方志编纂委员会. 藤县志（1991-2005）[M]. 北京：方志出版社，2019：687-688.

地可以展开演练。然而，舞狮文化在藤县人民的心目中是深刻内化的，是以一种文化记忆的方式深刻地融入在藤县人民的血液中，并影响着藤县人民。因此在藤县，随便寻一两个路人问起藤县舞狮，人们总是能够娓娓道来，它已经以一种生活方式嵌套在人们的生活文化中。

2. 组织架构完善

藤县舞狮活动拥有完善的组织构架，龙狮运动协会成立于 2020 年 3 月。自龙狮运动协会成立以来，藤县舞狮各项活动的开展均由龙狮运动协会全权组织领导，地方政府每年下达相关培训经费至龙狮运动协会用于舞狮教练员以及裁判员培训。龙狮运动协会下设副会长、副理事长，尤为重要的是，龙狮运动协会会长积极推动改革创新，打破地域限制，积极为藤县龙狮运动的发展引入新鲜血液。在龙狮运动协会核心骨干成员遴选上，凡是对于藤县龙狮运动发展做出贡献的人均可以担任相关职位，如各龙狮训练基地教练、狮团团长、各学校舞狮老师均可成为副会长或副理事长。一方面，通过这一举措的推进，有效地将藤县舞狮相关骨干成员均团结在一起，这有利于藤县龙狮运动的发展；另一方面，在龙狮运动协会担任职务的相关教练员，由于被赋予正式职务身份，他们各狮团的发展也更为便利，由此走向双赢。

3. 政府定位明确

藤县人民政府以及相关职能部门在舞狮活动的组织与发展中扮演着极其重要的角色，然而藤县相关职能部门并没有对舞狮活动进行过分的干预，而是充分将舞狮活动组织管理这一权力下放至龙狮运动协会，真正实现了协会的实体化运营。同时，藤县人民政府也并非完全放任不管，而是在舞狮活动的开展中扮演着服务者的角色，有效地将政府职能定位从管理者向服务者转型，这种思维的转换充分激发了协会的自主运营能力，也极大地激发了市场与社会组织的活力，一大批地方精英参与到舞狮活动的开展中来，纷纷成立各大龙狮训练基地以及商业狮团。因此，政府定位明确也是藤县舞狮活动开展的一个重要特征。

4. 发展模式清晰

藤县舞狮活动发展模式清晰，据藤县龙狮运动协会会长称，藤县舞狮发展的定位主要有三个方向：第一，民间舞狮活动的唤醒。尽管藤县各乡镇均有狮队，但年轻一代由于娱乐方式的日益丰富以及求学压力的增加，基本失去了这项技能，因而协会计划每年在各乡镇展开一次舞狮文化展演，将藤县舞狮文化以各种不同的形式向基层传播，从而唤醒基层群众的文化记忆，为年轻一代参与舞狮培育氛围。第二，学校舞狮活动的开展。当前藤县学校舞狮活动的开展主要以社团的形式存在，协会将继续推动舞狮活动进校园，逐步扩大社团规模，将舞狮活动带进课堂、课余时间，厚植学校舞狮文化。第三，商业舞狮活动的引导。一方面，积极与政府等职能部门展开沟通，为各大训练基地获取经费，保障后备人才输入的通道畅通；另一方面，积极培育舞狮相关产业的发展，组织相关人员研发舞狮文创产品，坚持走舞狮产业融合发展道路。

四、机理阐释：藤县舞狮活动铸牢中华民族共同体意识的作用机制

藤县舞狮是一项地方性集体参与的民俗体育活动。藤县舞狮呈现的是两种不同的文化场景：一是春节等重大节日活动时期的整体参与；二是平常时期各狮团组织的日常训练与展演。两种既密切联系又相互区别的舞狮形态共同铸就了藤县浓厚的舞狮文化。舞狮活动是如何实现铸牢藤县居民中华民族共同体意识的？通过对田野调查材料的分析，本研究认为其主要体现在帮助成人、促进就业、文化自信三个层面。

（一）帮助成人：藤县舞狮活动铸牢中华民族共同体意识的深层指向

1. 成人与中华民族共同体意识

归根到底，中华民族共同体意识是一种内在的意识，并且是自愿归属一个共同体范围内的思维意识，具体表现为对某一共同体的高度认同与维护。共同体体现的是一定范围内所有事物的内在一致性，它的内涵具有丰富性与广延性，既可以指向文化的共同性、利益的共同性、心理的共同性、政治的共同性，还可以指向民族的共同性、价值的共同性、观念的共同性等。尽管共同体的存在是中华民族共同体意识得以体现的基础与前提，但中华民族共

同体意识的生成并非一定要通过共同体的打造来实现。成人与成才是一对耳熟能详的概念，我们经常听到"先成人后成才"这样的表述，可见民间群众对于教育的理解更多地是体现在"成人"上。究竟"成人"与中华民族共同体意识的生成之间有什么样的内在联系，本研究认为，"成人"是家长对于子女的一种教育期望，他们希望自己的子女能够成为一个遵纪守法、对社会发展有用的人。"成人"是他们对于子女最基本，也是最初级的要求，子女成人对于他们内心具有显著的激励效用，这种心理层面的激励能够有效缓解他们在现实社会中所面临的一切不顺与不公所产生的消极情绪，这对于社会的稳定与团结具有重要意义。此外，在中国传统家庭中，家庭关系的和谐稳定很大程度上受到子女是否成人或成才的影响，子女成人能够有利于家庭的和谐氛围形成，而这种来自家庭内部的成就感能够极大提升个人对于美好生活的向往与追求，这些正是中华民族共同体意识的重要体现。可见，"成人"与中华民族共同体意识的生成有着千丝万缕的联系。

2. 舞狮活动帮助藤县学生成人的作用机理

正如上文所述，藤县的舞狮活动主要包含两种形态，此处要探讨的则是平常时期的舞狮活动参与是如何帮助藤县学生成人的。在调研中我们发现，藤县有大大小小的龙狮团、龙狮培训基地（实际上也是龙狮团）数十家，这些狮团或多或少带着几个或十几个舞狮队员。

课题组到访的是市级非物质文化遗产传承人 XGB 负责的狮团，狮团队员有十来名。据介绍，这些队员全部是初中生，一年四季均吃住在狮团，他们不用去学校上学，因为学校将他们视作"无法管制的捣蛋者，平时不是砸玻璃就是打架"，因而学校也与狮团达成了一致意见，即保留这些学生的学籍，让他们常驻狮团。进一步对这些学生的家庭进行了解发现，他们多为留守儿童，或是父母离异，或是父母双亡等，这些学生在学校属于完完全全的"边缘人"[①]。据 X 团长称，这些学生在狮团里自己做饭、洗衣服、打扫卫生等，生活完全自理，但吃住都是免费的，即 X 团长自掏腰包，当然外出表演也能

---

① 刘如，彭响．体育课堂教学"边缘人"现象探析［J］．吉林体育学院学报，2019，35（04）：89-93+108.

赚取一定费用，同时已经外出赚钱的队员也会时不时给狮团一点经济资助。这些学生有附近的，也有很远地方送来的。这些学生家长都是慕"名"（口碑）而将学生送往狮团，希望他们在这里成长成人。X 团长生于 1989 年，虽说比这些学生大了十几岁，但学生跟他的关系却非常好，比起家长，这些学生更愿意听教练的话。在训练之余，X 团长也会带着他们游戏娱乐，甚至每周还会带他们去自己的烧烤摊吃烧烤，自掏腰包带他们喝"茶"（茶餐厅）。因而在狮团里，每一位学生都学会了基本的生存能力，也适应并学会了朋友之间的和谐共处，在艰苦的训练背后更是培养了吃苦耐劳的意志品质，从而有效将这些学生从学校的"边缘人"拉回狮团的"主体参与者"。在狮团，这些学生完全实现了自我价值的彰显，也收获了友谊的快乐，更是规避了枯燥的学习给他们带来的烦恼。对于这些学生而言，通过参与舞狮活动，他们逐渐淡去了家庭的不幸以及学校的漠视给他们带来的心灵创伤，并慢慢融入社会，与社会形成一种良好的互动，有效提高了这些学生的共同体意识。对于这些学生家长而言，孩子的成人让他们不再为教育而烦恼，这种心理的变化增强了家长对于舞狮活动的认同，并从内心深处接受认同舞狮活动，这种认同恰恰就是文化认同，而这正是铸牢中华民族共同体意识的本质。

（二）促进就业：藤县舞狮活动铸牢中华民族共同体意识的外在表征

1. 就业与中华民族共同体意识

受地方区位因素的影响，各地区经济发展水平参差不齐，文化发展水平也因此呈现出较为明显的差异。地方文化水平的不同影响着地区教育水平，从某种程度上来讲，学生的受教育程度很大限度由地方文化水平来决定，因为文化水平的高低反映着认知水平的程度。就业实际上很大程度是由个体的受教育水平所决定的，受教育水平高，个体所从事的行业相对较为精细；受教育程度低，个体所从事的行业则相对较为粗简。就业与中华民族共同体意识之间有着必然的联系，众所周知，就业对于个体的人生发展至关重要，个体就业岗位的好坏直接影响着其职业认同。就业幸福指数是反映个体对于就业认知态度的一个重要标准，就业幸福指数高，个体则表现出心理层面的社会适应，反之则容易出现社会不适，这样就解释了为什么多数刑事暴力案件的涉案人员多为社会流动人员。没有稳定的就业，个体将难以在社会生存下来，因为这是解决温饱问题的关键，当个体的生存受到威胁时，共同体意识也就不复存在。

中华民族共同体意识是一种高阶意识，共同体意识是其重要的表征方式，就业促进能够从生理层面以及心理层面解决个体的现实需求，从而使其产生社会认同感，并逐渐与社会发展相适应，进而避免走向社会主流文化发展的反方向。由此可见，就业促进与中华民族共同体意识的生成具有重要关联。

2. 藤县舞狮活动促进就业的行为逻辑

产业化发展是龙狮运动适应社会主义市场经济发展的需要，是实现龙狮运动转型发展的需要，同时也是改变龙狮运动传承与弘扬路径的需要①。藤县舞狮的最初形态是民间舞狮，即根植于民间群众日常生活的休闲娱乐文化，每逢重大节日总能寻到舞狮的场景。随着时代的变迁，中国社会文化结构发生转变，这种转变带动了人们日常生活文化的变迁，传统舞狮生存的文化土壤也由此产生颤变。为适应市场化经济发展的需要，藤县舞狮在一代又一代人的共同努力下逐渐实现了向产业化发展的转型。

藤县舞狮的产业化发展主要体现在舞狮器材生产与销售、舞狮文创品生产与销售以及舞狮商业演出三个方面。

首先，从舞狮器材生产与销售来看，藤县拥有大大小小的舞狮器材生产企业数十家，这些厂家主要生产狮头、狮衣、比赛器材等。狮头的生产是一个对工艺水平要求极高的工作，整个狮头均为手工扎制，而往往这些扎制工艺掌握在老师傅手中，因而狮头的制作与对外大量销售需要一大批民间工艺师傅的参与，由此也就促进了地方群众的就业，尤其是老龄人的社会再就业。因此，从舞狮器材生产这一层面来看，舞狮促进了地方群众的社会就业，为普通民众创造了就业岗位与机会，实实在在地提高了当地群众的生活收入，从而增强了地方群众对于舞狮文化的高度认同。

其次，从舞狮文化创意工艺产品来看，这无疑是地方劳动人民的智慧与

---

① 彭响，刘如，李佳川. 批判与重构：汨罗龙舟产业发展的困境与对策 [J]. 城市学刊，2019，40（06）：39-44.

创意。在藤县，许多地方都销售这种带有狮文化的文创产品，如T恤、小狮头等。以小狮头为例，纯手工制作的市场价高达上千元，这对于地方经济发展具有重要的促进作用。据藤县龙狮运动协会会长称，"我们希望将狮文化充斥在藤县各个角落，将藤县打造成真正的"东方狮王"故乡，让国家级非物质文化遗产得以实至名归（ZQC，藤县龙狮运动协会会长，20211016）"。

最后，从舞狮商业演出来看，这基本成为藤县舞狮产业化发展的支柱。藤县拥有数十家龙狮团，各狮团基本拥有自己固定的队员，平时集中训练，一旦接到演出邀请即可随时参与演出。据藤县文化局一位退休老领导称，藤县舞狮有各种不同的表演形式，结婚、生子、庆寿、升学、过世等不同场景均有不同的舞狮套路，舞狮基本融入藤县人民日常生活的各个维度（LJS，藤县文化局退休领导，20211017）。舞狮队员多为30岁以下的年轻人，其中又以20岁以下的学生居多，这些学生早早地离开了学校，进而步入社会，在学历受限的前提下，舞狮无疑给他们的就业创造了岗位，也为他们接下来的幸福美好生活追求提供了机会与可能。因此，本研究认为，舞狮为地方群众的就业创造了岗位，人们通过参与舞狮相关行业工作的加深了对舞狮文化的认知与理解，从而强化了舞狮文化的认同，进而为中华文化认同夯实了基础，而这正是中华民族共同体意识的体现。

（三）文化自信：藤县舞狮活动铸牢中华民族共同体意识的心理机制

1. 文化自信与中华民族共同体意识

文化自信是习近平总书记在"三个自信"基础上的创新性发展，是马克思主义文化理论中国化的创新性成果，是习近平新时代中国特色社会主义思想的重要理念[①]。没有高度的文化自信，没有文化的繁荣兴盛，就没有中华民族伟大复兴[②]。文化自信指向的中华文化，是关系到成就中华民族伟大复兴事业的深层基础[③]。习近平总书记指出，文化认同是最深层次的认同。中

---

①　何星亮. 坚定文化自信的历史和理论依据 [J]. 中南民族大学学报（人文社会科学版），2021，41（10）：56-65.

②　习近平. 习近平谈治国理政：第3卷 [M]. 北京：外文出版社，2020：32.

③　郝时远. 文化自信、文化认同与铸牢中华民族共同体意识 [J]. 中南民族大学学报（人文社会科学版），2020，40（06）：1-10.

华文明上下五千年不间断的传承与发展，孕育和深化了中华民族的文化认同，统一的民族发展历史和深厚的文化传统共同构成了文化认同生成的实践基础与内在动力，在统一的民族发展历史中逐渐生成了实体性的民族共同体和精神性的文化认同①。文化认同的产生机制是什么？如何生成文化认同？笔者认为，文化自信是前提。文化认同是个体大脑意识深处的认可与接受，而要达到这一认同是需要前提条件的，这种前提就是该文化是其他文化不可替代的，具有唯一特殊性。当然这里提到的"唯一"并非形式层面的唯一，而是相对于意识层面的内涵唯一。同时，文化认同的内涵又是多义的，它既可以指向对他文化的认同，也可以指向对自己文化的认同。因而，在他文化与自己文化两者之间，究竟认同哪一种文化是由文化的内涵所决定的。换言之，要实现对自己文化的认同，前提是自己文化具有显著的优越性，其实也就是文化自信。因此，我们认为，文化自信是文化认同得以存在的前提，也是铸牢中华民族共同体意识的重要保障，因为文化自信间接地影响着中华民族共同体意识的生成。

2. 藤县舞狮活动增强文化自信的内在机理

舞龙舞狮是中华民族优秀传统体育文化的典型代表，在几千年的历史传承中，龙狮运动历久弥新，不断在社会变迁的思潮中汲取养分，并在国内外广泛传播开来。从某种程度来看，龙狮运动的世界性传播与国际化参与，其本身就是文化自信的一种体现，因为作为其他国家的外来文化，中华优秀传统文化能够被接受、认同，这就是文化自信的表征。

舞狮活动究竟是如何增强藤县人民文化自信的？通过田野调查，我们发现，这种内在机理主要体现在两个方面：

第一，国家级非物质文化遗产申报的成功。2011 年，藤县"狮舞"入选第三批国家级非物质文化遗产代表性项目名录。国家非遗的入选对于藤县人民而言是非常盛大的喜事，因为外界只听说过广东佛山醒狮，而藤县舞狮却入选国家级非遗，与佛山醒狮相比，让藤县人民获得了极大地自信。藤县龙

---

① 邹广文，沈丹丹. 中华民族共同体文化认同的历史生成逻辑 [J]. 天津社会科学，2021
(03)：11-18.

狮运动协会会长表示，"我们并没有以"舞狮"申报国家非遗，而是以"狮舞"申报的，因为舞狮是后来发展起来的运动，而狮舞则是最开始的文化形态，与佛山醒狮相比，我们藤县的狮舞肯定先出现（ZQC，藤县龙狮运动协会会长，20211017）。"我们可以发现，藤县地方政府在申报国家非遗过程中确实在名字选择上花了大功夫，以至于最终能够以"狮舞"将其申请下来。从某种程度来讲，"狮舞"获批国家非遗比"舞狮"获批国家非遗更能振奋藤县人民。因为众所周知，舞狮是在狮舞的基础上发展起来的，因而在他们心目中认为，藤县狮舞是舞狮运动的发源地，也是狮文化之根。

第二，"东方狮王"称号的获得。据原藤县文体局副局长、国际级舞狮裁判员廖金胜介绍，目前藤县 19 个乡镇都有自己的农民狮队，人数不下 200 人，是名副其实的"舞狮之乡"，其中禤洲狮队是最有名的一支。1995 年，以习武少年为主组建的禤洲狮队渐渐成型，尽管经费、器材有限，但农村少年们对舞狮充满了热情，用倒扣的箩筐充当狮头，用旧床单当狮尾，用树桩代替训练用的铁桩。在热爱和创新的基础上，这支农民狮队逐渐步入辉煌，并在国内赛场上多次获奖，2004 年更是连连出彩，不仅在全国狮王邀请赛上折桂，而且获得了马来西亚世界狮王争霸战冠军，赢得了"南狮王""东方狮王"的美誉。在对藤县龙狮运动协会会长访谈时，他多次谈到，"狮王大道路口应该建一个巨大的狮子，我们藤县是东方狮王嘛（ZQC，藤县龙狮运动协会会长，20211018）！"此外，在对普通民众以及舞狮教练员、运动员的访谈时，他们也一致这样认为。由此可见，"东方狮王"称号的获得极大地提升了藤县民众的文化自信。

（四）学校教育：藤县舞狮活动铸牢中华民族共同体意识的工具支撑

藤县舞狮文化能够深入人心，一个重要因素就是学校教育的跟进。青少年是民族的希望、国家的未来、社会的核心，同时也是中华优秀传统文化教育与传承的重要对象。因而在任何一个重要领域，抓好青少年教育都成为一项重要任务，学校是青少年教育的主要阵地。藤县舞狮活动的开展以及舞狮文化的弘扬离不开学校舞狮教育工作的跟进，可以说学校教育为藤县舞狮文化的传承打下了坚实的基础。

1. 学校舞狮专业建设

通常在学校所看到的传统体育开展往往是以课程或课间操的形式体现的，这种模式具有广泛参与性。课题组在藤县调研的结果表示，舞狮活动不仅以上述形式内嵌于学校教育体系中，同时舞狮专业也形成一定规模。这里重点要讲的是藤县职业中专（简称藤县职中）这一所学校。2015 年 3 月 30 日，舞狮正式进入藤县职中，并在藤县职中建立第一个舞狮社团。舞狮入校得到广西副主席李康、梧州市宣传部部长、副市长黄振尧的充分肯定。同年 8 月 3 日，藤县职中开设运动训练班，首届学生 55 名，主修舞龙舞狮专业，目的是为社会培养龙狮骨干，传承非遗和向高校输送专项人才。为此，广西壮族自治区政府还专门成立专项基金拨款给藤县职中，建立起一个大型的专门用于龙狮训练的体育馆，对龙狮运动的开展给予了高度认可与肯定。

据藤县职中舞狮教练员称，"职中每年开设两个舞狮专业班，总人数控制在 80 人左右，这里没有专业的教练，采取的是校企合作的模式，我也不是这里的专职老师，我有自己的龙狮公司（ZSQ，藤县职中舞狮教练，20211017）。"藤县职中舞狮专业班主要训练两年，第三年学生基本外出实习，舞狮班的学生基本都提前被全国各地龙狮公司、俱乐部挖走，基本是一种供不应求的状态。初中升学未果，在社会就业压力的导向下被迫进入职业中专学习，因儿时参与过舞狮以及对于舞狮的兴趣爱好，一批学生意外地走进舞狮班，这批学生也因此意外地将人生的职业发展走向了一条不一样的光明道路。

基于上述分析，本研究认为，藤县职中舞狮班的开设无疑给一些求学失败的孩子创造了重新步入社会的机会，舞狮就业前景的开阔不仅增强了学生自身对于舞狮文化的理解与认同，同时更是内化了舞狮活动在家长心目中的意义。因此，从这一个层面来看，舞狮专业班的开设具有重要意义，因为它的成立将为铸牢中华民族共同体意识打下了深厚的认同基础。

2. 学校舞狮文化建设

中小学是传统文化教育的一个重要阶段，藤县舞狮文化底蕴深厚的一个重要体现就是中小学舞狮文化的建设。在调研期间，课题组走访的是藤县塘步一中，走进校园，各个角落无不充斥着舞狮文化的元素。塘步一中设有一个长达百米的舞狮文化宣传栏，上面详细精美地粘贴着藤县舞狮的起源、发展、取得的荣誉、优秀队员、上级领导合影、队员升学等各种与舞狮相关的文化元素；同时，在教学楼的外墙以及校园围墙上也绘制着舞狮的各种动作与姿势。总体而言，走进塘步一中，会让人产生一种对舞狮文化的高度认同，因为它渗透在校园里的各个角落。

校园舞狮文化的建设还体现在其他课程体系中，如中考就有涉及"东方狮王"等相关的考试题目；再如学校美术课堂中，美术老师要求学生创造性地对狮子形象进行彩绘，学生可以完全凭借自己对于狮子的想象进行作业，这种课程不仅能够激发学生的创造性思维，同时也能促进舞狮文化在校园的传播与弘扬。学校舞狮文化的建设扩大了舞狮文化在学生群体中的传播，也增强了学生对于舞狮文化的认同，进而铸牢中华民族共同体意识。

3. 学校舞狮社团开设

上文中提到，藤县职业中专开设舞狮专业班，专门招生舞狮专业学生。在竞技体育文化占据绝对主导地位的当下，全国上下各类学校无不充斥着竞技体育文化的身影，传统体育生存的空间被严重挤压。那么藤县职业中专舞狮专业班的学生又都来自哪些地方？或者说这些学生的舞狮基础又是如何打牢的？本研究认为，各类学校开设的舞狮社团起着决定性的作用。

近年来，塘步镇第一中学致力于把狮舞文化带进校园，培养学生对文化遗产传承与保护的兴趣，积极弘扬狮舞文化，延续中华文脉。塘步镇第一中学为了提高学生综合素质、开拓学生视野，主动吸纳对舞狮有兴趣的学生，在 2018 年 3 月正式成立了塘步镇第一中学龙狮社团。为了不影响正常学习，龙狮社团的成员利用早课前、放学后和晚自修后的时间，在专业老师指导下，从舞龙舞狮基本步法、手法开始练起，再逐渐加大强度和难度。训练过程中的辛酸不言而喻，但是对学生来说却也是乐在其中。据悉，从最初的十几人到如今的一百多人，人员规模渐渐扩大，从最初的几个训练器材到现在的基本设备齐全，塘步镇第一中学龙狮社团一直都在努力，从未停止前进。2018年，塘步镇第一中学龙狮社团在江苏省溧阳市举办的第十一届全国舞龙舞狮锦标赛中荣获少年组传统南狮套路比赛第三名；2020 年在藤县首届中学生南狮传统项目大赛上获得冠军，同年在第十二届广西狮王争霸赛冠军总决赛上斩获南狮传统项目第二名。

据城步一中舞狮教练员称，城步一中全体学生人数 1200 人左右，学校舞狮社团人数最多的时候达到 170 余人，舞狮场景非常震撼（WBF，藤县城步镇第一中学龙狮团教练，20211017）。挂在龙狮器材室墙上的这张发展历程图见证了城步一中舞狮活动发展的每一个辉煌阶段与精彩瞬间。因此，不难发现，学校舞狮社团的成立无疑为广大学生参与舞狮活动提供了机会，也为学生能够通过舞狮活动的亲身参与进而获得身体体验与认知创造了平台。由此，舞狮文化在学生群体中迅速传播开来，这为文化认同奠定了参与基础，也为铸牢中华民族共同体意识提供了可能。

五、结论与启示

（一）结论

课题组通过对广西壮族自治区梧州市藤县狮舞的田野调查，基本证实了民族传统体育铸牢中华民族共同体意识这一理论命题。具体而言，本研究主要得出以下结论：

首先，舞狮活动的参与能够促进文化认同。舞狮是中华优秀传统体育文化的典型代表，藤县舞狮文化入选国家级非遗，极大地增强了藤县人民的文化自信，也加深了藤县人民对于舞狮文化的理解与认知。通过各种赛事的参与，藤县舞狮获得了一系列荣誉，如"东方狮王"等。这些称号的获得能够提高藤县人民对于本县文化的自信，进而对藤县当地文化产生认同，增强对中华文化的认同，为铸牢中华民族共同体意识夯实文化认同基础。

其次，舞狮活动的参与能够促进社会就业。藤县舞狮自入选国家级非遗以来，地方政府以及协会积极推动地方龙狮产业发展，各大龙狮团、龙狮器材生产以及龙狮文创产品生产为地方就业创造了岗位，一大批缺乏学历以及年迈的民众纷纷重新走向就业。舞狮相关产业的就业参与使得地方群众对于这种地方性知识有了更深的了解，地方群众也因此更加认同这种文化。由此，舞狮通过促进就业缓解了待业人员与社会发展之间的紧张矛盾，使得待业人员社会心态走向平稳，增强了地方稳定和谐，推动了藤县共同体的形成。

最后，舞狮活动的参与能够促进成人教育。当前藤县经济发展水平较为滞后，制约着文化水平的提升，尽管国家强制九年义务教育的参与，但一部分学生由于家庭结构的不完整所导致的性格缺陷，使得他们与学校教育表现出格格不入。藤县各大狮团的存在无疑为这些学生的"成人"创造了机会。许多家长出于无奈将孩子送往狮团接受训练，然而通过舞狮运动的参与，这些孩子逐渐走向正常发展的道路，在一段时间训练后纷纷走向就业。因此，通过舞狮活动的参与，一部分出于学校"边缘人"状态的学生逐渐"成人"，家长以及社会各界对于舞狮运动的认同也得到有效增强。

（二）启示

通过对藤县舞狮活动的田野调查，课题组充分论证了舞狮活动铸牢中华民族共同体意识的作用机制与内在机理。基于田野调查的经验分析，本研究认为后期在舞狮活动铸牢中华民族共同体意识的实践操作中应当注意以下几点：

第一，地方政府要积极引导舞狮产业发展。舞狮的产业化发展能够带动地方就业，进而增强地方群众的文化认同。因而，地方政府一方面要大力扶持舞狮产业的发展，出台系列利好政策，主动开拓舞狮产品市场，确保舞狮产品的供需动态平衡；另一方面，地方政府还要积极引导舞狮产业的科学发展，积极引进相关专业人才，将"引进来"与"走出去"紧密结合，同时积极组织研发文创产品，切实提高企业的市场竞争力。

第二，基层要大力推动舞狮物质文化建设。舞狮是中华优秀传统文化的物质载体，舞狮活动的参与能够增强文化认同，因而基层组织要大力推动舞狮物质文化建设。一方面，要加强对舞狮文化的整理与挖掘，将舞狮文化以宣传栏、广告牌、创意路灯等形式彰显出来，从而烘托城市舞狮文化氛围；另一方面，要加大舞狮文化研究力度，成立相关课题基金公开招标，吸引广大舞狮研究爱好者参与课题研究，为舞狮文化的发扬光大增添动力。

第三，学校要加强校园舞狮活动开展。学校是舞狮教育与传承的重要阵地，各级各类学校一定要抓好这一重要阵地的教育活动。一方面，要积极组织建设舞狮社团，吸引广大学生参与其中并体验舞狮文化的巨大魅力，同时舞狮社团的参与也能丰富学校体育活动形式，让学校体育更具特色；另一方面，要积极组织参加各级各类舞狮赛事，争取做到以赛促练，提高学生舞狮活动的参与兴趣，同时也可以为学校争得荣誉。

第四节　赛马活动铸牢中华民族共同体意识的实证考察

在人类历史上，马在生产生活中起着至关重要的作用，马的出现在一定程度上促进了人类历史的发展。我国具有五千年的历史文化，在很早就有了关于马的使用的记载，马在中国传统文化中占有重要地位①。赛马活动是我国少数民族的一项重要传统体育项目，如藏族、蒙古族、维吾尔族、哈萨克族等均有赛马活动。每年在不同的时期，这些少数民族都会定期举办大型的赛马活动，赛马节就是赛马活动的一张重要名片。藏族的赛马节有很多，如藏北赛马节、江孜达玛节、康定赛马节、盘坡赛马节、天祝赛马节、当雄赛马节、定日赛马节。赛马节并不是藏族独有的，还有蒙古族赛马节②。在所有民间传承的藏族节日中，几乎都少不了赛马活动，并且此项活动有着悠久的历史。在藏族的节日民俗中，赛马常以主题的形式在节日中显现，而且，更为重要的是，建立在对马的浓郁感情基础之上的藏族人民，创造了独具民族特色的赛马文化③。作为一项大范围参与的民族传统体育项目，赛马活动逐渐成为藏族等少数民族日常生活不可或缺的部分；同时，赛马文化也已经深刻内化在少数民族人民的心目中，真正成为一种文化记忆。鉴于此，本研究以赛马活动为个案，以期通过对赛马活动的考察，探讨民族传统体育铸牢

---

① 殷俊海．赛马业［M］．呼和浩特：内蒙古人民出版社，2019.

② 百度百科．赛马节［EB/OL］．［2021-10-22］．https：//baike. baidu. com/item/赛马节/10898806? fr=aladdin#reference-［1］-645896-wrap.

③ 腾讯网．藏族人民的赛马文化［EB/OL］．（2020-02-24）［2021-10-22］．https：//xw. qq. com/amphtml/20200224A08N9H00.

中华民族共同体意识的作用机制，进而为其提供实践支撑。

一、研究设计：个案选择与方法交代

（一）个案选择

藏族，自古以来就被人们称为歌舞的民族、马背上的民族。马在藏民族的生活史和文化史中扮演着重要角色，融入了藏民族生活的点点滴滴，久而久之，形成了诸如"茶马古道""马术表演""马年转山"等特有的"马文化"。西藏的老百姓喜好观赛马，民间赛马历史在西藏十分悠久。作为入列第二批国家级非物质文化遗产名录的"当吉仁"赛马节历史悠久，可追溯到公元17世纪，当时的蒙古骑兵驻扎在当雄草原上牧养军马，进行军事训练，并规定每年举行一次骑兵检阅式。蒙古铁骑已成昨日回响，而检阅式的主要内容则演变成赛马活动沿袭下来，演变成今天的"当吉仁"赛马节①。"当吉仁"赛马会距今已有三百多年的历史，随着影响力的不断提升，一年一度的"当吉仁"赛马节吸引着大量的外来游客前来观光游览，为当地经济建设带来了显著收益，有效地提高了当地居民的生活水平。同时，随着"当吉仁"赛马节名气的日益扩大，当雄县也随着"当吉仁"赛马节的闻名而逐渐被外界认知，有效地增强了地方群众的自我认同。鉴于此，本研究以"当吉仁"赛马活动为个案，对赛马活动铸牢中华民族共同体意识进行研究，旨在论证民族传统体育对于铸牢中华民族共同体意识所具有的特殊功能与价值。

（二）方法交代

1. 田野调查法

2021年当雄县"当吉仁"赛马节包括分会场活动阶段以及主会场活动阶段两部分，分会场活动阶段活动时间为2021年7月12日-8月5日，各乡镇自行决定具体时间；主会场阶段活动时间为2021年8月6日，地点在纳木措湖举行。鉴于此，课题组于2021年7月28日-8月6日对当雄县"当吉仁"

---

① 西藏文化网. 历史的回响——国家级非遗"当吉仁"赛马节［EB/OL］. (2014-09-30)［2021-10-22］. http://old.ihchina.cn/13/14733.html.

赛马节分会场以及主会场活动进行了田野调查。一方面，运用参与观察法对赛马活动的全过程进行参与观察，从而获得体悟与初步认知，并形成问题结构；另一方面，运用深度访谈法对相关负责人员以及参赛人员进行访谈，从而探讨赛马活动对于参赛者以及当地群众心理认同建构的作用机制。

2. 文献研究法

"当吉仁"赛马节的由来历史悠久，追溯其演变的历程离不开相关文献资料的支撑。本课题主要通过《当雄县志》《当雄年鉴》《西藏通史》等书籍材料以及《西藏那曲羌塘恰青赛马节与旅游融合的探讨》等期刊文献材料查找与"当吉仁"赛马节相关的文本材料，为论证夯实理论基础。

二、理论阐述：赛马活动与中华民族共同体意识的内在逻辑

（一）赛马活动的文化特质

一直以来，马在少数民族的生产生活中起着非常重要的作用，打猎、交通、作战、远途传递信息都离不开马匹。进入现代，马在人们的生活中起到了少数民族和赛马爱好者激情释放的作用。马与人类的关系十分密切，北方少数民族养马、驯马、骑马已有数千年历史。速度赛马是蒙古族、藏族、维吾尔族、哈萨克族、柯尔克孜族、塔吉克族、乌孜别克族、塔塔尔族、锡伯族、满族、白族、彝族、苗族、回族、土族、撒拉族、仡佬族、阿昌族、普米族、鄂温克族等众多少数民族喜爱的一项马上运动，广泛分布于内蒙古草原、青藏高原、新疆天山南北及我国西南广大地区，有着广泛的参与人群与群众基础。在这些少数民族地区，每年都会举行盛大的赛马活动，吸引着国内外大批游客的前来，不仅提高了中华民族传统体育文化的外界认知度，也极大地促进了地方经济的发展。赛马活动有着鲜明的文化特质，这些文化特质充分彰显了游牧民族的生活习惯与文化信仰。

首先，赛马活动既体现出游牧民族对征服大自然的野心，也反映出对大自然的尊重。一方面，马是大自然界的生物，天生具有野性。对马的驯服过程实际上就是游牧民族对大自然征服的过程，体现出这些民族面对大自然勇往直前的精神。另一方面，赛马文化也体现了游牧民族对自然的尊重。赛马

是人与动物合作进行的体育运动，而游牧民族在历史上很长的一段时间内，都将马作为可靠的伙伴来共同面对恶劣的生存环境。游牧民族和马建立的深厚感情恰恰是一种对自然的尊重，游牧民族自始至终都生存在大自然中，游牧民族与马匹是一个有机的组合。

其次，赛马文化是对游牧民族精神的传承。草原民族崇尚赛马比赛所追求的速度与技巧，这已经深深融入到草原民族的血液之中。在大草原中，生存是摆在每一个人面前的重大问题，包括如何应对环境的挑战，以及如何应对其他生物对人类的威胁。在这种巨大的压力下，游牧民族想要以速度取胜，将所有的对手远远甩在身后，所以他们骑上了高马，将脚伸进脚蹬中。赛马文化就是对这一理念的完美诠释，每一位参加比赛的选手都为了最终的冠军而努力。在争夺冠军的过程中，甚至连观众也都会深深地被这种旺盛的进取精神感染[1]。

（二）赛马活动与中华民族共同体意识的关系

第一，赛马活动是游牧民族文化记忆的表达形式，有助于激起民族的文化觉醒，增强文化自信与认同。游牧民族一生都在与马打交道，马是游牧民族生活中必不可少的部分。马对于草原游牧民族的重要性，是不能被人们忽略的，而马在经济和军事上的价值也是众所周知的。在平时，马是游牧民族的交通工具，马乳是他们的日常食物。而在战争时，马供给游牧民族机动灵活的能力，使他们能够集中力量去对付农业地区的定居民族，利可以急袭，不利则可以远退，重整军备，再做他图。尤其是在秋天，当农业民族正在田里忙于收割之时，正是草原游牧民族在军事上使用马匹的最好时机。秋高马肥，草原游牧民族能够在他们最有利的情况下去袭击处于最不利环境中的敌人。因此马匹在游牧民族生产和生活方面都有着举足轻重的地位，拥有马匹的多少更是游牧民族富有的标志。如今，马对于游牧民族的功能已经发生了演变，更多的是一种运输工具。因此，透过赛马活动的开展，实际上有助于唤醒游牧民族的文化记忆，增强自我文化认同，这恰恰是铸牢中华民族共同

---

① 贾佳. 内蒙古民间赛马文化研究［J］. 体育文化导刊，2017，（01）：93-96.

体意识的核心。

第二，赛马活动是一场民族广泛交往、全面交流与深度交融的盛会，有利于增进民族之间的认知与认同。一年一度的赛马盛会热闹至极，成为游牧民族的重要喜庆节日。在赛马活动期间，不仅有当地各族人民的积极参与，同时还有慕名而来的海内外游客观赏，其实质是一场民族交往交流交融的盛会。可以说，赛马活动的举办使得赛马成为地方旅游的一张重要名片，这一文化符号名片极大地吸引着各族人民的共同参与，为民族之间的广泛交往、全面交流与深度交融创造了机会与平台。中华民族共同体意识生成的前提是各民族之间的相互认同与接受，只有当本民族对其他民族实现高度认同，并将对方定义为"一家人"时，中华民族共同体意识的存在才成为可能，而为民族之间的交流创造机会则成为关键。因此，赛马活动的举办为增进民族认同提供了可能，进而为中华民族共同体意识的生成打牢基础。

第三，赛马活动是一张体育旅游名片，能够提高地方居民的生活收入，有利于加快实现人们对美好生活的向往。中华民族共同体是一个利益共同体，一荣俱荣、一损俱损。因此，共同富裕是铸牢中华民族共同体意识的重要保障。近年来，随着赛马活动的知名度不断提升，外界纷纷将目光投向这些少数民族地区，赛马活动开始走向一条产业化发展的道路。可以说，产业化发展是赛马活动适应社会主义市场经济发展的需要，是实现赛马活动转型发展的需要，同时也是改变赛马活动传承与弘扬路径的需要。赛马活动的产业化发展有效地推动了少数民族地区旅游城市名片的生成，也较好地提升了地区形象，更是推动了地方经济结构的转型升级。赛马活动的产业化发展为地方经济发展创造了良好环境。大量的资金涌入地方，不仅促进了地方就业岗位的增加，更提高了地方民众的生活收入，有效地改善了生活水平，为共同富裕打下了坚实基础。同时，民众生活水平的改善极大地增强了对中国共产党、中国特色社会主义以及国家的高度认同，而这正是中华民族共同体的基础。

三、田野报告：当雄县赛马活动的个案考察

（一）"当吉仁"赛马节的历史由来

"当吉仁"意为当雄盛大的聚会。公元 17 世纪，当时蒙古骑兵驻扎在当雄草原上牧养军马，同时进行军事训练，并规定每年举行一次骑兵检阅式。蒙古铁骑已成历史，而检阅式的主要内容则演变成赛马活动沿袭下来，成为"当吉仁"赛马节。2008 年，"当吉仁"赛马节已列入第二批国家级非物质文化遗产名录，成为当雄首批国家非物质文化遗产项目。"当吉仁"赛马节是当雄县民间传承的藏族节目中不可缺少的重要组成部分，在每年公历 8 月 1 日至 7 日（藏历七月份）进行，为期 7 天。现在赛马节的内容和形式在继承传统的基础上不断创新，使传统和现代有机结合起来，赛马节的内容主要包括马长跑、马中跑、马短跑、走马、马术表演、藏式举重、射击、拔河、锅庄舞表演、时装表演、赛牦牛等。

"当吉仁"赛马节不仅是以上各项目的表演及比赛，同时也是牧区青年男女相互对歌后，追逐自己喜欢的对象的喜庆节日。赛马节正是牧产品丰收的季节，广大劳动牧民要到集市上去交换农产品和生活用品。这个集会恰好也是一个商业交换的集会。远近商人赴会的很多，他们有来自拉萨、日喀则的，有来自江龙、那曲、旁多的，商品多半是青稞、糌粑、茶叶、日用品等，市场上热闹非凡。赛马节不仅作为一项传统的文化形式被继承下来，还作为一项特色旅游资源项目，每年都吸引了众多的国内外游客，有力地塑造了当雄良好的对外形象。牧民群众也利用赛马节人流量大、人员相对集中的良好机会，进行毛皮、土特产等交易活动，增加现金收入①。

（二）"当吉仁"赛马节的赛马项目

1. 马长跑

长跑赛为 10000 米。参加长跑赛的骑士均为少年，他们从小在马背上成长，炼就了一身善骑的本领。他们身穿鲜艳的服装（不穿藏袍），参赛的马

---

① 西藏自治区当雄县编译局. 当雄县志［M］. 北京：方志出版社，2019：657-658.

不备鞍具，一是可以减轻马的负重，二是一旦骑手被摔下来不会被马拖走，避免重大伤亡。由十几岁的少年充当骑士也是为了减轻马的负重，使参赛的马能够保持充足的体力跑完全程，并争取拿到好名次。

骑手与马匹必须跑完全程即 10000 米。选手落马一律不计入成绩。各参赛骑手和马匹必须在规定时间内到达指定地点报到，否则按弃权处理。所有参赛骑手和马匹必须按规定佩带号码牌，不得无号码参赛，否则取消参赛资格。参赛马匹必须在发令枪鸣枪后开始起跑，如有抢跑者，不记成绩。到达终点后，只允许裁判人员和一位马主牵马，以免影响赛事成绩。马主不得强行索要名次牌，否则予以严肃处理。

2. 马中跑

中跑赛为 5000 米。参加中跑赛的骑士均为青少年，参赛的马不备鞍具，一是可以减轻马的负重，二是一旦骑手被摔下来不会被马拖走，避免重大伤亡。由十五六岁的青少年充当骑士也是为了减轻马的负重，使参赛的马能够保持充足的体力跑完全程，并争取拿到好名次。

各参赛选手必须在规定时间内到达指定地点报到，否则按弃权处理。所有马匹必须跑完全程，到达终点时有马无骑手不计成绩。在比赛过程中出现骑手落马现象，重新上马参赛的骑手必须在落马处的 5-10 米范围内上马，方能记入成绩。

3. 马短跑

短跑赛为 3000 米。参加短跑赛的骑士均为青少年，参赛的马不备鞍具，一是可以减轻马的负重，二是一旦骑手被摔下来不会被马拖走，避免重大伤亡。由十五六岁的青少年充当骑士也是为了减轻马的负重，使参赛的马能够保持充足的体力跑完全程，并争取拿到好名次。

各参赛选手必须在规定时间内到达指定地点报到，否则按弃权处理。所有马匹必须跑完全程，到达终点时有马无骑不计成绩。在比赛过程中出现骑手落马现象，重新上马参赛的骑手必须在落马处的 5-10 米范围内上马，方能记入成绩。

4. 走马

走马为 5000 米。参加走马（也称碎步跑）的马和参加长跑赛的马装扮有很大的区别。参加小跑赛的马装扮十分讲究。首先，马的全身用特制细齿铁刷梳理干净，再用五颜六色的绸布彩条把马鬃梳成许多细辫子，并用同样的彩条将马的尾巴打成各种形状漂亮的结，看起来马匹显得格外精神抖擞。马垫、马鞍、嚼子等马具也十分讲究，经济条件好的主人在马具的购置上舍得花钱，在赛马会上以显示自己的富有。参加小跑赛的骑士多为身着节日盛装的中年人，他们有丰富的赛马经验，既不让马狂奔乱跑，又要保持领先的速度。骑士勒紧缰绳，身体尽力后仰，马和骑士在跑动中要求有优美的姿势，还要避免大的颠簸。小跑赛最讲究的是平稳，稳中求快，最后由裁判员打分。

各参赛选手必须在规定时间内到达指定地点报到，否则按弃权处理。所有马匹必须跑完全程，到达终点时有马无骑手不计成绩。全部赛程马匹必须在小跑状态下完成，如有奔跑者，按马匹奔跑的时间长短和距离降低排名或取消名次。在弯道内超出赛道继续赛跑的马匹，根据出道后所跑的时间和距离降低排名或取消名次。

5. 马术表演

马术表演包括马上射击、马上射箭、马上拾哈达以及各种骑术表演。过去，表演者的肘关节要擦着地面跑，也就是说，骑马人的身体倾斜度比现在表演者要大得多。

参加马术表演的马匹必须在规定时间内到达指定地点报到，否则按弃权处理。各乡（镇）必须带齐人马与器具才给予加分。拾捡哈达、射箭根据裁判组的统一号令统一安排。

四、机理阐释：当雄县赛马活动铸牢中华民族共同体意识的作用机制

通过对当雄县赛马活动的田野调查，基本肯定了赛马活动是能够铸牢中华民族共同体意识的。那么，赛马活动是如何实现铸牢中华民族共同体意识这一目标的呢？亦或者说赛马活动铸牢中华民族共同体意识的作用机制是怎样？本研究通过对田野调查材料的深入分析，认为赛马活动铸牢中华民族共同体意识主要体现在以下几个层面：

（一）利益共同体打造：赛马活动铸牢中华民族共同体意识的外在表征

1. 利益共同体的打造与中华民族共同体意识的生成

在历史发展的长河中，中华各民族经过长期互通有无的经济往来，逐渐凝聚成为一个相互依存的经济利益共同体①。实际上，许多学者在前期研究中也充分阐述了中华民族共同体是一个利益共同体，如王云芳指出，在中华民族共同体中，如果一个民族的利益受到另一个民族利益的损害，中华民族共同体的凝聚力必然会受到影响②；陈智则进一步指出，中华民族共同体是历史上积淀而成的经济上相互依存的民族共同体③。由此可见，在学者们看来，中华民族共同体实际上也是一个利益共同体，各民族在经济上相互依存，谁也离不开谁，可谓"一荣俱荣、一损俱损"④。在笔者看来，利益共同体实际上是中华民族共同体得以存在的基本前提，只有在各民族利益得到相互尊重与保障的基础上，各族人民才会自愿归属于中华民族这一大家庭。事实上，国家近年来针对民族经济发展所指定的相关系列政策也充分证实了利益共同体在中华民族共同体建设过程中所具有的重要意义。国家层面早已关注到，只有各民族经济实现协同增长，特别是不发达地区以及欠发达地区经济得到发展，各民族人民的心理才能实现平衡，从而保障国家的稳定繁荣与昌盛。因而，共同富裕始终是我们党坚定追求的目标。意识是个体对某一客观事物形成的主观评价，中华民族共同体意识实际上就是各族人民大脑意识深处所形成的"中华各族人民是一个共同体"这样一种意识，因而中华民族共同体是中华民族共同体意识生成的前提，而利益共同体的打造恰恰为中华民族共同体建设打下坚实基础，进而促进中华民族共同体意识的生成与内化。

2. 赛马活动促进当雄县利益共同体打造的作用机理

诚如上文所述，利益共同体的打造实际上就是要促进区域间民族经济的

① 杨显东，李乐. 以"推普"铸牢中华民族共同体意识：价值维度与实践路径 [J]. 民族教育研究，2021，32（02）：50-56.
② 王云芳. 中华民族共同体意识的社会建构：从自然生成到情感互惠 [J]. 中央民族大学学报（哲学社会科学版），2020，47（01）：43-52.
③ 陈智，宋春霞. 论中华民族共同体意识的培育路径 [J]. 民族教育研究，2019，30（04）：54-58.
④ 黄钰，陈建樾，郎维伟. 铸牢中华民族共同体意识的实践内涵、历史使命和目标任务 [J]. 贵州民族研究，2021，42（01）：7-12.

协同增长，因而关键在于发展地区民族经济。随着经济社会的发展与变迁，"当吉仁"赛马节已成为发扬民族体育、传承传统民族文化的文化旅游产业品牌，体验高原特殊旅游、了解西藏民俗文化的重要窗口。它聚集了当雄县及周边地区的优秀传统，并不断向外界传播着藏族生生不息的文化内涵。与往年的举办方式不同，2021年"当吉仁"赛马节分分会场活动与主会场活动，分会场在各乡镇举行，这种举办方式的创新极大地吸引了当地群众的集体参与，也增加了节日的盛大；主会场活动在纳木措湖举行，各乡镇完成赛马项目比选后选送优秀参赛选手及马匹参加纳木措环湖赛。"当吉仁"赛马节，极净当雄以"万马奔腾"为主题，充分利用互联网+云上旅游概念，通过直播、县长携手明星网红带货、线上销售等形式打造"云上赛马节"，成功实现了传统节日与互联网的完美接轨，为全国乃至全球的观众提供了一个线上了解"当吉仁"赛马节、观看赛事、饱览当雄自然风光、参与互动讨论的多功能平台，更是极净当雄区域品牌推广、全域旅游推广的新尝试。

当雄县"当吉仁"赛马节从最开始的民间盛会逐渐发展到现在的大型旅游节，不仅实现了传统体育文化的当代传承，更是实现了通过民族传统体育促进地区经济发展的目标。随着国家级非遗申请的成功，加上国家以及地方政府对于地区经济发展的扶持，"当吉仁"赛马节逐渐成为当雄县旅游的一张重要名片，甚至成为西藏对外传播的一张文化名片。"当吉仁"赛马节品牌的形成极大地刺激了地方经济的复苏与发展，一大批国内外游客纷纷前往当雄县参观游览"当吉仁"赛马节，有效拉动了地方消费，也推动了地方经济的发展。当雄县人民逐渐意识到"当吉仁"赛马节给他们带来的经济效益，进而更加认同这样一种民族传统体育文化。同时，当地居民收入水平的提高也增强了民族之间的相互认同，让他们认识到彼此之间是相互依存的利益共同体，从而推动中华民族共同体的建设进程，进而铸牢中华民族共同体意识。

（二）增强"五个认同"：赛马活动铸牢中华民族共同体意识的内在本质

1. 增强"五个认同"与铸牢中华民族共同体意识

"五个认同"是在"四个认同"的基础上提出的，包括对伟大祖国、中华民族、中华文化、中国共产党以及中国特色社会主义认同五个维度。"五个认同"是维护国家统一稳定、民族大团结的关键。"五个认同"与中华民族共同体意识二者之间有着紧密的联系，学者们前期针对二者关系进行了大量的探讨，如郎维伟指出，中华民族共同体意识的核心内容是"五个认同"①；王延中认为通过铸牢中华民族共同体意识，可以增强"五个认同"②；邓新星认为铸牢中华民族共同体意识要通过增强"五个认同"实现③；哈正利则将"五个认同"嵌入到中华民族共同体的"六种意识"中④。在前期研究中，笔者提出中华民族共同体包括政治共同体、文化共同体、利益共同体、心理共同体以及命运共同体五个维度的内涵。在中华民族共同体中，首先要强调的是文化共同体，因为文化是民族走向凝聚的灵魂。正是因为文化共同体是中华民族共同体的重要基础，因而文化认同也就成为中华民族共同体意识中最深层次的认同。此外，习近平总书记也强调，加强中华民族大团结，长远和根本的是增强文化认同⑤。从政治共同体来看，中华人民共和国这一实体是一个政治共同体，或者说，政治共同体反映的就是一个统一的国家，即伟大祖国，因而政治共同体内涵中包含着对伟大祖国的高度认同。从利益共同体来看，中华民族共同体是由中华各族人民构成的利益共同体，利益共同体折射出的正是中华民族一家亲，实质上体现的是对中华民族的认同。从心理共同体来看，中华各族人民在心理层面接受彼此，从一开始的国家分裂到现在的国家统一，体现的是中国共产党的坚强领导，因而心理共同体映射出的是对中国共产党的认同。最后，从命运共同体来看，中华民族伟大复兴中国梦的实现需要中华民族牢固地整合在一起，同时更需要在中国特色社会

---

① 郎维伟，陈瑛，张宁．中华民族共同体意识与"五个认同"关系研究［J］．北方民族大学学报（哲学社会科学版），2018（03）：12-21.

② 王延中．铸牢中华民族共同体意识建设中华民族共同体［J］．民族研究，2018（01）：1-8+123.

③ 邓新星．论中华民族共同体认同感的建构［J］．西北民族大学学报（哲学社会科学版），2016（05）：8-14.

④ 哈正利，杨胜才．中华民族共同体意识基本内涵探析［N］．中国民族报，2017-02-24（005）．

⑤ 国家民族事务委员会．中央民族工作会议精神学习辅导读本［M］．北京：民族出版社，2015：252-254.

主义道路上继续前进，因为命运共同体的前提是国家的繁荣强盛、民族的团结复兴，因而命运共同体体现出对中国特色社会主义的认同。

2. 赛马活动增强当雄县人民"五个认同"的机理分析

认知是意识的低阶状态，是过程；认同则是意识的高阶状态，是价值追求和目标理想①。那么，作为一种高阶状态，赛马活动是如何增强当雄县人民"五个认同"的呢？

第一，从增强当雄县人民对伟大祖国认同的维度来看。2021年既是中国共产党成立100周年，同时也是西藏和平解放70周年。70年前的5月23日，中央人民政府与西藏地方政府签订了《关于和平解放西藏办法的协议》②。西藏的和平解放彻底驱除了帝国主义势力，沉重打击了各种分裂势力，捍卫了国家主权和领土完整，维护了国家统一和民族团结，并开启了西藏现代化建设的新征程③。也正是在西藏和平解放的背景下，近年来西藏经济发展取得了巨大成就，2020年西藏全区地区生产总值实现1902.74亿元，按可比价格计算，比上年增长7.8%，经济运行平稳向好，主要指标加快恢复，人均可支配收入超两万元④。正是在西藏经济发展形势的大好环境下，"当吉仁"赛马节的开展才得以年复一年，历久弥新，可以说西藏和平解放带来的繁荣昌盛是"当吉仁"赛马节开展的前提保障，而这正是在伟大祖国的强大综合国力影响下才能够实现的。因而，一年一度赛马节的如期举行从侧面也反映出西藏人民对于伟大祖国的高度认同。

第二，从增强当雄县人民对中华民族认同的维度来看。当雄县人口中藏族占绝大多数，其他民族有蒙古族、回族和汉族等。"当吉仁"赛马节是一个全县参与的盛大活动，在活动中没有民族之分，各族人民齐聚一堂共同享

---

① 彭响，刘如，张继生. 民族传统体育铸牢中华民族共同体意识研究 [J]. 武汉体育学院学报，2020，54（02）：59-64.

② 新华社. 5月23日：中央人民政府与西藏地方政府签订《关于和平解放西藏办法的协议》[EB/OL]. （2006-05-23）[2021-10-23]. http://www.gov.cn/lssdjt/content_288061.htm.

③ 仁钦·扎木苏. 人间正道是沧桑 庆祝中国共产党成立100周年暨西藏和平解放70周年随感 [J]. 中国宗教，2021（09）：48-49.

④ 中国青年网. 西藏公布2020年经济运行情况 人均可支配收入超两万元 [EB/OL]. （2021-01-26）[2021-10-23]. https://baijiahao.baidu.com/s?id=1689881394675503509&wfr=spider&for=pc.

受盛会，在活动的参与中不断增进民族之间的感情。此外，随着外地游客的到来，"当吉仁"赛马节俨然成为各族人民相互认知与认同的平台。因而，随着赛马活动的不断开展，各民族之间的联系更加密切，各民族之间的相互认同感也得到有效增强。

第三，从增强当雄县人民对中华文化认同的维度来看。"当吉仁"赛马节是当雄县特有的文化名片，作为一项国家级非物质文化遗产，在名气不断远扬的情形下，当雄县也开始不断被外界所认知，当雄县人民也开始暴露在公众的视野中。外地游客的不断到访，各大新闻媒体的大力宣传，使得"当吉仁"赛马节被作为西藏自治区的一张文化名片逐渐推向世界。这种来自世界各地人民的热切关注使得当雄人民对于当地文化产生自信，进而形成文化认同。

第四，从增强当雄县人民对中国共产党认同的维度来看。"当吉仁"赛马节是在西藏和平解放的基础上得以迅速发展起来的，没有西藏自治区的和平解放，西藏自治区人民可能将长时间处于水深火热中。西藏和平解放这一中华民族史上的丰碑，是汉藏同胞共同浴血奋斗了近四百年的胜利硕果，是铸牢中华民族共同体意识的历史见证，是"只有中国共产党才能救中国"的直接诠释①。因此，"当吉仁"赛马节的欣欣向荣发展之态势，是中国共产党坚强领导的直接体现，因而当当雄县人民参与赛马活动时，历史的回忆不由得激发起内心的汹涌澎湃，而这种汹涌澎湃之情正是对中国共产党高度认同的表现。

第五，从增强当雄县人民对中国特色社会主义认同的维度来看。中国特色社会主义是一种崭新的社会主义，具有无限的生机和活力，是在经济文化落后的国家进行社会主义的成功探索，是对苏联模式社会主义的扬弃和创新②。西藏各族人民选择建立社会主义制度，走中国特色社会主义道路，奠

---

① 仁钦·扎木苏. 人间正道是沧桑 庆祝中国共产党成立 100 周年暨西藏和平解放 70 周年随感 [J]. 中国宗教，2021（09）：48-49.

② 季正矩. 中国特色社会主义：一种崭新的社会主义 [J]. 中国特色社会主义研究，2008（05）：4-8.

定了经济社会跨越式发展的基础①。坚持走中国特色社会主义发展道路，是西藏各族人民基于历史考察、现实论证的结果。事实证明，在中国特色社会主义的发展道路上，西藏自治区经济发展速度逐步加快，人民生活水平飞速提升，人民对于美好生活的向往一个接着一个实现。也正是在中国特色社会主义道路上，当雄县旅游事业的发展才得以蒸蒸日上，"当吉仁"赛马节才得以不断壮大，以至于赢得世界人民的称赞。因此，赛马活动的参与能够有效地增强当雄县人民对于中国特色社会主义的高度认同。

（三）促进民族"三交"：赛马活动铸牢中华民族共同体意识的功能指向

民族"三交"理论最早由原国家主席胡锦涛同志 2010 年 1 月在第五次西藏工作座谈会上提出。2011 年 5 月，全国政协副主席、中央统战部部长杜青林在云南调研时对民族交往交流交融的基础、根本、核心以及关键进行了理论阐释。党的十八大以来，习近平总书记反复强调要促进各民族交往交流交融。2014 年 9 月 28-29 日，习近平总书记在中央民族工作会议暨国务院第六次全国民族团结进步表彰大会上提出"要加强各民族交往交流交融"；2020 年 8 月 29 日，习近平总书记在中央第七次西藏工作座谈会上指出"必须促进各民族交往交流交融"；2020 年 9 月 25 日，习近平总书记在第三次中央新疆工作座谈会上再次明确强调"要促进各民族广泛交往、全面交流、深度交融"。从民族"三交"理论内涵的演变可以充分体现习近平总书记对于民族工作的高度重视。本研究认为，民族"三交"是铸牢中华民族共同体意识的关键，因为民族"三交"为铸牢中华民族共同体意识提供了媒介与机会，而习近平总书记的"要促进各民族广泛交往、全面交流、深度交融"理论更是为民族"三交"提供了具体的操作方案与价值目标。

当雄县赛马活动的开展为各民族广泛交往、全面交流与深度交融提供了平台。首先，当雄县各乡镇分赛场举行各自的赛马活动，各乡镇完成赛马项目比选后选送优秀参赛选手及马匹（宁中乡 10 匹、格达乡 10 匹、羊八井镇 10 匹、当曲卡镇 10 匹、公塘乡 10 匹、龙仁乡 10 匹、乌玛乡 10 匹、纳木湖

---

① 王春焕.中国特色社会主义与西藏的发展［J］.西藏大学学报（社会科学版），2012，27（03）：8-13.

乡 10 匹、拉萨市各县区或那曲市邀请 20 匹，共 100 匹）参加纳木措环湖赛，环湖赛阶段各参赛马匹编号按照 1921-2021 中国共产党一百周年的年份编号。一方面，这种赛事模式能够极大地动员当地群众参与赛马活动，因为往年赛马节并不设立分会场，而是直接由各乡镇推荐优秀选手及马匹参加环湖赛，因而存在参与面较窄等弊端；另一方面，主会场是属于当雄县全体赛马优秀选手及马匹的表演舞台，各选手带着各乡镇全体人民的寄托奔赴决赛赛场为各自乡镇争取荣誉，这种模式不仅能够促进各地区人民的交往交流与交融，同时还能够将各乡镇人民牢固地整合在一起。

从某种程度来说，赛马活动可能并不能直接铸牢中华民族共同体意识，但开展赛马活动所需要创造的平台却为铸牢中华民族共同体意识提供了可能，因为在这个平台中各族人民可以借助赛马活动进行广泛交往、全面交流、深度交融。在当雄人民看来，"当吉仁"赛马节是一年一度当雄地区最盛大的节日，由于特殊的地理位置，当雄人民的日常生活与马结下不解的情缘，因而使得赛马活动成为当雄人民日常生活不可缺少的一部分。同时，赛马文化也将当雄县人民凝聚在一起，以一种文化认同的形式内化在当雄县人民心中。因此，赛马活动铸牢中华民族共同体意识，就现实层面的操作工具而言，促进各民族广泛交往、全面交流、深度交融是其实践支撑。

五、结论与启示

（一）结论

课题组通过对当雄县"当吉仁"赛马节的田野调查，充分肯定了赛马活动能够铸牢中华民族共同体意识这一理论假设，从而为民族传统体育铸牢中华民族共同体意识提供了实证支撑。具体而言，本研究通过对赛马活动的深入调查，基本得出以下结论：

第一，赛马活动能够打造当雄县利益共同体格局。利益共同体是中华民族共同体的一个重要内涵，也是中华民族共同体的重要基础。当雄县通过塑造"当吉仁"赛马节品牌，不仅使得"当吉仁"赛马节成为国家级非物质文化遗产，同时还将其作为当雄县的一张重要文化名片传播至世界各地，从而吸引着世界各地人民慕名而来，进而有效提高了当雄县旅游业的快速发展。随着当雄县经济发展的提速，人民的生活水平得到显著改善，对于利益共同体的认知也得到有效提高。

第二，赛马活动能够增强当雄县人民"五个认同"。"五个认同"是铸牢中华民族共同体意识的核心内容，同时也是铸牢中华民族共同体意识的重要方式。"当吉仁"赛马节的欣欣向荣是伟大祖国繁荣昌盛的表现，是中国共产党坚强领导的结果，同时也是坚持走中国特色社会主义道路的结果。赛马活动作为当雄地区一项重要的传统体育项目，随着开展程度的不断深入，各族人民的相互对话也变得频繁，由此对于中华民族的文化认同也到增强，进而增强了中华民族认同。

第三，赛马活动能够促进当雄民族交往交流交融。民族"三交"理论是中国特色社会主义民族观的突出表现，各民族通过广泛交往、全面交流、深度交融，实现了中华民族一家亲的格局，也有效巩固了主权国家的领土完整。赛马活动的广泛深入开展为当雄地区各族人民的交往、交流与交融提供了一个优质的平台，各族人民通过赛马相互交流，深刻了解彼此，从而实现了民族之间的理解与认同，进而为铸牢中华民族共同体意识打下基础。

（二）启示

赛马是中华民族一项极具民族特色的传统体育项目，近年来，游牧地区赛马也吸引着国内外大批游客前往游玩。作为铸牢中华民族共同体意识的一个重要传统体育项目，在后期开展过程中应当紧紧围绕铸牢中华民族共同体意识这一民族工作主线，增强各族人民"五个认同"，推动中华民族"多元一体"格局的生成。因此，本研究基于田野调查所展开的深入研究提出以下启示：

第一，要扩大赛马活动的供给。赛马活动的供给能够为民族交往交流交融提供机会与平台，从而为增强"五个认同"打牢基础；同时，赛马对于广大游客来说有着较强的吸引力，因而通过扩大赛马活动的供给能够让更多的外来游客参与其中，从而通过赛马活动实现中华民族一家亲的目标。

第二，要扶持赛马产业的发展。产业化发展是赛马活动得以持续开展的重要影响因素，同时赛马活动的产业化发展也能够为当地经济的发展增添新的动力。经济基础决定上层建筑，因而国家一级地方政府要积极扶持赛马产业的发展，颁布相关配套政策，让赛马产业成为提高居民收入的一项重要举措。

第三，要深化赛马文化的研究。赛马是中华民族优秀传统体育文化的表征，当前学界针对赛马活动的相关研究多集中于产业领域，对于地方赛马文化的相关研究还有待进一步深化。因而，要积极引导学界加强赛马文化相关研究，让更加丰富且具有深厚文化底蕴的赛马活动呈现在公众视野中，从而提高赛马活动的知名度，进而推动赛马活动成为铸牢中华民族共同体意识的一项重要利器。

第六章　民族传统体育铸牢中华民族共同体意识的域外经验

党的十九大提出"铸牢中华民族共同体意识"并写入党章①。中华民族共同体意识是多民族在交往交流交融的历史过程中逐渐内生且不断聚合的共识性价值和共鸣性情感，是中华民族历史形塑的精神引领与价值诉求的社会表达②。铸牢中华民族共同体意识是新时代我国民族工作的主线③。当前中华民族共同体意识研究的基础理论逐步完善。然而，通过对文献的仔细研读发现，当前铸牢中华民族共同体意识的路径研究局限于意识形态上的建设与价值层面上的抽象中。换言之，铸牢中华民族共同体意识需要可操作的具体载体，无论是物质层面还是精神层面，它都应当有所指。作为中华优秀传统文化的重要传播载体，民族传统体育是中华民族在长久的社会历史发展中，通过特有的身体实践所创造的反映中华民族生活方式、宗教信仰、价值取向的原生性文化，如赛龙舟、舞龙舞狮、武术等。民族传统体育具有的政治功能、经济功能、文化功能、社会功能可以分别从思想基础、物质条件、价值取向、制度保障4个方面铸牢中华民族共同体意识④。由此，课题组提出了"民族传统体育铸牢中华民族共同体意识"这一理论命题，并基于民族传统体育对铸牢中华民族共同体意识所具有的促进作用以及铸牢中华民族共同体意识对民族传统体育发展所产生的重要影响进行了理论探讨，同时对民族传统体育

---

① 光明日报理论部. 2019 年度中国十大学术热点 [N]. 光明日报，2020-01-10 (011).

② 杨玢. 铸牢中华民族共同体意识的时代论域 [J]. 青海社会科学，2019 (05)：1-8.

③ 中国新闻网. 全国民委主任会议：铸牢中华民族共同体意识是新时代民族工作的主线 [EB/OL]. (2021-01-21) [2021-07-14]. https：//baijiahao.baidu.com/s? id=1689474336096897324&wfr=spider&for=pc.

④ 彭响，刘如，张继生. 民族传统体育铸牢中华民族共同体意识研究 [J]. 武汉体育学院学报，2020，54 (02)：59-64.

铸牢中华民族共同体意识的具体策略进行了探索性研究。然而置于操作层面而言，民族传统体育铸牢中华民族共同体意识需要积极借鉴其他领域的成功经验。他山之石，可以攻玉。19世纪末，被尊称为"奥林匹克之父"的法国教育家顾拜旦开启了现代奥林匹克的新征程，奥林匹克凭借其人文精神、奥运竞赛、产业价值等特点实现了全球化传播与世界性认同。从本质上来看，民族传统体育铸牢中华民族共同体意识是一个意识形态建设的过程，即通过民族传统体育所蕴含的中华民族共同体思想来铸牢中华民族共同体意识，而奥林匹克竞技体育的世界性认同实际上也是一个意识建构的过程，即通过奥林匹克文化的传播与普及来提高大众对奥林匹克的认同。因此，从理论层面来看，总结现代奥林匹克全球化传播及世界性认同的成功经验，对于民族传统体育铸牢中华民族共同体意识具有重要的借鉴意义。鉴于此，本研究将对奥林匹克精神全球化传播及世界性认同的成功经验进行系统地理论阐释，以期为民族传统体育铸牢中华民族共同体意识提供启示借鉴。

第一节　奥林匹克全球化传播的历史考察

早在2007年，郝勤教授就从传播学研究角度将奥林匹克的传播历史分为跨国传播、跨文化传播和全球化传播三个阶段[①]。笔者认为，奥林匹克在实现全球化传播之后，实际上进入了一个世界性认同的阶段。基于此，本研究将对这四个阶段进行系统梳理，以期为现代奥林匹克世界性认同的经验总结提供历史线索。

一、跨国传播阶段

现代奥林匹克运动的正式诞生是以1894年6月23日国际奥委会的成立为标志的。截至第一次世界大战爆发前，现代奥林匹克运动的发展都处于萌芽探索阶段，以什么样的模式传播、如何促进国际社会的接受与认可成为这

---

① 郝勤. 奥林匹克传播：历程、要素、特征——兼论奥林匹克传播对北京奥运会的启迪 [J].
体育科学，2007 (12)：3-9.

一时期奥林匹克发展面临的现实问题；同时从外部环境来看，这一时期国际社会处于一个既统一又对立的阶段，民族主义的高涨以及各个国家对于外来文化的抵制阻挠着现代奥林匹克运动的传播；加之受当时科技发展滞后的约束，原始的通讯方式无法较好地对奥林匹克运动进行较大范围的传播，从而导致这一时期的奥林匹克运动传播仅停留于跨国传播阶段①。作为现代奥林匹克运动的总指挥，国际奥委会各项具体工作的开展离不开各大执行主体的默契配合，事实上，在 1896 年之前，仅有体操、滑冰以及赛艇建立了统一的国际组织，其他运动项目国际组织尚未建立，这就导致现代奥林匹克运动各项工作事宜没有具体的执行部门参与，单纯依靠国际奥委会的力量显然难以满足其国际化传播的现实需要，因为当时的国际奥委会组织也不健全，其组成成员仅有 15 人，且并不被国际社会所认可。正是基于这些现实挑战，现代奥林匹克运动从 1894 年产生到 1912 年第五届奥运会举办之前，基本就是在欧美国家之间进行跨国性传播②。从举办城市来看，如 1896 年首届奥运会由希腊雅典举办，1900 年第二届奥运会由法国巴黎举办，1904 年第三届奥运会由美国圣路易斯举办，1908 年第四届奥运会由英国伦敦举办；从参赛国家来看，首届参加奥运会的 13 国家，欧洲占据统治地位，这一格局直到第四届伦敦奥运会都没发生改变。

二、跨文化传播阶段

现代奥林匹克运动进入跨文化传播阶段是以 1912 年在瑞典首都斯德哥尔摩举办的第五届奥运会为标志的③。在斯德哥尔摩奥运会赛场，首次出现日本、伊朗等亚洲国家以及埃及、南非等非洲国家运动员，现代奥林匹克运动会也因此真正实现全球五大洲的共同参与。尽管五大洲参与国家中，亚洲与非洲地区参与国家数量较少，欧美国家仍占据绝对主导地位，但本届奥运会

---

① 任海. 奥林匹克运动 [M]. 北京：人民体育出版社，2005：61-62.

② 郝勤. 奥林匹克传播：历程、要素、特征——兼论奥林匹克传播对北京奥运会的启迪 [J]. 体育科学，2007（12）：3-9.

③ 郝勤. 奥林匹克传播：历程、要素、特征——兼论奥林匹克传播对北京奥运会的启迪 [J]. 体育科学，2007（12）：3-9.

为现代奥林匹克运动的全球化传播打下了坚实基础。现代奥林匹克的跨文化传播是指现代奥林匹克运动跨越最初传播的文化土壤，进而迈向一个新的文化场域的过程。奥林匹克实现跨文化传播，实质上反映的是奥林匹克的文化适应过程，面对"他者"文化，现代奥林匹克所呈现的强大适应力使得其自身能够被更好地接受，而跨文化过程得以成功体现的也正是"他者"文化对现代奥林匹克的高度认可，现代奥林匹克赛事也因此由一项国际间的赛事向世界性赛事转变。1914 年，由于第一次世界大战爆发，原定于 1916 年在德国柏林举办的第六届奥运会被迫停办。正是由于国际局势的动荡不定，世界人民对于和平的渴望呼声愈来愈强，以促进国家间相互了解、维护世界和平为目标的现代奥林匹克迎来了发展机遇。在 1914–1939 这二十余年间，奥运会制度得到有效健全，奥林匹克模式初步形成，奥运会的组织化、规范化进程也得到进一步加快；1924 年，首届冬奥会在法国夏蒙尼举行；1928 年，女子首次被国际奥委会允许参加奥运会田径比赛；国际单项体育联合会达到 24 个①。1932 年美国洛杉矶奥运会，电动计时与终点摄影被首次使用；1936 年柏林奥运会，比赛被以电影的形式完整记录，闭路电视转播奥运会也开始出现，这些技术的进步极大地促进了奥林匹克的传播与普及②。

三、全球化传播阶段

第二次世界大战后，世界政治格局发生巨变，以苏联为首的社会主义国家陆续走进奥林匹克大家庭③。奥林匹克传播由跨文化传播阶段进入了全球化传播阶段。1949 年，在罗马举行的国际奥委会第 44 届年会上，位于澳大利亚的墨尔本被确定为 1956 年第 16 届奥运会举办城市，奥运会实现首次跨出欧美区域并到访大洋洲；1964 年第 18 届奥运会第一次在日本东京举行，1968 年第 19 届奥运会第一次在拉丁美洲墨西哥举行。至此，奥运会成功跨进大洋洲、亚洲与拉丁美洲，奥林匹克运动也逐步在全球各地拓展开来④。

---

① 史国生. 奥林匹克运动 [M]. 北京：高等教育出版社，2020：36-37.
② 任海. 奥林匹克运动 [M]. 北京：人民体育出版社，2005：75.
③ 罗时铭，曹守和. 奥林匹克学（第三版）[M]. 北京：高等教育出版社，2016：62.
④ 任海. 奥林匹克运动 [M]. 北京：人民体育出版社，2005：63.

参加奥运会的国家和地区数量从 1948 年伦敦奥运会开始急剧增加，在 1996 年由亚特兰大举办的第 26 届奥运会中，来自全球 197 个国家和地区的运动员参加了比赛，全球约 35 亿观众通过电视观看了开幕式①。奥林匹克的全球化传播离不开通信技术的发展，从 20 世纪 60 年代开始，电视成为奥运会的重要传播媒介，并对其产生了深远的影响；1960 年罗马奥运会首次对欧洲 18 国实况转播；美国哥伦比亚公司对美国地区进行了转播；1964 年东京奥运会首次运用卫星向全世界转播奥运会赛事，方便了全球人民对奥运会的观看；1968 年墨西哥奥运会首次使用彩电直播，进一步发展了奥运会的转播手段②。然而，随着奥林匹克运动的全球化传播，奥运会被作为一种政治斗争手段的态势愈演愈烈，如 1972 年慕尼黑奥运，阿拉伯恐怖分子杀害 11 名以色列运动员；1980 年莫斯科奥运会，为抗议苏联入侵入阿富汗，五分之二国际奥委会成员公开抵制或拒绝参加奥运会等，这一系列事件的频发对奥林匹克运动的发展产生了重大影响，其全球化传播也因此备受阻碍③。

四、世界性认同阶段

现代奥林匹克运动创立之初，奉行的就是"限制在不谋求任何经济利益的业余运动范围内"和"不与政府打交道、独立于政治之外"的原则④。在这两大基本原则下，早期奥林匹克运动有效避免了商业化的腐蚀以及政治化的纠纷，但随着这一封闭模式的持续推进，现代奥林匹克运动脱离现实生活的这一问题愈演愈烈。历史证明，现代奥林匹克运动无法真正实现去"商业化"以及去"政治化"，如在经济上出现的财政短缺，办赛艰难问题以及在政治上涌现的冲突流血事件等。1980 年，萨马兰奇上任第七任国际奥委会主席，并积极推动现代奥林匹克改革，在经济上，开始以商业性开发作为筹办奥运会资金的主要方式，洛杉矶奥运会实现了电视转播权的出售，为现代奥

---

① 郝勤．奥林匹克传播：历程、要素、特征——兼论奥林匹克传播对北京奥运会的启迪 [J]．体育科学，2007（12）：3-9.

② 史国生．奥林匹克运动 [M]．北京：高等教育出版社，2020：39.

③ 任海．奥林匹克运动 [M]．北京：人民体育出版社，2005：64.

④ 任海．奥林匹克运动 [M]．北京：人民体育出版社，2005：90.

林匹克运动发展打下了坚实的经济基础；在政治上，国际奥委会加强与各政府、组织之间的联系，如联合国教科文组织、世卫组织、各国政府等。随着现代奥林匹克对世界各大事件的积极参与，奥林匹克在国际交流合作、地区经济发展中的地位与价值逐步彰显和提高，这也为其世界性认同奠定了基础。迈入 21 世纪，电子信息技术的发展更是为奥林匹克的全球化传播提供了便利，2008 年北京奥运会，全球五大洲超过 40 亿观众收看了开幕式①。在2018 世界品牌 500 强排行榜中，国际奥委会排名第 125 位。目前得到国际奥委会认可的国家（地区）奥委会 206 个，这也使得国际奥委会成为当今世界最大的国际性组织，奥林匹克精神逐步成为世界各国认同的普世价值，奥林匹克真正实现世界性认同。

第二节　奥林匹克文化与思想体系

《奥林匹克宪章》中规定和阐释的"奥林匹克主义""奥林匹克精神""奥林匹克宗旨""奥林匹克格言"，以及"奥林匹克价值观"，共同构成了现代奥林匹克运动的文化与思想体系，成为了现代奥林匹克运动进行世界化传播的重要讯息和核心内容，是现代奥林匹克运动的灵魂和依据②。

一、奥林匹克主义

《奥林匹克宪章》中指出，"奥林匹克主义是将身心和精神方面的各种品质均衡地结合起来，并使之得到提高的一种人生哲学；它将体育运动与文化教育融为一体；奥林匹克所开创的人生道路，是以奋斗中所体验到的乐趣，优秀榜样的教育作用和对一般伦理基本原则的尊重为基础的"③。

基于这一思想原理，现代奥林匹克运动成为了一种直接作用于人并且影响于人的哲学思想，它以增强人的体质、意志以及精神为主旨，并使之全面

---

① 布特. 绿色体育新解 [J]. 体育学刊，2009，16（03）：26-28.
② 孙鸿志. 中国武术国际化传播的理念构建研究 [D]. 苏州大学，2012.
③ 国际奥林匹克委员会. 奥林匹克宪章 [M]. 北京：奥林匹克出版社，2001：1.

均衡发展为目标取向。通过参与奥林匹克运动，可以实现人们在体质、意志和精神三个维度的全面发展与和谐发展。因此，也可以说，现代奥林匹克运动向世界人民开辟了一条完善自我，实现全面发展的人生道路。

有学者研究指出，奥林匹克主义被定义为一种崇尚个人精神升华的哲学，代表着人类社会和平、民主、自由、进步的前进方向；是一种在民主、自由、公正等理念基础上的'更快、更高、更强'、自强不息的自我超越精神①。所以，在现代奥林匹克运动进行世界化传播的过程中，奥林匹克主义"倡导人的和谐发展""强调体育与教育、文化的结合""倡导人生的努力奋斗"以及"强调榜样的示范作用"形成了一种具有极强渗透力和吸引力的文化思想，不断浸润着世界上不同国家、不同种族、不同文化背景下的人的内心、精神乃至灵魂，成为一种对人生价值具有积极意义的理念。因此，正是这种具有强大感召力的哲学思想得到了全世界人民的普遍认同和广泛接纳，才使得现代奥林匹克运动能够被全世界的人们所热衷、推崇。

二、奥林匹克精神

《奥林匹克宪章》中指出，"奥林匹克精神就是互相了解、友谊、团结和公平竞争的精神；奥林匹克精神的本质内容是参与原则、竞争原则、公平原则、友谊原则和奋斗原则"②。它是人们对奥林匹克运动内容本质和精髓的认知，不仅将奥林匹克的理想与追求融汇其中，还将奥林匹克的原则和功能兼蓄其中，现已成为现代奥林匹克运动的旗帜。

有学者指出，奥林匹克精神是现代奥林匹克运动思想体系的支柱，没有"互相了解、友谊、团结和公平竞争"的奥林匹克精神，奥林匹克主义就不能得到全面贯彻，现代奥林匹克运动也无法实现其促进世界和平建立美好世界的目标③。现代奥林匹克运动在这一崇高精神的指引下，将"建立一个没有任何歧视的社会，培养人们之间真诚的理解、合作和友谊、承认在平等的条件

---

① 丁旭，韦见凡. 奥林匹克精神在我国传播的意义 [J]. 体育文化导刊，2005，(5)：31-33.

② 杜婕，张秀萍. 奥运传播与文化 [M]. 北京：北京体育大学出版社，2006：5.

③ 刘涛. 奥林匹克运动（第2版）[M]. 桂林：广西师范大学出版社，2005：48.

下为获得荣誉的公平竞争，为人们在社会的其他领域树立了一个独特而光辉的榜样"① 作为其一切实践活动的依据和准则，其能够对整个人类的发展乃至整个人类社会的进步发挥着"积极的导向作用、促进作用和激励作用"②。

因此，可以说，"奥林匹克精神"是一个具有"普遍性"的概念，包含着诸多人类都共同接受和认同的理念和原则。这种"普遍性"的存在成就了现代奥林匹克运动的世界化传播与发展，并使之成为了现代社会文明中的一大奇迹。在这种精神的感召和激励下，世界各族人民跨越了民族的界限、文化的差异进行着全球化的交流与沟通，世界各族人民在共同享有着权利与地位平等的前提下追求自我的超越，从而实现了真正意义上的大融合、大团结和大发展。因此，具有"普适性"的"奥林匹克精神"促成了现代奥林匹克运动在全世界的迅速传播。

三、奥林匹克宗旨

《奥林匹克宪章》中指出，奥林匹克的宗旨是使体育运动为人的和谐发展服务③。它是对现代奥林匹克运动的主要目的和意图——"人的和谐发展"的高度概括，这也是奥林匹克主义的中心思想。它包含了两层含义：一是指体质、意志和精神的全面发展；二是指人体本身的协调发展和人际关系的和谐发展④。

奥林匹克宗旨表明，现代奥林匹克运动是通过体育运动这一形式，促进那些参与奥林匹克运动的个体——人的和谐发展，在人们共同参与奥林匹克运动的过程中促进着不同国家和地区、不同文化背景、不同政治主张、不同宗教信仰的人们之间的不断了解，并建立友谊与团结的关系，进而促进世界的稳定和世界的和平。任海先生指出，现代奥林匹克运动的思想体系是沿着由个体到社会、由微观到宏观的逻辑顺序构建的，首先是个人的全面发展，

---

① 刘海贵，庹继光. 奥林匹克传播的文明冲突及调整 [J]. 新闻大学，2008，(1)：83-89.
② 罗时铭，谭华. 奥林匹克学 [M]. 北京：高等教育出版社，2007：119.
③ 国际奥林匹克委员会. 奥林匹克宪章 [M]. 北京：奥林匹克出版社，2001：1.
④ 孔繁敏. 奥林匹克文化研究：奥林匹克教育读本 [M]. 北京：人民体育出版社，2005：114.

进而扩大到社会，最后扩大到国际社会①。这一宗旨不仅符合人自身的发展需要，也符合社会发展的需要，更加符合国际社会发展的需要，由此，也就确立了现代奥林匹克运动在当代国际社会发展中的重要地位。这也是现代奥林匹克运动社会功能的具体体现。

从教育学的视角来看，现代奥林匹克运动也可以被看作是一种教育运动，更准确地说是一项"寓教于体"的教育活动。不同于古代奥林匹克运动会，现代奥林匹克运动会是一项国际性的体育比赛活动，是一项以教育青年一代为主要目的的世界性的社会活动。它是以"互相了解、友谊、团结和公平精神"为指导思想、以"锻炼人的性格、培养人的道德、促进人的精神"为教育目标、以"培养精神、智慧和身体均衡发展的人"②为核心价值的体育活动来教育青年。诚如何振梁先生在1992年召开的由国家体委和中国体育发展战略研究会主办的"奥林匹克运动与中国体育"学术讨论会中讲到的那样："奥林匹克运动，是从现代奥林匹克主义中诞生的一种社会运动，其目的是通过组织没有任何歧视和符合奥林匹克精神的体育活动来教育青年，从而为建立一个更加和平和美好的世界做出贡献"③。

四、奥林匹克格言

奥林匹克格言可以理解为那些被用来展示奥林匹克精神本质内容，且言简意赅、便于铭记的短句或口号。

"更高、更快、更强"是现代奥林匹克运动最早的也是最为有名的格言。这一响亮的口号是由顾拜旦先生的好友法国阿尔克伊神学院院长亨利·迪东提出的，并于1895年作为由他在巴黎所创办的一所体育学校的校训。"迪东连接Citus（更快），Aetius（更高）和Fortius（更强）3个拉丁文单词，高度概括了奥林匹克精神，为现代奥林匹克运动创始人顾拜旦所赞赏并加以传播。1913

---

① 任海. 奥林匹克运动 [M]. 北京：人民体育出版社，2005：123.

② 虞继光. 奥林匹克传播论 [M]. 成都：巴蜀书社，2007：165.

③ 曹守和，赵玉梅. "奥林匹克运动"辨析 [J]. 北京体育大学学报，2006，29（7）：888-890.

年，国际奥委台正式批准'迪东倡言'为奥林匹克格言"①，并将其写入《奥林匹克宪章》。这一格言深刻地揭示了现代奥林匹克运动"不断进取、永不满足的奋斗精神和不畏艰辛、勇攀高峰的拼搏精神"②，激励着现代奥林匹克运动的参与者们不断挑战自己、超越自己，不畏惧对手、敢于斗争，以达到更高的境界。这一格言可以启示人们，要勇于面对各种自然灾害，不断克服大自然造成的各种各样对人类的不利限制，通过对大自然科学、合理的改造，以创造与大自然更加和谐的生存、生活和生产活动③。

"参与比取胜更重要"，也是现代奥林匹克运动广为流传的口号，它是顾拜旦先生于1908年7月在第四届伦敦奥运会期间发表重要讲话中提出的。顾拜旦先生指出，对于人生而言，重要的绝非凯旋而是战斗。传播这一个格言，是为了创造更加健壮的人类——从而使人类更加严谨而又勇敢高贵。熊斗寅先生认为这一口号的意义在于："对于奥运会、对于人生奋斗，参与和取胜都重要，但只有两者相比之下，参与更为重要"④。由此可知，"参与比取胜更重要"这一口号是在向世界宣扬一种积极向上的人生理念，即"要求参与者具有高尚的品质、真诚的态度、奉献的精神和对理想的追求……在积极主动的参与中，不断超越自己，超越他人……寻求自我，实现理想"⑤。

2021年7月20日，在日本东京召开的国际奥委会第138次全会上，正式通过了将"更团结"（together）加入奥林匹克格言的决议。那句世人耳熟能详了百年的奥林匹克格言，自此变为"更快、更高、更强、更团结"⑥。此外，还有很多格言、口号，如"体育就是和平""体育为大众""更干净、更人性"等等，都是在现代奥林匹克运动不同的发展时期对"奥林匹克精神"的解读和概括。这些格言与口号通过直白而又简练的语句很好地向世界人们

① 郑德辅.奥林匹克运动格言 [J]. 科技文萃, 2001, (9): 28.
② 罗时铭, 谭华. 奥林匹克学 [M]. 北京: 高等教育出版社, 2007: 120.
③ 罗时铭, 谭华. 奥林匹克学 [M]. 北京: 高等教育出版社, 2007: 120.
④ 熊斗寅. 熊斗寅体育文选 [M]. 贵州: 贵州人民出版社, 1996: 219.
⑤ 罗时铭, 谭华. 奥林匹克学 [M]. 北京: 高等教育出版社, 2007: 121.
⑥ 人民资讯. 奥林匹克格言100年来首次修改！"更高、更快、更强"后加入"更团结" [EB/OL]. (2021-07-20) [2022-06-21]. https://baijiahao.baidu.com/s? id=1705800471589983788&wfr=spider&for=pc.

宣扬和传递了奥林匹克的精神，让人们很容易将其记在心中，并对于现代奥林匹克运动本身产生正确的认知，这对于现代奥林匹克运动的世界化传播起到了积极的促进作用。

第三节　奥林匹克世界性认同的成功经验

一、核心理念：推崇人文精神，促进世界和平

尽管各种社会政治文化力量对现代奥林匹克世界性认同产生了显著推动作用，但人文精神是奥林匹克运动的核心与灵魂，是奥林匹克运动与社会的结合点，人文精神对奥林匹克运动的引领及其对各方力量的整合，对现代奥林匹克的世界性认同产生了决定性影响[①]。奥林匹克的人文精神集中体现在以奥林匹克主义、精神、宗旨、格言为主要内容的思想体系中[②]，这四项内容确立了现代奥林匹克运动的思想基础，构成了现代奥林匹克运动所独有的思想体系[③]。奥林匹克主义是指将身心和精神方面的各种品质均衡地结合起来，并使之得到提高的一种人生哲学。可见，奥林匹克以增强人的体质、人的意志以及人的精神为主旨，可以实现人们在体质、意志和精神三个维度的全面发展与和谐发展。还有学者认为其代表着人类社会和平、民主、自由、进步的前进方向[④]。奥林匹克宗旨是使体育运动为人的和谐发展服务。笔者认为，奥林匹克宗旨实际上还有更高层次的内涵，即促进世界和平，因为人的和谐发展最终是为了世界的和平发展，也即习近平总书记提出的"人类命运共同体"。奥林匹克格言是更高、更快、更强。顾拜旦曾指出，体育竞争的本质是一种和平时代的战争，它能够化解人类与生俱来的攻击性和对争斗的自然冲动，培养人的勇气、意志和毅力[⑤]。可见，"更高、更快、更强"实

---

① 孙波. 奥林匹克人文精神的消解与复归 [J]. 成都体育学院学报, 2009, 35 (05): 22-25.
② 蒋效愚. 奥林匹克运动的人文精神及其在中国的实践 [J]. 求是, 2008 (16): 6-8.
③ 孙鸿志. 中国武术国际化传播的理念构建研究 [D]. 苏州大学, 2012.
④ 丁旭, 韦见凡. 奥林匹克精神在我国传播的意义 [J]. 体育文化导刊, 2005, (5): 31-33.
⑤ 孙玉胜. 奥林匹克文化传播的经济学分析 [D]. 吉林大学, 2008.

际上也映射着人类的本性特征。奥林匹克精神包括相互了解、友谊、团结和公平竞争①。世纪之初，罗格领导下的国际奥委会创新性地提出了"卓越、友谊、尊重"的奥林匹克精神②。奥林匹克精神是人们对奥林匹克运动内容本质和精髓的认知，本质内容是参与原则、竞争原则、公平原则、友谊原则和奋斗原则③。任何事物的发展都需要一个精神理念的支撑，就如中国社会的发展必须坚定地走中国特色社会主义道路那样。置于奥林匹克而言，其之所以能被世界认同，最深层次的原因还在于其所内涵的人文精神，因为其人文精神符合全世界人民的普世价值取向，即相互了解、友谊、团结和公平竞争。正是在奥林匹克人文精神的驱使下，奥林匹克运动风靡全球，被世界各国人民高度认同。认同是认知的高阶状态，世界人民对奥林匹克的态度同样也经历了一个低阶到高阶的过程，在奥林匹克人文精神的情感熏陶下，世界人民对其产生了情感共鸣，从而实现了从认知到认同的转变。

二、实践手段：组织奥运竞赛，加强国际交流

"推崇人文精神，促进世界和平"是现代奥林匹克世界性认同的内在核心理念，"组织奥运竞赛，加强国际交流"则是其外在实践手段。从奥林匹克的宗旨——使体育运动为人的和谐发展服务可以看出，奥林匹克的核心是为了实现人的全面发展，体育运动则是其实现这一目标的媒介手段。然而，如何让世界人民对体育运动的教育价值实现认同，组织奥运竞赛则成为其必然方式。

首先，奥林匹克运动会是四年一届的世界体育盛会，与其说奥运会是各国（地区）体育实力的呈现，不如说是各国（地区）综合实力的象征。奥林匹克夏季运动会要求其比赛项目至少在四大洲和75个国家的男子中，以及至少在三大洲和40个国家的女子中广泛开展；奥林匹克冬季运动会则要求其比赛项目至少在25个国家和3个大洲中广泛开展④。由此，作为综合实力的体

① 国际奥林匹克委员会. 奥林匹克宪章 [M]. 北京：奥林匹克出版社，2001：1.
② 王润斌. 当代奥林匹克核心价值观的多维审视 [J]. 武汉体育学院学报，2015，49（02）：5-11.
③ 杜婕，张秀萍. 奥运传播与文化 [M]. 北京：北京体育大学出版社，2006：5.
④ 国际奥林匹克委员会. 奥林匹克宪章 [M]. 北京：奥林匹克出版社，2001.

现，广泛传播本土体育项目，推动其成为奥运比赛项目的正式一员，各个国家（地区）予以高度重视，中国武术的国际化传播就是最典型的例子。奥运会在保持项目自身"普世性"特点的同时，还兼顾了其秉承的"全球性参与"目的，从而使得在全球化传播的历史进程中，现代奥林匹克运动能够历久弥新。

其次，奥林匹克运动会也是奥林匹克对外传播的一个重要平台。奥林匹克运动会并不等同于奥林匹克，前者是后者具体化的表现形式，所以奥林匹克运动会的举办也为奥林匹克的世界性认同创造了条件与平台。1896 年，在雅典举办的首届奥运会迎来了 13 个国家的 311 名运动员参赛。2016 年，在里约热内卢举办的第 31 届奥运会则有来自 205 个国家的 11303 名运动员参赛。同时，比赛项目也由 1896 年的 9 大项、43 小项，增加至 2016 年的 28 大项、306 小项；传播技术更是由传统的纸质传播向互联网传播转变。各国为在奥运会赛场获得优异成绩，相继出台了政策发展竞技体育，如 1995 年 7 月 6 日由国家体委发布的我国《奥运争光计划纲要（1994－2000）》。也因此，在奥运会的引领下，各国奥林匹克运动迎来快速发展，从而加速了奥林匹克在世界各地的传播，为奥林匹克的世界性认同打下了坚实基础。

最后，奥林匹克对于加强国际交流所产生的独特价值也促进了其世界性认同。现代奥林匹克在 100 多年征程中，不断超越国家、地区和民族间的矛盾，加强国际交流，强有力地推动了世界和平事业的发展，如东、西德国歌和会旗问题分别在 1956 年墨尔本奥运会和 1960 年罗马奥运会得到解决；1964 年东京奥运会更是将"和平、友谊、消灭战争"的口号传向世界①。奥林匹克运动会为世界各国人民提供了交流平台，通过这样一场体育盛会，各国人民相互交往交流、传递文化，加深了彼此之间的认知，为世界和平夯实了文化基础，而这也正是当前世界各国的主流价值取向。

三、关键抓手：发挥产业价值，拉动经济增长

近百余年来，西方文化几乎传遍世界各个不同地区，具体到体育文化领

---

① 蒋效愚. 奥林匹克运动的人文精神及其在中国的实践 [J]. 求是，2008（16）：6-8.

域，即以奥林匹克运动为主的竞技体育文化①。从现实角度来讲，现代奥林匹克之所以能够实现世界性认同，是因为其拥有的产业价值对于经济增长所产生的巨大推动效应。具体而言，奥林匹克具有的产业价值主要来自两个层面：一是奥林匹克竞赛本身具备的经济效益；二是奥林匹克实践形式——竞技体育所具有的产业功能。

首先，就奥林匹克竞赛的经济效益而言，有宏观经济效益和微观经济效益。在宏观经济效益上，如日本东京举办第 18 届奥运会后，其 GDP 增幅高达 16%；1992 年巴塞罗那举办的第 25 届奥运会直接经济效益 102.9 亿美元，占西班牙当年国民生产总值的 1.7%②；北京奥运会更是将中国 7 年间的 GDP 增长率提高 0.3%~0.5%③。在微观经济效益上，第一，奥运会的举办能够促进本国旅游业的发展。比赛期间，世界各地的游客齐聚举办国，这些游客一边观赏着奥运会赛事，一边游玩着举办国的各地名胜古迹，极大地拉动了地方经济的增长；第二，奥运会的举办可以带动广播电视行业的发展，如赛事转播权的出售等；第三，奥运会的举办可以推动举办城市基础设施的建设。举办奥运会需要便利的交通、发达的通信等，通过承办奥运会，举办城市的基础设施得以完善，经济发展的硬件设施得到显著改善；第四，奥运会的举办还可以吸引投资、促进就业。奥运会是一场全球体育盛宴，能够吸引各种社会资本的入驻，由此也就促进了就业岗位的增加。可见，奥运会的举办能够产生显著的经济效益。

其次，就奥林匹克的实践形式——竞技体育而言，体育产业是各国经济增长新的突破点。在以奥林匹克为核心的竞技体育文化的广泛传播下，竞技体育的参与人群覆盖各个年龄阶段，加之近年来人类健康问题的日益严峻，使得体育成为人们生活必不可少的一部分，体育健身、体育旅游、体育休闲、体育竞赛表演等体育新型业态纷纷出现，极大地刺激着经济社会的发展，如

---

① 杨建营. 武术拳种的历史形成及体系化传承研究 [J]. 体育科学, 2018, 38 (01): 34-41.
② 周洪珍. 奥运会经济效益研究 [J]. 体育文化导刊, 2010 (03): 131-133.
③ 赵晓超. 奥运会对举办国经济的影响 [J]. 沈阳大学学报, 2009, 21 (01): 27-29.

早在 2015 年，美国体育产业年产值占 GDP 的比重就已高达 3.3%①；国务院办公厅印发的《体育强国建设纲要》也指出，到 2035 年，体育产业将成为国民经济支柱性产业。尽管在我国，体育以竞技体育与传统体育两种形态共存，但竞技体育在我国体育产业中却占据绝对主导地位。竞技体育参与的广泛性决定了其产业特征的鲜明性，奥林匹克正是凭借竞技体育所具有的独特魅力风靡全球，成为世界体育文化的主流。由此，以奥林匹克为核心的竞技体育，依靠其产业粘合度高的特性，不断为世界各国经济的发展贡献着一份特殊的力量，成为各国经济发展不可替代的重要组成部分。

四、组织保障：成立各级组织，构建完善体系

现代奥林匹克自 1894 年发展至今，一直保持着欣欣向荣的发展态势，尽管其人文精神、奥运竞赛以及产业价值对于自身的传播与发展起到了积极的推动作用，但也离不开一个组织较为完备、结构较为完善、功能较齐全的组织体系的保障——"三大支柱"②。奥林匹克运动的"三大支柱"是指国际奥林匹克委员会（简称"国际奥委会"）、国际单项体育联合会以及国家（地区）奥林匹克委员会。从整体上来看，国际奥委会是指挥首脑，国际单项体育联合会进行技术辅助，国家（地区）奥委会负责各种体育活动的具体开展③。具体而言，"三大支柱"有着各自的使命与职责，分工明确。

首先，国际奥委会是现代奥林匹克运动的最高权力机构，其职能是按照《奥林匹克宪章》领导发扬奥林匹克主义。具体体现在以下几个方面：第一，国际单项体育联合会所管辖的体育项目，在其身份得到国际奥委会认可后方能成为奥运会正式比赛项目；第二，国家（地区）奥委会只有身份被国际奥委会认可，其所在国（地区）运动员才能获得奥运会参赛资格；第三，奥运会举办城市与举办资格的设置与撤销、奥运会比赛项目的增减、运动员参赛

---

① Mary A Hums. Governance and policy in sport organizations［M］. New York：Holcomb Hathaway Publishers，2013：17-19.

② 孙鸿志. 中国武术国际化传播的理念构建研究［D］. 苏州大学，2012.

③ 周庆杰. 论奥林匹克运动三大支柱间的相互关系［J］. 体育文化导刊，2005（08）：21-24.

资格、技术官员等参与资格都由国际奥委会决定；第四，国际奥委会拥有包括国际奥委会全体会议、执行委员会和主席在内的完善组织构架。

其次，国际单项体育联合会是国际上某各项（类）体育运动项目的管辖组织，其宗旨是在奥林匹克精神的理念下统筹各项（类）运动项目的具体工作开展。其职责具体表现在以下几个方面：第一，组织领导各国家（地区）的单项体育协会，并为其提供技术指导，保障各项（类）运动项目的"独立性"和"自主性"；第二，在奥林匹克精神的指导下，负责各项（类）运动项目的规则修改，并促进该项目的全世界开展；第三，开展奥林匹克教育，并在《奥林匹克宪章》指导下，为国际奥委会制定奥运会参赛的资格标准。

最后，各国家（地区）奥委会是各国（地区）奥林匹克运动的最高领导组织，统领各国（地区）奥林匹克运动的发展。第一，依据《奥林匹克宪章》在全国进行奥林匹克文化教育与宣传，负责奥林匹克事业的全面发展；第二，决定在本国举办奥运会的具体举办城市，并统筹奥运会全体筹办工作；第三，组织领导各运动项目代表团积极参加世界各地举办的综合体育赛事，并深入指导各运动项目的技术水平发展。概言之，现代奥林匹克的百余年兴盛史是在"三大支柱"的坚强组织领导下才得以实现的，国际奥委会的顶层设计与宏观引导，国际单项体育联合会对个具体运动项目的分类细致指导以及各国（地区）奥委会的全面配合，共同铸就了现代奥林匹克的辉煌。特别是各国家（地区）奥委会所付出的努力，为现代奥林匹克的发展打下了坚实基础，因为它是国际奥委会和国际单项体育联合会组织的各种活动的执行者。

第四节　奥林匹克世界性认同的本土启示

一、以民族传统体育文化交流为核心，增强各民族文化相互认同

推崇人文精神，促进世界和平是现代奥林匹克实现世界性认同的核心理念，笔者认为人文精神实际上就是现代奥林匹克所具有的文化内核，即奥林匹克文化，这是现代奥林匹克得以世界性认同的文化基础。因此，置

于民族传统体育铸牢中华民族共同体意识而言，本研究认为，要以民族传统体育文化交流为核心，增强中华各民族之间文化的相互认同，进而夯实文化认同基础。因为文化认同是最深层次的认同，是铸牢中华民族共同体意识的根基。

首先，要系统构建民族传统体育文化理念体系。现代奥林匹克凭借奥林匹克主义、精神、宗旨、格言四大核心内容，确立了其思想基础。尽管已有学者探索性地对中国武术国际化传播的宗旨、精神、口号进行了研究①，但民族传统体育文化理念体系至今尚未构建，制约着民族传统体育文化的内核生成。基于此，笔者认为，首先要系统构建民族传统体育文化理念体系，一是要确立民族传统体育文化的价值取向；二是要明晰民族传统体育文化的精神内核；三是要诠释民族传统体育文化的内涵外延；四是要探索民族传统体育文化的宗旨口号。

其次，要广泛开展民族传统体育文化交流活动。认同的前提是认知，可见，文化交流是文化认同的基础。笔者认为，一方面，各级政府要积极引导组织民族传统体育文化活动，如藏族赛马节、那达慕大会等，这些文化活动的开展可以有效聚集各族人民，有利于区域共同体的形塑；另一方面，各大媒体要加强对民族传统体育文化活动的宣传报道，如电视直播、新闻报道等，线下活动的开展只能促进区域共同体意识的生成，而线上电视媒体的宣传则可以扩大各民族传统体育文化的相互认知，进而促进各民族文化的彼此认同。

最后，要深入推进民族传统体育文化学校教育。学校聚集着不同民族的学生，具有集中授课的优势，是民族传统体育文化传播的主要阵地之一。由此，要深入推进民族传统体育文化学校教育，将学校民族传统体育文化教育打造成民族传统体育文化交流的媒介平台。具体而言，一是要配齐配强学校体育教师，确保每一所学校都有能够胜任传统体育课程的专任教师；二是加强传统体育校本课程建设，要鼓励学校因地制宜，根据地方特色，将所在区域范围内的传统体育文化融入学校体育课程；三是丰富校园传统体育活动形式，将民族传统体育充分融入课间活动，定期举办民族传统体育文化交流节，

---

① 孙鸿志．中国武术国际化传播的理念构建研究［D］．苏州大学，2012.

丰富其文化产品供给。

二、以民族传统体育赛事开展为依托，促进各民族交往交流交融

组织奥运竞赛，加强国际交流是现代奥林匹克实现世界性认同的实践手段。凭借奥运竞赛，奥林匹克运动得以在世界各地普及开展，世界人民通过奥运竞赛这一平台相互交流，增强了彼此之间的了解与认同。基于此，本研究认为，民族传统体育铸牢中华民族共同体意识要以民族传统体育赛事开展为依托，促进中华各民族之间的交往交流与交融。因为民族交往交流交融不仅能够使社会主义民族关系走向平等、团结、互助、和谐，还可以通过塑造共有精神家园，构建相互嵌入式的社会结构，进而实现铸牢中华民族共同体意识的根本目标①，而民族传统体育赛事的广泛开展显然能够为民族交往交流交融提供平台与媒介。

第一，大力开展民族传统体育群众性赛事。群众性赛事具有普及范围广、参与人数多、举办次数频的特点，能够最大可能地满足广大人民群众的体育参赛需求。笔者认为，在民族传统体育群众性赛事上，尽管赛事审批权已经下放，但各基层组织仍要积极组织引导，尽可能地扩大其参与范围，让更多的普通群众能够参与其中，感受民族传统体育文化的魅力。最为重要的是，民族传统体育是广大群众喜闻乐见且具有生活文化气息的体育形式，通过各级别群众性民族传统体育赛事活动的开展，能够促进中华各族人民的交往交流，从而为其深层次的交融奠定基础。

第二，科学监管民族传统体育商业性赛事。商业性赛事具有运营专业化、产业多元化、传播现代化的特点，能够较好地对各民族传统体育项目的具体形态、竞技特征等进行广域传播，从而提高中华各族人民对民族传统体育文化的认知。然而，也正是由于商业性赛事的"逐利"倾向，一旦对其缺乏科学监管，将对民族传统体育文化的传播产生负面影响。由此，一方面，要加

---

① 郝亚明. 中华民族共同体意识视角下的民族交往交流交融研究 [J]. 西南民族大学学报（人文社科版），2019，40（03）：9-13.

强对民族传统体育商业性赛事的过程监管，明确监管的内容、主体等，确保商业性赛事盈利的同时，也能为民族传统体育文化传播助力；另一方面，要建立对民族传统体育商业性赛事的问责机制，明确问责的场景以及处罚的力度，确保其"有法可依，违法必究"。

第三，努力办好民族传统体育官方性赛事。官方性赛事具有级别高、影响力大、参与面广的特点，能够为各族人民的交往交流交融创造一个积极正向的媒介平台，如少数民族运动会等。笔者认为，有必要进一步缩短民族传统体育官方性赛事的办赛周期，同时适当增加比赛项目，将各具体项目的比赛交由不同的省份城市来举办，尽可能地通过赛事来促进各族人民的流动，以此加强不同地区不同民族之间的交往交流。

三、以民族传统体育产业发展为渠道，推进各民族经济协同增长

发挥产业价值，拉动经济增长是现代奥林匹克实现世界性认同的关键抓手，在商业化模式运行下，奥林匹克运动成为各国体育产业发展的主力军，不断为国民经济的增长贡献着力量。也正是基于此，现代奥林匹克运动为各国所认同，并被广泛普及推广。置于民族传统体育而言，各民族经济的协同增长是铸牢中华民族共同体意识的物质前提，由此，民族传统体育铸牢中华民族共同体意识要以民族传统体育产业发展为渠道，推进中华各民族的经济协同增长，为铸牢中华民族共同体意识夯实经济基础。

首先，要建立民族传统体育产业统计分类标准。民族传统体育产业的发展只有获得客观的数据呈现，才能准确地把握其存在的不足，以便及时做出战略调整。当前我国体育产业已建立较为完善的统计分类标准，基于此，有关部门要组织专家，在国家体育产业统计分类标准的框架下，系统构建民族传统体育产业的统计分类标准，从而更加精细地指导民族传统体育产业发展，为各区域民族经济发展提供理论参照。

最后，要加强民族传统体育产业的融合发展。《关于进一步加强少数民族传统体育工作的指导意见》明确要求，"推进少数民族传统体育与旅游、

文化等融合发展"①。民族传统体育产生于广大人民群众的日常生活，是各族人民集体价值认同与文化观念的反映。发展民族传统体育产业，不能墨守成规，要积极与旅游、文化、康养、教育、医疗等产业进行深度融合，丰富民族传统体育业态，拓展民族传统体育消费空间，培育民族传统体育消费动机。同时，地方政府也要将具有地方特色的传统体育文化融入当地旅游中，打造地方特色文化旅游名片，进而反哺地域民族传统体育产业发展。

最后，要优化民族传统体育产业结构。民族传统体育产业主要有健身娱乐、竞赛表演、教育培训、用品制造、旅游休闲等产业类型。产业结构优化的目的在于促进产业转型升级，逐步让服务业成为主导产业。显然，当前民族传统体育产业在健身娱乐、竞赛表演以及旅游休闲等产业类型层面，产值结构还不太合理。因此，要优化民族传统体育产业结构，逐步将民族传统体育服务业转变为主导产业，并将其深度融入各地区民族经济发展中，以充分彰显其产业发展价值。

四、以民族传统体育组织建设为保障，深化各民族基层社会治理

成立各级组织，构建完善体系是现代奥林匹克实现世界性认同的组织保障，依靠"三大支柱"，现代奥林匹克运动迅速在世界各地传播普及，并逐步形成周期稳定的奥运会、单项世锦赛等赛事。基于此，本研究认为，民族传统体育铸牢中华民族共同体意识，要以民族传统体育组织建设为保障，一方面，可以为民族传统体育活动的组织开展与推广提供丰富的执行主体；另一方面，也可以为基层社会治理培育多元治理主体，进而为铸牢中华民族共同体意识奠定制度保障。

第一，建立健全民族传统体育各级协会。尽管当前已有部分民族传统体育项目成立了协会，但整体而言，协会的建设尚不健全，主要表现在三个方面：一是项目差异大，参与人数较多的项目，其协会建设较为完善，反之则

---

① 国家体育总局.关于进一步加强少数民族传统体育工作的指导意见 [EB/OL].（2018-01-10）[2022-06-21].http://www.sport.gov.cn/n316/n340/c844431/content.html.

较为落后；二是级别不完善，部分项目建立了"国家级-省级-市级"三级协会，如射箭、武术等，而大部分项目尚未建立；三是各项目协会缺乏统一组织领导，各项目的国家级协会属于最高级领导，项目之间相互独立，缺乏统筹组织。由此，要建立民族传统体育各具体项目的"国家级-省级-市级"三级协会，同时各具体项目的国家级协会要由统一的组织或机构进行管理。

第二，扶持基层民族传统体育组织建设。铸牢中华民族共同体意识的目的在于建设中华民族共同体，而中华民族共同体的建设也能够铸牢中华民族共同体意识。从系统观的角度来看，中华民族共同体这一大系统包括若干子系统，村落共同体就是其中一个子系统。因而，打造村落共同体也就成为建设中华民族共同体的一个重要途径。在现代化进程中，传统村落成为民族传统体育赖以生存的土壤空间。由此，扶持基层民族传统体育组织建设，能够为扎根于村落的民族传统体育活动开展提供保障，从而为村落共同体建设奠定基础。

第三，推进民族传统体育参与基层治理。民间信仰是村落民众共同的情感寄托，也是约束基层村民生活的有力规范①。村落民俗体育活动的开展往往都伴随着特定的民间信仰，如龙舟竞渡既有为纪念屈原的②，也有为纪念水仙尊王的③。凭借这些民间信仰，村落民俗体育将村落居民整合在一起，有效地缓解了平日里紧张的人际关系，这也是基层自治、德治的重要表现。因此，要积极推进民族传统体育参与基层治理，充分发挥村落民体育仪式所具有的社会结构调适功能，为村落共同体社会的打造贡献民族传统体育的力量。

---

① 王凤梅，王志霞. 凝聚与认同：民间信仰在村落共同体意识建构中的功能——基于对临沂大裕村送火神民俗仪式的考察 [J]. 济南大学学报（社会科学版），2021，31（01）：151-156+160.

② 彭响，刘如，李佳川. 批判与重构：汨罗龙舟产业发展的困境与对策 [J]. 城市学刊，2019，40（06）：39-44.

③ 张继生，刘冬，彭响，等. 隐喻·交融·枢纽：民俗体育活动仪式中的象征符号功能表征——以罗锦社龙舟竞渡为个案 [J]. 武汉体育学院学报，2021，55（01）：33-39.

第七章 民族传统体育铸牢中华民族 共同体意识的实践路径

民族传统体育铸牢中华民族共同体意识是一个系统性的工程，需要动员民族传统体育的一切功能参与。在充分借鉴现代奥林匹克世界性认同的经验基础上，结合民族传统体育与铸牢中华民族共同体意识的内在逻辑，本研究提出扩大民族传统体育赛事供给，深入推进民族交往交流交融；扶持民族传统体育产业发展，助力中华民族携手共同富裕；丰富民族传统体育文化内涵，构筑中华民族共有精神家园；推进民族传统体育社会治理，广泛开展民族团结进步教育；开展民族传统体育课程思政，全面深化各类学校认同教育等五项重要举措，进而为民族传统体育铸牢中华民族共同体意识的实践提供指引。

第一节 扩大民族传统体育赛事供给，深入推进 民族交往交流交融

民族交往交流交融是民族关系和谐发展的重要保证，民族交往交流交融与铸牢中华民族共同体意识有着紧密的内在逻辑，民族交往交流交融是手段，铸牢中华民族共同体意识则是目标，二者之间有着较为清晰的因果关系①，铸牢中华民族共同体意识，不仅是民族交往交流交融理论构建的中心，也是民族交往交流交融实践工作的指引，评价民族交往交流交融实践工作成败优劣的标准在于，是否有利于中华民族共同体意识的形成与巩固②。各民族以

① 郝亚明. 民族互嵌与民族交往交流交融的内在逻辑 [J]. 中南民族大学学报（人文社会科学版），2019，39（03）：8-12.
② 郝亚明. 中华民族共同体意识视角下的民族交往交流交融研究 [J]. 西南民族大学学报（人文社科版），2019，40（03）：9-13.

中华文明为引领的交往交流交融是铸牢中华民族共同体意识的重要动力和实践路径①。民族交往交流交融实现了中华民族共同体意识的社会意义②。因此，深入推进民族交往交流交融成为民族传统体育铸牢中华民族共同体意识的一个重要着力点。

一、扩大民族传统体育赛事供给数量

首先，扩大民族传统体育赛事的项目种类。不同的民族有着不同文化底蕴的传统体育项目，要将民族传统体育赛事打造成促进民族交往交流交融的媒介，就必须不断扩大传统体育赛事的项目种类，尽可能地将各民族不同的传统体育项目纳入赛事中，让更多的群众进入赛事这一媒介平台，在这个平台中透过赛事实现各民族广泛交往、全面交流、深度交融。值得一提的是，这里所指的民族传统体育赛事是指大型的综合性民族传统体育赛事，如少数民族运动会、全运会等。2017 年，为深入贯彻全民健身战略，第十三届全运会首次增设群众比赛项目，开辟了中国全运会办赛史上的先河。因此，作为全国最高级别的体育盛会，国家体育总局要与国家民委加强沟通，研究群众比赛项目种类，确保通过全运会将更多的民族性传统体育项目纳入群众比赛赛场，为促进民族交往交流交融铸牢现实基础。

其次，扩大民族传统体育赛事的地区分布。当前民族传统体育赛事主要由一些较发达的地区承办，在赛事举办期间，各地区不同民族的群众赶赴赛事举办地参赛。尽管这些发达地区承办赛事相对而言更具资源优势，参与赛事也能促进各民族交往与交流，但由于以一种客体的身份参与比赛，欠发达地区少数民族群众的参赛主体性无法得到充分彰显，从而导致民族交融的效果不佳。此外，相比发达地区，欠发达地区少数民族的人口流动难度相对较大。因此，要改变传统的赛事招标思路，地方体育、民政、民委等部门要扶持一些欠发达地区主动承办传统体育赛事，如在一些民族地区引进其他民族

---

① 李伟. 中华文明是促进各民族交往交流交融，铸牢中华民族共同体意识的主线 [J]. 大连民族大学学报，2019，21（04）：298-303.

② 李静，侯小富. 中华民族共同体意识的教育路径 [J]. 中国民族教育，2019（10）：43-44.

传统体育赛事，邀请其他地区民族前往参与竞赛，尽管可能参与人数相对较少，但这为民族之间的人口流动奠定了基础，最为重要的是，提高了本民族的传统体育文化的知名度，从而提升本民族文化自信，进而为文化认同夯实思想基础。

再次，扩大民族传统体育赛事的人群覆盖。铸牢中华民族共同体意识面向的是全体人民，因而只有全面推进民族交往交流交融才能铸牢中华民族共同体意识。因此，要扩大民族传统体育赛事的人群覆盖，实现群众的最广泛参与，以保障民族交往交流交融的最全面推进。为此，在举办的各大传统体育赛事活动中，对参赛的组别要根据年龄、人群等特征进行精细化设置，确保每一位公民均有参赛的资格与权利，如在比赛中设置儿童组、青少年组、中年组以及老年组等。只有实现民族传统体育赛事的全年龄段、全体人群参与，赛事的推进民族交往交流交融功能才能充分发挥。

最后，调整民族传统体育赛事的类型规格。单个的民族传统体育赛事活动，由于办赛规模受到限制，因而群众的参与人数相对有限，不利于全面推进民族交往交流交融。因此，要调整民族传统体育赛事的类型规格。一是丰富民族传统体育赛事活动的类型。单一的以竞技体育竞赛模式举办的赛事使得民族传统体育的民间发展受阻，也使得中老年人群体参与民族传统体育赛事受阻。因而民族传统体育赛事要走"竞技-传统"双轨制模式，尤其要高度重视民间赛事的广泛开展，淡化竞赛规则，注重赛事活动参与的趣味性，切实提高群众参与基础，让更多的普通群众能够参与到民族传统体育赛事活动中来。二是提高民族传统体育赛事的规格。为单个项目构建"国-省-市"三级赛事体系，同时强调竞技赛事与传统赛事的同等地位，确保群众参与基础；加强对参与群众基础薄弱的民族传统体育赛事建设，政府联合社会组织积极主办赛事，为单个项目的发展做营销推广，从而促进赛事规格的提高。

二、提高民族传统体育赛事供给质量

第一，注重民族传统体育赛事民族性特征。民族传统体育是中华各个民族优秀传统体育文化的统称，因而民族性是民族传统体育的一个典型特征。

民族传统体育赛事要体现民族性，一是要在项目设置上充分体现民族性，即尽可能地将各个民族独特的传统体育项目纳入比赛，可以先成立单项锦标赛，待参与主体壮大后再逐步纳入综合赛事体系中。二是要在比赛形式上充分体现民族性，即比赛规则的制定要尽可能地贴切各民族的生活实践。在规则制定环节要充分尊重并听取该民族代表的意见，尽可能地让赛事活动真实还原各民族的日常生活，避免赛事活动脱离群众生活实践。三是要在比赛流程上充分体现民族性，即尽可能地将各民族的文化礼仪规范纳入比赛流程中，特别是各民族特有的仪式文化。这些特有的仪式文化是促进各民族深度交融的重要媒介，有助于提高民族之间的文化认同，进而增强文化认同。

第二，彰显民族传统体育赛事地域性特色。各民族传统体育项目是在一定的地域形成的，是对地域文化的融摄与吸收。基于此，一是要在民族传统体育赛事举办地点上体现地域性。民族传统体育赛事的举办要遵循因地制宜的原则，即尽可能地将某个项目的赛事举办地安排在其发源地，不仅可以加深其他民族对本民族传统文化的了解，最大限度地促进民族交往交流交融；还可以促进当地旅游产业的发展。二是要在民族传统体育赛事内容架构上体现地域性。在整个赛事内容架构上要以地方习俗为导向，充分尊重地方文化信仰与生活习惯，从而增进民族之间的理解与认同，为"中华民族一家亲"打牢基础。三是要在民族传统体育赛事流程安排上体现地域性。民族传统体育赛事举办期间，各个工作环节的安排应体现地域文化特征，如不同民族的宗教文化信仰在赛事流程中的体现等。总之，民族传统体育赛事要有别于竞技体育比赛，应始终坚持本土特色，彰显地域文化魅力，为文化认同奠基。

第三，坚持民族传统体育赛事全民性参与。党的十八大以来，以习近平总书记为核心的党中央提出以人民为中心的发展思想，坚持一切为了人民，一切依靠人民，始终把人民放在中心最高位置，把人民对美好生活的向往作为奋斗的目标。人民既是民族传统体育文化的缔造者，也是民族传统体育发展成果的共享者。因此，民族传统体育赛事的举办要坚持人民主体性原则，即全民性参与。全民性参与并不是必须全体人民共同参与，而是全体人民均有参与民族传统体育赛事的资格与权利，避免民族传统体育赛事沦为一项精英运动。此外，从文化传承的角度来看，民族传统体育文化的传承需要全体人民的共同参与，而参与当下赛事显然是传承民族传统体育文化的一条重要途径。

第四，提倡民族传统体育赛事生态性理念。绿水青山就是金山银山，绿色生态是当前经济社会发展的主旋律。2021 年 10 月 24 日，中共中央国务院印发《关于完整准确全面贯彻新发展理念做好碳达峰碳中和工作的意见》，要求推进经济社会发展全面绿色转型①。基于此，在民族传统体育赛事举办中，要提倡生态性的发展理念。一是提倡办赛从简，避免对资源的过度使用与浪费，同时精简办赛流程，与赛事举办无关的环节能省则省。二是提倡循环利用，举办传统体育赛事应当充分利用现有场馆设施，整合体育、文化、会展等场馆资源，加强场馆的多次利用。三是提倡绿色优先，凡是涉及办赛所需物品，须坚持绿色优先的原则，减少碳消耗与碳排放。

三、推进民族传统体育赛事制度供给

首先，建立完善的赛事招标、运行与监管制度。制度往往具有行为规制作用，民族传统体育赛事涉及招标、运行与监管等环节，每个环节都必须有相应规章制度的保驾护航。在赛事招标上，由于民族传统体育赛事以群众性与商业性赛事为主，因而需要建立完善的赛事招标制度来实现民族传统体育赛事市场秩序的维持。为此，需要围绕供应商的独立法人资格，营业执照内标明具有体育赛事活动的组织、策划、推广等相关服务内容，项目负责人的组织协调能力，竞赛场地与器材的规范，办赛经验，经费预支能力，商业信誉和财务会计制度，市场认知度等内容建立严格的标准，并以文件制度的形式颁布。在赛事运行上，具备条件的大型或重要赛事活动的组委会应当建立党组织，加强党对赛事活动的领导。举办赛事活动，主办方和承办方应当根据需要，配备具有相应资格或资质的专业技术人员；配置符合相关标准和要

---

① 新华社. 中共中央国务院关于完整准确全面贯彻新发展理念做好碳达峰碳中和工作的意见 [EB/OL]. （2021 - 10 - 24）［2022 - 07 - 16］. http：//www.gov.cn/zhengce/2021 - 10/24/content_5644613.htm.

求的场地、器材和设施；落实医疗、卫生、食品、交通、安全保卫、生态保护等相关措施。此外，还要加强对赛事活动的名称、标志、举办权、赛事转播权和其他无形资产权利的法律保护。

其次，完善运动员、教练员与裁判员等级制度。一是完善运动员技术等级制度。运动员技术等级制度是激励运动员刻苦训练、不断提高运动技术水平与成绩的一项基本体育制度。我国运动员技术等级制度自1956年实施以来，极大地促进了竞技体育的快速发展，但民族传统体育项目由于缺乏相关制度，发展举步维艰。为此，要构建"竞技"与"传统"两类运动员技术等级，既保障民族传统体育高水平竞技运动的发展，同时也能保障群众性赛事参赛运动员地位，增强群众参与民族传统体育赛事的内在动力。二是完善教练员等级制度。教练员是影响体育事业发展的关键因素之一①。当前我国对于民族传统体育各项目尚未建立起统一的教练员等级体系。鉴于此，应该尽快针对各具体项目建立完善的教练员等级体系，统一级别称呼，如可以将教练员划分为三级教练、二级教练、一级教练、高级教练、国家级教练五个级别；对不同等级的教练员任职基本条件、审核认定程序、聘用管理办法和岗位职责作出具体规定，以突出体现教练员的综合能力和整体素质②。三是完善裁判员等级制度。一方面，要加强各传统体育项目的裁判员等级制度建设，尤其是参与受众较少的传统体育项目，为培养优秀的裁判员队伍打好基础；另一方面，要建立裁判员数据库，加强裁判员队伍的标准化与规范化管理。

最后，健全完善各民族传统体育项目协会制度。当前群众性与商业性体育赛事审批权已经下放至基层，协会成为赛事审批的主要部门。也因此，协会承担起传统体育活动开展、赛事审批、赛事举办等各项事务的重担。因此，要针对各个民族传统体育项目建立"国-省-市"三级协会组织，充分发挥各单项协会在组织传统体育活动与赛事中的主导作用。此外，还要针对各项目协会的业务范畴进行界定，如竞赛规则的制定与修改等。

---

① 王家力，王健，盛克庆．我国教练员技术等级制度的发展沿革 [J]．体育文化导刊，2011 (04)：16-19.

② 彭响，雷军蓉．舞龙运动的标准化发展研究 [J]．河北体育学院学报，2017，31 (06)：92-96.

四、加强民族传统体育赛事政策供给

第一，出台民族传统体育各单项赛事活动管理办法。当前竞技体育各大项目均相继出台了赛事活动管理办法，对于体育市场中赛事活动的管理起到了很好的引导与规范作用。我国民族传统体育项目繁多，不同的地区、不同的民族均有着不同的传统体育项目。为推动民族传统体育各单项赛事的高质量发展，及时针对各单个民族传统体育项目出台具体赛事管理办法就显得颇具意义。为此，国家体育总局要联合国家民委、地方体育部门、单项协会等主体，加快出台民族传统体育各单项赛事活动管理办法，将赛事进行等级划分，针对不同级别的赛事制定详细的医疗、安保、交通等人员数量配置细则，确保各行政职能部门必须在细则的指导下协助办赛，从而确保赛事审批的行为主体各司其职、协同合作，进而为民族传统体育各单项赛事的举办提供政策便利。

第二，提高民族传统体育赛事政策发文单位的级别。当前许多民族传统体育政策文件多由国家体育总局、国家民委等部门发布，如 2018 年由国家体育总局、国家民委联合印发的《关于进一步加强少数民族传统体育工作的指导意见》①；2019 年由国家体育总局等多部门印发的《武术产业发展规划（2019-2025 年）》②。即使在一些国务院办公厅印发的文件中，民族传统体育相关表述也只是存在于相关政策文件中的某个部分，缺乏专门性的国字号文件。就某种程度而言，政策发文单位的级别决定了该政策的重要性。基于此，要逐步提高民族传统体育赛事政策发文单位的级别，提高各部门对民族传统体育赛事的重视程度，为民族传统体育赛事的举办打通沟通壁垒。

第三，加强民族传统体育赛事政策文件的可操作性。从当前出台的多部政策文件内容来看，其操作性均有待提高，关于民族传统体育发展的各项表述均止步于倡议、鼓励、建议等层面，强制性、约束性的内容缺乏，由此造

---

① 国家民委．国家体育总局 国家民委关于印发《关于进一步加强少数民族传统体育工作的指导意见》的通知［EB/OL］．（2018-01-10）［2022-07-16］．https：//www.neac.gov.cn/seac/xxgk/201801/1072663.shtml.

② 国家体育总局．多部门关于印发《武术产业发展规划（2019-2025 年）》的通知［EB/OL］．（2019-07-29）［2022-07-16］．http：//www.gov.cn/xinwen/2019-07/29/content_5416190.htm.

成政策的执行效果大打折扣。如 2018 年由国家体育总局、国家民委联合印发的《关于进一步加强少数民族传统体育工作的指导意见》强调，改革完善全国少数民族传统体育运动会组织管理，发挥全国性少数民族传统体育赛事的引领示范作用，开拓全国少数民族传统体育的发展、改革思路，创新办赛，丰富内容。尽管这些表述高屋建瓴地为民族传统体育赛事发展勾画了宏伟蓝图，但在实际操作过程中，这些宏观倡议往往流于形式层面，最终沦为"口号"。因此，在后续相关政策制定中，应当注重约束性政策文本内容的植入，切实提高政策的可操作性。

第四，促进民族传统体育赛事政策制定的部门协同。体育赛事旅游是历史悠久、影响力最大的体育消费热点，已发展为重要的支柱产业[①]。民族传统体育赛事作为体育赛事旅游的一张重要文化名片，近年来吸引着大批游客的观赏，不仅成为地方打造体育赛事品牌的重要内容，也成为促进地方就业、增加当地群众收入的一项重要手段。体育赛事旅游涉及体育、旅游等多个职能部门，然而，就目前颁布的相关政策文件来看，民族传统体育赛事相关政策在制定过程中，部门之间的协同参与明显不足，这从文件的颁布单位便可见一斑。因此，在后续政策研制中，须重视多部门的协同参与，切实打通部门之间的沟通壁垒，避免颁布的政策在实践中执行受阻，无法得到相关部门的支持。

第二节　扶持民族传统体育产业发展，
助力中华民族携手共同富裕

马克思认为，整个社会生活、政治生活和精神生活都受到物质生活的生产方式制约[②]。铸牢中华民族共同体意识属于意识形态上的建设。自然也受到民族经济水平的影响。随着现代化进程的持续推进，我国各民族之间的经济社会发展呈现出不平衡的发展态势，这种态势在民族地区表现得尤为突出，

---

① 王石峰，夏江涛.体育赛事旅游：动力机制、运行机制及推进路径 [J].体育文化导刊，2022，（04）：75-82.

② 中共中央马克思恩格斯列宁斯大林著作编译局.马克思恩格斯文集：第2卷 [M].北京：人民出版社，2009：591.

在过去10年间，5个自治区与其他26个省、直辖市的人均GDP，都处于不平衡的发展状态①。民族地区不平衡不充分的发展对于铸牢中华民族共同体意识有着根深蒂固的影响。共同富裕是物质文明、政治文明、精神文明、社会文明、生态文明的全面提升，是社会主义的本质要求，是实现民族平等、民族团结，稳定民族区域自治制度的重要条件，也是铸牢中华民族共同体意识的重要保障②。

第一，共同富裕能够影响中华民族共同体意识的觉醒程度。铸牢中华民族共同体意识属于意识形态层面的建设。意识具有能动性，意识的形成尽管与人们自身内在心理的调节息息相关，但外在环境的影响往往更具有效用。社会意识是个人意识的升华，是一种集体意识，只有在高度发达、均衡发展的物质生产基础上，社会意识才能够达到高水平的发展。中华民族共同体意识作为一种社会意识，是我国物质生产在精神层面的反映，由物质生产水平所决定。经济稳定发展是物质生产水平得以保障的根本，因而，中华民族共同体意识的觉醒受到民族经济稳定增长的影响。

第二，共同富裕能够影响中华民族共同体意识的发展高度。铸牢中华民族共同体意识是一个动态发展的过程，究竟什么情况下算铸牢，以及什么程度算铸牢，当前学界尚未形成定论。可见，铸牢中华民族共同体意识将持续处于不断铸牢的过程中，而没有最终铸牢的终点。由此，不断提升中华民族共同体意识的高度成为新时代铸牢中华民族共同体意识工作的重要内容。经济的稳定增长直接带动的是国民经济的增长，最终指向的是人均收入的增加。人民幸福感是考察中华民族共同体意识的一个重要指标。有研究显示，经济高质量发展对人民幸福感具有显著的正向影响③。由此可见，民族经济稳定增长对铸牢中华民族共同体意识具有重要影响，将直接影响中华民族共同体意识的发展高度。

---

① 董慧，王晓珍.中华民族共同体意识的基本内涵、现实挑战及铸牢路径 [J].中南民族大学学报（人文社会科学版），2021，41（04）：21-30.

② 郝彧.民族地区共同富裕与铸牢中华民族共同体意识的实践逻辑——基于渝东南X县的实证分析 [J].西南民族大学学报（人文社会科学版），2022，43（07）：35-43.

③ 丁守海，徐政，张普阳.新发展格局下我国经济高质量发展提升人民幸福感的实证研究 [J].云南师范大学学报（哲学社会科学版），2021，53（02）：133-146.

第三，共同富裕能够影响中华民族共同体意识的持久程度。中华各族人民的中华民族共同体意识并非永恒不变的，而是处于一个动态波动的状态，其持久程度受到外界环境的直接影响。例如，2008 年北京奥运会，中国获得金牌总数第一，中华民族的自豪感倍增，此时此刻中华各族人民的中华民族共同体意识得到高度增强。换言之，不同时期所面临的历史大事件能够有效增强中华民族共同体意识，而共同富裕也是一个重要因素。当民族经济实现稳定增长，各族人民对于国家、民族、中国共产党以及中国特色社会主义制度的认同将得到极大提升，进而影响中华民族共同体意识的持久程度。

基于上述分析，民族传统体育铸牢中华民族共同体意识要充分发挥民族传统体育的产业功能，通过其产业化发展增加民族地区人民的收入，不断满足人民对美好生活向往的需要，助力中华民族携手共同富裕，进而为铸牢中华民族共同体意识夯实现实基础。

一、建立民族传统体育产业统计标准

首先，以服务体育产业发展为核心，充分衔接体育产业分类标准。一是，大类指标的确定可以在《体育产业统计分类（2019）》的基础上进行选取，这不仅可以避免后期民族传统体育产业统计与体育产业统计数据不匹配的问题，同时也能够解决民族传统体育产业政策与体育产业政策二者的有效衔接问题。二是，中类指标与小类指标的选取要充分根据民族传统体育项目特征确定，例如，相比其他体育项目影视业，民族传统体育影视业发展程度要更高一些，因而在中小类指标选取中要突出体现。值得注意的是，这些中小类指标间要界限明确，以免出现后期交叉重复统计的问题。三是，中国武术研究院要成立专门负责民族传统体育产业统计的相关部门。建立民族传统体育产业统计分类标准能够实现民族传统体育产业的产值的精确计算。作为体育产业的重要组成部分，民族传统体育产业的统计与计算是一个任务繁重、难度巨大的工作，只有专业从事产业统计的人员方能胜任，因而成立一个专业部门就显得尤为重要。

其次，以激发民族传统体育产业活力为目标，系统挖掘民族传统体育产业构成要素。一是，要对民族传统体育产业的概念进行科学系统地界定。概念的清晰是理论分析得以透彻的基础，民族传统体育产业概念的界定可以为民族传统体育产业构成要素的研究限定范围，最重要的是指引一个正确方向。当前学界对民族传统体育产业概念尚未形成一致意见，因而导致学界对民族传统体育产业构成要素的研究各执己见。二是，要在深入分析产业的一般要素基础上探讨民族传统体育产业构成要素。产业是民族传统体育产业的元概念，换言之，民族传统体育产业属于产业的一个分支，部分应当服从整体。从产业的一般要素出发，挖掘民族传统体育产业构成要素可以避免学者们先入为主的研究误区。当然，民族传统体育产业构成要素也要服从于体育产业这个一般要素，因为民族传统体育产业不仅属于产业的分支，更是体育产业的重要组成部分。三是，在明确民族传统体育产业概念与构成要素的理论基础上建立民族传统体育产业统计分类标准，要充分考虑民族传统体育项目的特殊性，因为失去民族传统体育的项目特殊性特征，民族传统体育产业统计分类标准将变得无意义[①]。

再次，以弘扬民族传统体育文化为前提，深刻彰显民族传统体育文化产业特征。通过产业化发展实现民族传统体育文化的弘扬与传承，关键在于建立的民族传统体育产业统计分类标准能够让民族传统体育的文化产业特征得到充分彰显。尽管人类所创造的一切都属于文化，但从文化形态学的角度来看，文化可解构为物质文化、制度文化、行为文化与观念文化四个层次。当前《体育产业统计分类（2019）》中的体育文化产业主要局限于体育物质文化、体育制度文化以及体育行为文化三个层面，体育观念文化涉及较少，而民族传统体育文化的深层内涵主要体现在观念文化层面上。因此，在构建民族传统体育文化产业指标的过程中，既要体现民族传统体育的物质、制度与行为文化特征，同时更要深刻彰显民族传统体育的观念文化特征。只有让民族传统体育产业统计分类标准刻彰显民族传统体育的文化产业特征，才能实现通过产业化发展促进民族传统体育文化传承与弘扬的目标。

最后，以提升民族传统体育国际影响为宗旨，全面促进民族传统体育产业接轨世界。建立民族传统体育产业统计分类标准要全面促进民族传统体育

---

① 刘如. 武术产业统计分类标准建立的原则及思路 [J]. 城市学刊, 2021, 42 (03): 98-103.

产业接轨世界。作为产业赖以生存的根本，市场能够为产业的可持续发展源源不断地注入资本。民族传统体育有着深厚的文化意蕴与内涵，民族传统体育的对外传播与发展能够为其开拓广域市场。因此，建立民族传统体育产业统计分类标准要全面促进民族传统体育产业接轨世界。第一，民族传统体育影视业必然是重点。民族传统体育影视业已经为其他项目提供了很好的借鉴，近年来，国内武术明星与国际影视公司的密切合作，极大地提高了武术的国际知名度，推动了民族传统体育影视业的发展，可见，民族传统体育影视业是促进民族传统体育产业接轨世界的一条重要途径。第二，民族传统体育竞赛表演业是关键。在民族传统体育竞赛表演业的指标选取中，要充分衔接世界体育竞赛表演的发展模式。尽管当前民族传统体育部分项目已经建立了各级赛事体系，但竞赛表演产业为民族传统体育产业拉动的经济效益并不像其他竞技体育项目一样明显，如篮球、足球等项目。因此，广大学者要大力研究民族传统体育竞赛表演业的指标选取，确保构建的民族传统体育竞赛表演业统计标准能够促进民族传统体育竞赛表演产业的发展①。

二、促进民族传统体育产业结构优化

第一，促进民族传统体育产业产值结构优化。民族传统体育产业的产值结构，包括民族传统体育产业产值的外部结构和民族传统体育产业产值的内部结构2个部分②。民族传统体育产业产值的外部结构是指民族传统体育产业产值在体育产业中的地位和作用；民族传统体育产业产值的内部结构主要反映民族传统体育产业内部业态的协调发展状况。因此，在产值结构上，要在内部产值与外部产值同时发力。一是要稳步提升民族传统体育产业总产出，通过政策优惠、制度引导、扩大规模、培育业态等系列举措增加民族传统体育内部产值；二是要逐步提升民族传统体育产业产出在体育产业总产出中的比重，充分对接体育产业，落实体育产业各项新政策，深化民族传统体育组织内部改革，

① 刘如. 武术产业统计分类标准建立的原则及思路 [J]. 城市学刊，2021，42（03）：98-103.
② 吴超林，杨晓生. 体育产业经济学 [M]. 北京：高等教育出版社，2015：64-85.

优化职能机构，发挥其引领者作用。通过优化民族传统体育产业产值结构，推动民族地区民族传统体育产业的高质量发展，进而为共同富裕打牢基础。

第二，促进民族传统体育产业就业结构优化。民族传统体育产业的就业结构，包括民族传统体育产业的外部就业结构和民族传统体育产业的内部就业结构。民族传统体育产业的外部就业结构，主要反映民族传统体育产业整体吸纳就业能力的程度；民族传统体育产业的内部就业结构，主要反映民族传统体育产业内部各业态吸纳就业能力的相对状况①。在外部就业结构上，一是要鼓励武术与民族传统体育专业学生毕业后从事本领域专业工作，同时提升其培养质量；二是要出台系列政策引导社会精英走向民族传统体育产业就业岗位，同时要充分发挥"体育新乡贤"的社会功能，鼓励优秀人才领导基层民族传统体育科学开展，为民族传统体育产业发展培育新动能。在内部就业结构上，要培育内部各业态产业特色，打造地域文化产业品牌，积极与旅游、文化等产业深度融合，吸纳就业人群，为促进地方就业贡献力量。

第三，促进民族传统体育产业供给结构优化。供给结构是指作为生产要素的自然资源、劳动力、资本和技术等在国民经济各产业之间的供应比例②。民族传统体育产业的供给结构，是指民族传统体育产业内部各业态之间可以供应的比例关系。由于民族传统体育产业属于体育产业的子范畴，按照体育产业的供给结构的构成要素，可以将民族传统体育产业的供给结构分为民族传统体育服务业供给、民族传统体育用品业供给和民族传统体育场地设施建设供给3个部分。因此，在民族传统体育产业供给结构的优化层面上，一是要创新民族传统体育产品供给，提升民族传统体育服务产品质量，加强民族传统体育竞赛表演产业发展，构建稳定、科学的民族传统体育竞赛表演产业体系；二是推动民族传统体育用品制造业与场地设施建设转型升级，坚持绿色低碳发展理念，借助数字技术加快实现产品的优化升级。

第四，促进民族传统体育产业需求结构优化。民族传统体育产业的需求

---

① 任波，戴俊，黄海燕. 中国体育产业结构的形塑逻辑与供给侧改革路径 [J]. 天津体育学院学报，2019，34（01）：52-59.

② 苏东水. 产业经济学（第四版）[M]. 北京：高等教育出版社，2017：211-215.

结构是指民族传统体育市场中各种不同类型的需求比例关系，一般包括大众对民族传统体育用品与民族传统体育服务的需求。在需求结构上，一是要通过新媒体加强民族传统体育文化宣传，培育广大群众的民族传统体育消费动机，营造其消费环境，通过在需求端改革来扩大群众的民族传统体育消费需求；同时发放电子消费券，鼓励人民群众闲暇时间参与民族传统体育活动。二是要逐步引导消费者从注重民族传统体育用品消费向民族传统体育服务消费转变，从而从供给端推动民族传统体育服务消费在民族传统体育消费中占比的增加，进而达到优化体育消费结构的目的。

三、推动民族传统体育产业转型突破

首先，聚焦数字化突破，做实民族传统体育产业的发展潜力。数字经济是继农业经济、工业经济之后的主要经济形态，是以数据资源为关键要素，以现代信息网络为主要载体，以信息通信技术融合应用、全要素数字化转型为重要推动力，促进公平与效率更加统一的新经济形态[1]。当前产业的数字化转型已成为必然趋势，为此，民族传统体育产业的高质量发展须聚焦数字化突破。一是提高民族传统体育产品销售数字化水平，注重线上和线下同时发力。二是提高民族传统体育场馆和赛事运营的数字化水平，充分发挥大数据在媒体传播、赛事推广和运动员经纪中的作用。三是提升民族传统体育产品设计和研发的精准性，设计和研发符合消费者有效需求的民族传统体育产品和服务。

其次，坚持融合化突破，做大民族传统体育产业的发展势力。民族传统体育产业具有高度粘合性，能够与诸多产业融合发展形成新的业态。从当前出台的国家政策文件来看，民族传统体育产业融合发展已经成为一种共识[2]。从经济效益来看，产业融合发展不仅可以实现民族传统体育产业的转型升级，

---

① 国务院办公厅. 国务院关于印发"十四五"数字经济发展规划的通知 [EB/OL]. (2022-01-12) [2022-07-21]. http：//www. gov. cn/zhengce/content/2022-01/12/content_5667817. htm.

② 闫慧，李爱菊. 新时代民族传统体育产业融合发展研究 [J]. 体育文化导刊，2020 (03)：13-18.

也可以推动民族传统体育文化的多元化传承①。基于此，要以民族传统体育产业为主，联合各市场主体、多种资源、多个行业共同发展。一是推动民族传统体育产业与文化、旅游、商贸等产业深度融合，相互引流，相互带动，提高民族传统体育产业的溢出效应。二是围绕"民族传统体育+科技"，探索发展移动互联网、物联网、AI、大数据、运动医学等前沿技术和民族传统体育的结合，培育民族传统体育智能制造和新业态。

最后，探索资本化突破，做强民族传统体育产业的发展动力。民族传统体育的产业化发展离不开资本的入驻，因为资本不仅为其发展带来了新技术，同时也带来了强大的资金流，而这正是民族传统体育产业做大做强的重要保障②。基于此，一是提高民族传统体育产业投资能力，开展股权投资，提高新业务的快速布局能力。二是推动设立专项民族传统体育产业投资基金，重点布局民族传统体育产业新技术、新业态、新模式。三是创新民族传统体育产业金融工具，扩充融资渠道，盘活存量资产，压低企业杠杆率。四是推进资产证券化试点工作，将经受住市场检验、市场反响良好的民族传统体育企业，进行资产证券化试点，让其进入资本市场③。

四、优化民族传统体育产业营商环境

第一，深化简政放权，激发民族传统体育市场主体活力。一是精简各类体育行政事项，规范体育行政权力。逐步取消一些不合理的不利于民族传统体育发展的行政审批事项，包括裁判员等级审批、社会体育指导员等级审批事项，重点取消一些关于民族传统体育企业运营的备案、登记、认定的行政监督事项。二是进一步转变政府职能，更好地发挥政府作用，培育民族传统体育社会组织，形成多元民族传统体育产业管理格局。按照政社分开的原则，全面推行各级单

① 胡建忠，邱海洪，邓水坚．"体育+旅游"视角下民族传统体育品牌赛事产业化研究 [J]．首都体育学院学报，2018，30（01）：42-46+66．
② 吴强．我国民族传统体育文化资源与旅游资源融合共生的文化空间研究 [J]．首都体育学院学报，2019，31（01）：56-60．
③ 王玮，丁博汉，张亚军，等．上海体育产业高质量发展的典型特点、主要问题和对策建议 [J]．科学发展，2021（08）：92-96．

项体育协会实体化改革，将一些赛事监督、赛事指导、企业服务等职能转移给协会，培育运动项目协会等民族传统体育社会组织成为具有监督、服务、管理、仲裁等职能的民族传统体育市场中介组织，以形成民族传统体育市场的多元主体治理格局。三是打破民族传统体育市场行政垄断，放宽市场准入，营造公平竞争的市场环境。建立民族传统体育市场负面清单制度，在市场准入负面清单基础上，体育部门结合民族传统体育产业发展需要出台民族传统体育市场负面清单①。

第二，加强科学监管，优化民族传统体育市场发展环境。一是体育部门应联合市场、物价、旅游等相关部门构建民族传统体育市场监管相关规则依据，理清多职能部门间监管权责，提升监管主体部门间信息沟通效率，形成全过程协同监管机制。二是秉持"分而治之"的思路对不同类型民族传统体育市场业态实施分类监管，对危险程度高的市场业态，在保留行政检查、行政强制、行政处罚等传统行政监管手段基础上，着重构建高危民族传统体育赛事的安全风险监管与防控机制。三是完善与落实民族传统体育市场黑名单制度；提高黑名单信用处罚的公正性与公开性，建立黑名单纳入与退出的运作规则；建立与黑名单处罚配套的民族传统体育市场信用评级制度，对民族传统体育企业与从业个人进行信用评级，实行标准化信息化管理，加强与其他行政部门的信用互认。

第三，优化政务服务，提高民族传统体育企业运作效率。一是加强体育政务服务标准化建设，精简体育行政审批事项，在体育行政权力与责任清单制定的基础上，形成民族传统体育行政许可审批的流程服务指南。二是运用"互联网+政务"技术推进"最多跑一次"改革，打通部门之间的数据壁垒与权责界限，建立政务数据共享机制，推进体育行政部门融入地方政府一体化政务服务平台，实现民族传统体育市场主体完成网上申请、信息公示与材料审批等过程。三是建设民族传统体育企业线上专门服务平台，将各类民族传统体育企业运营所需的体育场地信息、运动员信息、裁判员信息、赛事信息、

---

① 王志文，张瑞林，李凌. 我国体育产业营商环境的学理构成、问题检视与构建思路［J］. 体育学研究，2021，35（05）：31-38.

健身培训信息等纳入线上平台，并接入商贸流通、政府采购、公共招聘、金融服务、水电气服务等多项普适性政务服务项目信息，主动为民族传统体育企业提供信息咨询服务。

第四，完善政策法规，强化民族传统体育产业法治保障。完善的政策法规是民族传统体育产业高质量发展的关键保障，能够为其发展提供一个良好的营商环境。一是以《体育法》修订为引领，完善民族传统体育产业相关法规政策，重点保护民族传统体育市场主体合法权益。围绕《体育法》修订以及民族传统体育产业实践，着力推动现行体育行政法规政策的"立改废释"工作。根据民族传统体育产业高质量发展趋势制定子产业发展、民族传统体育市场规范、民族传统体育产业组织等具体方面的行业法规和部门规章。二是改革与创新体育行政执法方式，规范体育行政执法的自由裁量权，提高执法的科学性与有效性；探索优质民族传统体育企业免检制度，严格限制执法检查次数；积极引导相关部门主动深入民族传统体育企业内部，指导民族传统体育企业生产实践，为其发展提供政策法规指引。

第三节　增强民族传统体育文化认同，构筑中华民族共有精神家园

2021年8月，在中央民族工作会议上，习近平总书记强调，以铸牢中华民族共同体意识为主线，坚定不移走中国特色解决民族问题的正确道路，构筑中华民族共有精神家园，促进各民族交往交流交融，推动民族地区加快现代化建设步伐，提升民族事务治理法治化水平，防范化解民族领域风险隐患，推动新时代党的民族工作高质量发展①。明确将"构筑中华民族共有精神家园"作为铸牢中华民族共同体意识的首要任务，通过全面推进中华民族共有精神家园建设以实现民族事务治理体系和治理能力现代化，进而铸牢中华民族共同体意识。这是继党的十七大提出"弘扬中华文化，建设中华民族共有

---

① 光明网. 以铸牢中华民族共同体意识为主线推动新时代党的民族工作高质量发展［EB/OL］.（2021-08-29）［2022-07-27］. https：//m. gmw. cn/baijia/2021-08/29/35120475. html.

精神家园"以来，历经十二年的发展，对"中华民族共有精神家园"这一概念更深入、更理性的认知与升华，更是为铸牢中华民族共同体意识指明了方向与落脚点①。中华民族共有精神家园是整个中华民族共同依托、共同传承、共同发扬的文化精神、价值观念和情感态度的总和②；是中华民族共同体成员认知表达、情感表达和精神寄托之地，是中华民族共同体的内涵之一。构筑中华民族共有精神家园能够满足中华民族共同体成员的心理需要，深化各民族交往交流交融，培育中华民族精神和铸牢中华民族共同体意识③。构筑中华民族共有精神家园，就是要在深入挖掘中华优秀传统文化的基础上，充分吸收现代人类文明发展的成果，不断丰富中华文化的内涵，构筑中华民族共同的思想文化基石④。2019 年 9 月 27 日，习近平同志在全国民族团结进步表彰大会上强调，在各族群众中加强社会主义核心价值观教育，牢固树立正确的祖国观、民族观、文化观、历史观，对构筑各民族共有精神家园、铸牢中华民族共同体意识至关重要；要以此为引领，推动各民族文化的传承保护和创新交融，树立和突出各民族共享的中华文化符号和中华民族形象，增强各族群众对中华文化的认同⑤。由此可见，文化认同是构筑中华民族共有精神家园之基，因而构筑中华民族共有精神家园的关键在于增强中华文化认同⑥。民族传统体育作为中华文化的重要代表与物质载体，承载着中华民族上下五千年的文化积淀，通过增强民族传统体育文化认同显然能够有利于增强文化认同，从而为构筑中华民族共有精神家园奠定文化根基，进而铸牢中华民族共同体意识。基于此，本研究提出聚焦增强民族传统体

①　白晋湘，万利. 中国武术构筑中华民族共有精神家园的理论与现实逻辑 [J]. 广州体育学院学报，2022，42（01）：1-7.

②　韩振峰. 中华民族共有精神家园 [N]. 光明日报，2011-11-29（002）.

③　徐黎丽，杨立霞. 论各民族共有精神家园对中华民族共同体的凝聚作用 [J]. 西北民族研究，2021，（04）：41-49.

④　田卫疆. 构筑中华民族共有精神家园夯实新疆社会长治久安的思想文化根基 [J]. 新疆社会科学，2020（06）：4-9+143.

⑤　中共中央党校. 习近平：在全国民族团结进步表彰大会上的讲话 [EB/OL].（2019-09-27）[2022-07-27]. https：//www.ccps.gov.cn/xxsxk/zyls/201909/t20190927_134584. shtml.

⑥　木拉提·黑尼亚提. 文化认同是筑牢中华民族共有精神家园之基 [J]. 新疆大学学报（哲学·人文社会科学版），2021，49（04）：50-57.

育文化供给力、聚合力、生命力、感召力四项举措来共同增强民族传统体育文化认同。

一、挖掘民族传统体育各项目文化内涵，增强民族传统体育文化供给力

首先，以顶层设计为支撑，制定民族传统体育文化繁荣方案。2006 年 1 月 16 日，为进一步加强少数民族传统体育工作，促进民族传统体育发展，国家民委、国家体育总局印发《关于加强少数民族传统体育工作的意见》；2018 年 1 月 10 日，国家体育总局与国家民委再次印发《关于进一步加强少数民族传统体育工作的指导意见》，这是时隔 12 年后国家层面再次出台促进少数民族传统体育发展的规范性文件。然而，梳理这两部《意见》发现，《意见》的构架基本沿袭了体育相关政策文件的起草范式，即强调少数民族传统体育的"体育"特色，其"文化"属性彰显相对不足。因此，要以顶层设计为支撑，强化相关政策文件中少数民族传统体育的文化属性，加强对具体拳种以及传统体育项目文化的顶层设计与规划，制定民族传统体育文化繁荣方案，进而为增强民族传统体育文化供给力提供方向指引。

其次，以武术项目为重点，深入挖掘各民族的拳种文化内涵。与其他民族传统体育项目相比较，武术是民族传统体育最典型的代表，不仅有着种类丰富的拳种形式，同时各拳种也因民族的差异而有所不同，由此形成了中华武术博大精深的文化底蕴。因此，增强民族传统体育文化认同要以武术项目为重点，深入挖掘各民族的拳种文化内涵。一是要加强各民族某一拳种文化的挖掘与整理，将同一拳种在不同民族中所具有的不同文化内涵进行梳理与归纳，从而丰富某一拳种的文化内涵。二是加强各民族的拳种文化的挖掘与整理，比较各拳种的分布特征与文化差异，从民族文化的视角丰富各武术拳种的文化底蕴。总之，武术是民族传统体育最典型的代表，而武术又由多个拳种共同构成，深入挖掘各拳种的文化内涵能够丰富民族传统体育的文化内涵，进而增强文化认同。

再次，以文化展演为载体，增加民族传统体育文化传播渠道。在深入挖

掘民族传统体育文化内涵的基础上，还要加强民族传统体育文化展演，从而增强民族传统体育文化的供给力，为广大人民群众提供更多认知、参与、消费民族传统体育文化的机会与平台，进而为增强民族传统体育文化认同夯实基础。一是要鼓励武术与民族传统体育专业学生下基层实践，将基层实践作为专业实习的重要考核内容，引导学生积极将各拳种带进社区，从而促进民族传统体育文化的广泛传播。二是要定期举办民族传统体育文化展，积极组织各民族传统体育文化传承人或组织参与展演，切实扩大民族传统体育文化的供给力度。三是各级政府要对民族传统体育文化展演活动予以资金支持，可以考虑成立文化展演专项资金，由文化、体育、民政等部门共同负责运筹。

最后，以科学研究为引领，实现民族传统体育的精细化研究。我国少数民族人口数量虽少，但分布广泛，在不同的社会环境与文化场域中形成了丰富多元的文化体系，少数民族传统体育文化就是其最典型的代表。也正因如此，少数民族传统体育文化研究成为学者们热衷探讨的主题。从研究内容上看，现有研究注重顶层设计的成果偏多，关注基层实况的成果偏少①。诚然，少数民族传统体育文化的传承与发展确实需要顶层设计，因为少数民族传统体育文化一方面要实现自身的体系化传承、创造性转化与创新性发展；另一方面也需要为国家建设、社会发展服务。然而在现代性的冲击下，少数民族传统体育文化研究也需要关注基层实况，因为深入探讨基层实况以及基层所映射的普遍性规律对于少数民族传统体育文化的整体性发展更具意义。因此，要以科学研究为引领，积极推动民族传统体育文化研究的精细化转型。在课题层面，选题指南要积极引导广大学者扎根民族传统体育具体项目，避免局限于宏观层面上的应然建构中；在论文层面，学术期刊要引导广大学者潜心研究各民族传统体育具体项目的文化特质，丰富民族传统体育文化体系，扩大民族传统体育文化供给。

---

① 彭响，刘如，戴俭慧.非民族地区：少数民族传统体育文化研究的一个理论视角［J］.南京体育学院学报，2021，20（09）：72-80.

二、推动民族传统体育文化体系化传承，增强民族传统体育文化聚合力

2017 年 1 月，中共中央办公厅、国务院办公厅印发的《关于实施中华优秀传统文化传承发展工程的意见》明确提出"到 2025 年，中华优秀传统文化传承发展体系基本形成"的总体目标。这是国家层面第一次以中央文件形式专题阐述中华优秀传统文化传承发展工作。作为中华优秀传统文化的重要载体，民族传统体育的当代传承应该实现体系化传承，而非片段化传承①。因此，须推动民族传统体育文化的体系化传承，从而增强民族传统体育文化的聚合力，进而实现增强民族传统体育文化认同这一目标。

第一，重视民族传统体育文化体系化传承的意义。总的来讲，民族传统体育文化体系化传承的意义主要有如下几个：一是保护中华民族赖以生存发展的文化根基的需要。民族传统体育文化几千年始终延续发展，成为维系民族成员的心理纽带，成为振奋民族精神的力量源泉，成为中华民族延绵不绝的精神支柱，为中华民族生生不息、发展壮大提供了丰厚滋养。二是立足时代实践、顺应时代潮流不断进行新的文化创造的需要。文化的发展是一个历史的、连续的过程，是在既有传统基础上进行的文化传承、变革和创新②。我们要在广征博采的基础上廓清民族传统体育文化发展脉络，认真挖掘提炼民族传统体育文化的有益思想价值，进行深入系统的研究阐发，作出通俗易懂的当代表达，并赋予新的时代内涵，使其与当代社会相适应，与现代文明相协调，在新的历史条件下继续发扬光大。

第二，确立民族传统体育文化体系化传承的原则。推动民族传统体育文化的体系化传承须遵循以下基本原则：一是系统性原则，民族传统体育是中华各民族传统体育文化的统称，是由多个子系统构成的大系统。民族传统体育文化体系化传承要坚持系统性原则，始终站在中华民族传统体育文化这一大系统范畴下进行科学探索。二是科学性原则，民族传统体育文化的体系化

---

① 杨建营. 武术拳种的历史形成及体系化传承研究 [J]. 体育科学，2018，38（01）：34-41.
② 王青，王桂珍. 中国特色社会主义文化发展道路的历史必然性 [J]. 云南社会主义学院学报，2014（02）：42-44.

传承要坚持科学性原则，在传统的基础上继承创新、取精去糙，实现民族传统体育文化的传承与弘扬。三是差异化原则，民族传统体育各个项目因地域文化、民族文化的不同而存在一定的差异性，因而民族传统体育文化的体系化传承要坚持差异性原则，差异化对待每一个具体传统体育项目，根据项目特色构建不同的传承体系。四是民族性原则，民族性是民族传统体育最典型的特征，每个民族都有自己独特的传统体育文化，这些传统体育项目承载着本民族的集体文化信仰与价值观念，因而民族传统体育文化的体系化传承要充分体现其民族性。

第三，构建民族传统体育文化体系化传承的路径。一是加强民族传统体育文物的整理与保护工作。地方文物部门要推动民族传统体育文物的整理工作，将具有历史文化底蕴、承载民族文化记忆的文物以固态保护形式收藏进博物馆，同时以活态传承的形式对其进行数字化保护。二是加强民族传统体育传承人名录的整理工作。在全国范围内对各个民族传统体育具体项目传承人进行调查与整理，梳理历代传承人谱系，编撰《民族传统体育传承人名录》，对实践在一线的传承人予以资金扶持，积极推动传承人参与民族传统体育文化传播工作。三是培养民族传统体育文化体系化传承的践行者。将民族传统体育文化纳入到国民教育的内容之中，夯实学生民族传统体育文化的认识基础，提高学生民族传统体育文化的认知水平，造就民族传统体育文化的继承者和接班人。同时把民族传统体育文化融入到现实生活当中，重新挖掘和阐发民族传统体育文化的当代价值和现实意义，使之成为不可或缺的生活话语和实践指南[①]。

三、加强民族传统体育文化创造性转化，增强民族传统体育文化生命力

"创造性"注重的不是行为的创造过程与结果，而是其属性。具体就民族传统体育文化传承而言，它不是在一张白纸上画最新最美的图画式的原创，而是面对既有民族传统体育文化内涵和陈旧表达形式，分梳出其中按照时代

---

① 李丽. 建设优秀传统文化传承体系 [N]. 人民日报, 2012-02-10 (008).

特点和要求至今仍有借鉴价值的内涵和形式，并对其进行改造，旨在激活其生命力而实现转化①。民族传统体育文化的创造性转化主要包括明确目标、确立标准、整理鉴别、改造转化四大步骤。

首先，明确目标。民族传统体育文化的创造性转化以激活民族传统体育文化生命力为目标。习近平总书记指出，让收藏在禁宫里的文物、陈列在广阔大地上的遗产、书写在古籍里的文字都活起来②。可见，民族传统体育文化创造性转化的直接目的是激活民族传统体育文化的生命力，也就是激活民族传统体育文化当中有价值的因子，使得民族传统体育文化资源在当代中国、当今世界获得重生。所谓活起来，就是使民族传统体育文化自觉存在于在当代人的精神意识之中，潜移默化于当代人的行为实践之中，熔铸于当代人的精神家园之中，成为社会生活大厦的有机组成部分，并与当代文化相适应，与现代社会相协调。

其次，确立标准。实践未动，理念先行。创造性转化的对象并非所有的民族传统体育文化资源，而是优秀的民族传统体育文化。优秀与否是一个价值判断，基于正确文化理念指导下的正确评价标准是首先需要思考的前提性问题。优秀民族传统体育文化就是指在马克思主义的指导之下，坚守中华文化立场、适应时代需求、推动社会发展、经受实践检验、有助文化认同、促进民族团结、提供精神支撑、助力民族复兴、有益世界文明的传统体育文化③。因此，在确立优秀民族传统体育文化评判标准的基础上，民族传统体育文化的创造性转化也就有了明确的内容选择，而这正是加强民族传统体育文化创造性转化的前提。

再次，整理鉴别。所谓整理，即理清民族传统体育文化的文化存在、整体架构、内在结构、发展脉络、核心价值、精神内核等。具体而言，主要包括民族传统体育各具体项目的技术动作、历史渊源、传承体系、文化信仰等。这一过程实际上就是民族传统体育文化的深入挖掘与系统梳理过程。所谓鉴

---

① 范鹏，李新潮．界定与辨析："创造性转化""创新性发展"的内涵解读［J］．兰州大学学报（社会科学版），2021，49（02）：110-118.

② 习近平谈治国理政：第一卷［M］．北京：外文出版社，2014：121.

③ 李宗桂．试论中国优秀传统文化的评价标准［J］．社会科学战线，2017（08）：1-9+293.

别，即依据一定的价值标准，分辨出哪些民族传统体育文化是优秀的，哪些是需要摒弃的，进而确定民族传统体育文化创造性转化的轻重、缓急和难易，同时将优劣、轻重、缓急、难易统一起来，综合分析，鉴别出新时代民族传统体育文化传承发展的具体对象。这一过程实际上也是扬弃、继承过程的一个重要环节。

最后，改造转化。所谓改造转化，即从时代需求出发，广泛交流互鉴、吸收整合，从内容上重新诠释传统，从形式上革新表达方式，赋予优秀民族传统体育文化以新的时代内涵、时代功能和时代意味。即从时代性着手，用现代观念重新诠释传统，分析民族传统体育文化中所蕴含的穿越时空的普遍性价值内核，赋予这一价值内核独特的时代内涵，变传统文化为现代文化。优化民族传统体育文化的功能结构、价值结构和目标结构，结合中华民族发展的未来走向，使其具备适应现实、回应现实、服务现实的能力。从形式与内容的辩证关系入手，把握民族传统体育文化形式对于文化内容的独特价值，结合科学技术的发展尤其是网络技术的发展，革新民族传统体育文化的表达形式，使其具有现代意味，符合现代人的审美追求和生活习惯。从文明交流互鉴的视野出发，在马克思主义哲学的指导下，立足中华文化立场，以民族传统体育文化为主体，广泛参与世界多种文明对话，不断兼收并蓄、吸收整合，以善学替代独善，以交流替代推销，才能不断丰富民族传统体育文化内涵，在交融互鉴中提升民族传统体育文化软实力。

四、促进民族传统体育文化创新性发展，增强民族传统体育文化感召力

创新性是指人类活动所具有的对物质和精神进行创新和创造的能力和特质，具体到民族传统体育文化传承发展领域而言，创新性发展意味着民族传统体育文化的发展以形成新的文化形态和新的文化样式为目标，内在性地反对文化复古主义；意味着民族传统体育文化的发展以马克思主义历史唯物主

义为立足点，反对线性的文化进化论①。创新性发展以增强民族传统体育文化感召力为目标旨归，不仅包括激活民族传统体育文化的当代活力并服务于现实社会的发展需要，还需要面向世界、面向未来、面向现代化，提炼出融入现代社会形态的新内容，总结出更有利于民族传统体育文化走出去的新方略，优化民族传统体育文化系统的内在结构，从而增强民族传统体育文化感召力。

第一，民族传统体育文化的创新性发展要与广大群众生活实践统一。民族传统体育最典型的特征就是民族性，而这一特征也直接决定了其作为中华民族所特有的体育文化的本质。尽管当前民族传统体育的发展走向了一条模仿竞技体育发展的道路，但始终无法回避其本土性。民族传统体育并非舶来品，而是中国广大劳动人民集体智慧的结晶，它深刻地反映着中华民族的集体信仰与价值观念，并深受中国传统文化的熏陶与浸染。因此，民族传统体育文化的创新性发展要始终与广大人民群众的生活实践高度统一，无论如何变革，回归群众日常生活是其永恒的真谛，也是其民族性特征最直接的彰显。在民族传统体育高度竞技化发展的今天，政府要高度重视民间传统体育活动开展的保护，充分尊重群众的主体性参与权利，只有让群众从民族传统体育活动的"观赏者"回归"参与者"，民族传统体育的发展才能真正回归群众生活，其生活化发展的价值取向才成为可能。

第二，民族传统体育文化的创新性发展要与发展现实文化有机统一。习近平总书记曾明确指出，我们要善于把弘扬优秀传统文化和发展现实文化有机统一起来，紧密结合起来，在继承中发展，在发展中继承②。习近平总书记关于弘扬优秀传统文化的重要论述的核心就是继承创新、取精去糙，即保留与现实文化相适应的先进文化，扬弃与社会文化发展主流相违背的落后文化。因此，民族传统体育文化的创新性发展，一是要积极挖掘与发展现实文化相向而行的文化体系，凝练民族传统体育文化的精神内核与伦理思想，并

---

① 范鹏，李新潮．界定与辨析："创造性转化""创新性发展"的内涵解读 [J]．兰州大学学报（社会科学版），2021，49（02）：110-118.

② 习近平．在纪念孔子诞辰 2565 周年国际学术研讨会暨国际儒学联合会第五届会员大会开幕会上的讲话 [N]．人民日报，2014-09-25（002）．

对其进行创新性改良，使之与现实文化高度融合，并成为发展现实文化的重要补充与助推器。二是要对民族传统体育文化进行选择性扬弃，对于过于保守以及与社会发展方向相反的文化及时摒弃，保留先进文化，使之充分适应国家发展战略需要，为中华民族伟大复兴增添动力。

第三，民族传统体育文化的创新性发展要与弘扬社会主义核心价值观统一。习近平总书记指出，要把传承和弘扬中华优秀传统文化同培育和践行社会主义核心价值观统一起来①。民族传统体育文化作为中华优秀传统文化的典型代表，理应服务于社会主义核心价值观的培育和践行。此外，社会主义核心价值观与中华民族共同体意识之间具有内在联系性，主要表现为文化底蕴的同质性、内容体系的共生性、价值导引的契合性、实践延展的同向性②。因此，民族传统体育文化的创新性发展要与弘扬社会主义核心价值观统一。一方面，要积极挖掘民族传统体育文化中与社会主义核心价值观理念一致的内容体系，特别是梳理能够培育社会主义核心价值观的具体传统体育项目，为其实践提供工具性的支撑。另一方面，要从资金支持、政策指引、技术介入、人才队伍等维度构建民族传统体育培育和践行社会主义核心价值观的保障机制，为其实践提供制度性的支持机制。

第四，民族传统体育文化的创新性发展要与先进科学技术统一。创新意味着先进科学技术的使用，因而民族传统体育文化的创新性发展离不开先进科学技术的支持。当前，我国已全面进入数字经济时代，数字技术的使用场景遍布社会发展的各个角落。因此，要加快民族传统体育文化服务数字化建设，整合民族传统体育文化资源，建强民族传统体育数字文化内容，放大民族传统体育文化传播效益，启动民族传统体育数字文化遗产博物馆建设项目，实施珍贵文物古迹保护修复、数字化工程等，做到线下活动线上转化、线上内容线下推广，通过各类网上博物馆、数字图书馆和"学习强国""珠峰云"等融媒体平台，让各族群众享有更多更便捷的民族传统体育文化体验和文化

---

① 倪光辉. 结合中国特色社会主义伟大实践　加快构建中国特色哲学社会科学［N］. 人民日报，2016-05-18（001）.

② 孟凡丽，王国宁. 以社会主义核心价值观引领中华民族共同体意识培育［J］. 西北师大学报（社会科学版），2022，59（04）：59-66.

服务①。

第四节　推进民族传统体育社会治理，
深化社会民族团结进步教育

2019 年 9 月，习近平总书记在全国民族团结进步表彰大会上强调，实现中华民族伟大复兴的中国梦，就要以铸牢中华民族共同体意识为主线，把民族团结进步事业作为基础性事业抓紧抓好②。由此可见，开展民族团结进步教育对于铸牢中华民族共同体意识具有重要意义。民族团结进步教育与铸牢中华民族共同体意识是辩证统一的，二者之间有着铸牢路径与价值目标的内在联系。在中国特色社会主义新时代，积极通过民族团结进步教育来凝聚中华民族共同体意识是党、国家和全国各族人民的广泛共识③。当前民族团结进步教育活动的开展出现"重政府，轻社会"或是"重校园，轻社会"的现象，社会层面开展得较少④。因此，要将民族团结进步教育融入公民生命教育、生活教育、法治教育、理想教育等基本教育之中，通过必要的形式补充和教育创新，使中华民族共同体意识浸润到草根层面，并植入普通民众的心田，化为民众的自觉行为⑤。然而，民族团结进步教育应打破以往扎堆式、应急式、灌输式、维稳式等教育模式，转变过去"大水漫灌式"宣传教育惯性手段，针对不同受众特点与要求，多做"滴灌"教育，精耕细作，多赋予教育熔铸工作润物细无声的品性。

---

① 汪海洲．以铸牢中华民族共同体意识为主线　着力构筑各族群众共有精神家园 [J]．党建，2022，(05)：10-12．

② 习近平．在全国民族团结进步表彰大会上的讲话 [N]．人民日报，2019-09-28 (002)．

③ 赵刚，宋鹏．铸牢跨界民族的中华民族共同体意识——以民族团结进步教育为视角 [J]．延边大学学报（社会科学版），2020，53 (05)：75-82+142．

④ 曹能秀，宋南争，王福友．民族团结进步教育概念的内涵与要素——基于结构化理论的视角 [J]．学术探索，2021，(11)：150-156．

⑤ 赵英．新时代青海藏区民族团结进步教育与铸牢中华民族共同体意识刍议 [J]．民族教育研究，2018，29 (04)：14-20．

民族传统体育既是一种有形的客观实体，也是一种无形的文化载体①。作为一种有形的客观实体，民族传统体育可以为深化民族团结进步教育提供工具载体；作为一种无形的文化载体，民族传统体育可以为深化民族团结进步教育指引价值理念。但总的来讲，民族传统体育与民族团结进步教育二者之间的内在逻辑主要体现在民族传统体育所内含的社会治理功能。党的十八届三中全会明确提出，将"完善和发展中国特色社会主义制度，推进国家治理体系和治理能力现代化"作为全面深化改革的总目标。民族传统体育社会治理对深化民族团结进步教育所具有的独特作用主要体现在以下几个方面：

第一，民族传统体育治理是社会治理的一项重要手段。格里·斯托克认为，治理的本质在于它所偏重的统治机制并不依靠政府的权威和制裁，它所要创造的结构和秩序不能从外部强加；它发挥作用是要依靠多种进行统治的以及互相发生影响的行为者的互动②。俞可平认为，治理是指在一个既定的范围内运用权威维持秩序，满足公众需要，治理的目的是在各种不同的制度关系中运用权力引导、控制和规范公民的活动，以最大限度增进公共利益③。可见，社会治理不仅需要理念上的支撑，同时更需要现实可行的工具支撑，或者说具体实践手段。民族传统体育中蕴含着丰富的仪式文化，这些仪式具有较强的稳定性，是社会文化展演的形态之一，对于延续社会结构、整合社会秩序、强化集体情感具有重要意义④。由此，民族传统体育治理成为社会治理的一项重要手段。

第二，民族传统体育治理以自治、德治促进民族团结稳定繁荣。《乡村振兴战略规划（2018-2022年）》明确提出，促进自治法治德治有机结合，坚持自治为基、法治为本、德治为先，以德治滋养法治、涵养自治，让德治贯穿乡村治理全过程⑤。相比法治，自治与德治在农村社会治理中所发挥的

① 彭响，刘如，张继生．民族传统体育铸牢中华民族共同体意识研究［J］．武汉体育学院学报，2020，54（02）：59-64.
② 格里·斯托克．作为理论的治理：五个论点［J］．国际社会科学：中文版，1999：2.
③ 俞可平．治理与善治［M］．北京：社会科学文献出版社，2000：270-271.
④ 杨海晨．族群体育的实践理性与文化表达［D］．华中师范大学，2014.
⑤ 新华社．中共中央　国务院印发《乡村振兴战略规划（2018-2022年）》［EB/OL］．（2018-09-26）［2022-07-30］．http：//www.xinhuanet.com/photo/2014-05/29/c_126564529.htm.

作用更为显著。民族传统体育扎根于农村社会，民间传统体育活动的开展往往伴随着仪式的展演，这些仪式是群众集体价值认同与文化信仰的共同表征，折射出地方社会文化结构。民族传统体育仪式中，其约定俗成的乡约民规对于地方社会的稳定以及群众行为的控制有着独特的功能与作用，起着法治所无法替代的作用。概言之，民族传统体育治理是社会治理的重要手段，同时更是以自治、德治为主体对法治的有效补充。

基于此，本研究认为应当通过广泛开展仪式性民族传统体育活动；加强各民族传统体育组织党建工作；积极引导与培育民族传统体育精英；加强传统体育仪式文化挖掘与整理等多元手段共同推进民族传统体育参与社会治理，从而深化民族团结进步教育，进而铸牢中华民族共同体意识。

一、广泛开展仪式性民族传统体育活动

仪式是历史和文化建构的产物，几乎能够覆盖人类社会的所有内涵，包括文化、文明等。在一定时期内，仪式是族群文化和记忆产生、传承的载体，发挥着不可替代的作用。尤其在原始社会时期，自然环境恶劣，生产水平低下，食物和后代是人类社会最重要的事情，族群的延续需要生殖，后代的健康繁衍需要祈求神仙鬼怪等，这些认知在一定历史阶段是主流的崇拜与信仰，也是仪式赖以生存的基石①。民族传统体育恰恰继承了这些具有深厚文化底蕴、反映民族文化信仰的仪式文化，其承载的这些仪式文化对于基层社会礼仪规范、价值导向、关系调适、社会整合均有着积极的意义，是民族团结进步教育的重要媒介与方式。因此，要广泛开展仪式性民族传统体育活动、深化社会层面的民族团结进步教育。

首先，政府要科学引导基层仪式性民族传统体育活动开展。一是减少政府对民间传统体育活动的直接干预。近年来政府对传统体育赛事的改革，尽管推动了其现代化的进程，并使传统体育的国际化发展趋势越发明显；但也造成了传统体育的"脱域"现象。因而，政府在民间传统体育活动开展中要

---

① 李翠含，吕韶钧. 生命教育与民族命运共同体建构——以广西少数民族传统体育为例［J］. 体育学刊，2019，26（03）：19-24.

做好角色定位，扮演好"服务者"，减少对其进行直接干预，充分激发民间传统体育活动开展的内生动力。二是尊重普通群众参与传统体育活动的主体地位。在标准化的传统体育赛事体系下，要加强对民间传统体育赛事活动的保护，保障民众的赛事参与主体权，让"赛事"回归"故事"，以此来唤醒民众的历史记忆，并促进邻里之间的深度交流与情感共鸣。三是鼓励跨区域、跨民族协同开展民间传统体育活动。仪式性的传统体育有着相似的文化体系，开展仪式性的传统体育活动要尽可能实现跨区域、跨民族协同举办，通过仪式文化的熏陶与浸染，实现对一定区域范围内群众的民族团结进步教育，进而增强民众的共同体意识。

其次，鼓励地方政府成立专项资金，打造地方仪式性传统体育活动名片。深化社会层面的民族团结进步教育，需要在一定范围内形成一定辐射效应，以特定的文化符号来实现对身体的建构，进而达到教育的目的。因此，地方政府要成立专项资金，联合体育、文化、旅游等部门，因地制宜，打造具有地方文化特色的仪式性传统体育活动名片，并将其纳入地方文化活动日程。在这个过程中，政府要高度重视对民族传统体育仪式文化的保护工作，突出其仪式教育的价值。通过活动名片的打造，将一定区域内的各阶层、各民族人民集中在特定的仪式场域中，同时强化民族传统体育活动的民族团结教育意识的植入，从而通过仪式性传统体育活动的开展，实现对群众进行民族团结教育的目标。

最后，充分发挥仪式性民族传统体育在社会治理中的"礼治"或"德治"功能。仪式在某种程度上就是以规定性的身体实践进行符号隐喻传递和表现仪式的展演，它是在人为主导和建构下营造人神沟通的一种神圣环境，在该环境下激发起人的强烈情感体验。在仪式场域中可以探究民族传统体育活动运行的逻辑结构，深入系统地挖掘深藏在人们潜意识结构的社会现实，从而为社会治理中的"礼治"或"德治"打开视角。同时仪式还具有控制功能，通过仪式能够对社会秩序起到一定的控制作用。因此，要高度重视民族传统体育活动中的仪式功能，并对其进行保护传承，让其充分彰显在社会治理中的"礼治"或"德治"价值，从而服务于社会治理，为民族团结进步保驾护航，进而为铸牢中华民族共同体意识提供制度保障。

二、加强各民族传统体育组织党建工作

2015年9月28日，中共中央办公厅印发《关于加强社会组织党的建设工作的意见（试行）》，并强调加强社会组织党建工作，对于引领社会组织正确发展方向，激发社会组织活力，促进社会组织在国家治理体系和治理能力现代化进程中更好地发挥作用；对于把社会组织及其从业人员紧密团结在党的周围，不断扩大党在社会组织的影响力，增强党的阶级基础、扩大党的群众基础、夯实党的执政基础，都具有重要意义①。民族传统体育社会组织是社会组织的重要组成部分，加强各个民族传统体育社会组织党建工作，不仅可以将党建的政治优势转化为民族传统体育社会组织的治理效能②；更为重要的是，可以让民族传统体育社会组织服务于基层民族团结进步教育，助力于基层社会意识形态建设。

第一，提升价值认同，为民族传统体育社会组织党建工作提供思想保障。一是强化政治引领，从政治导向上促进价值认同。体育部门领导干部要从政治原则上进行把握、从政治方向上进行引导、从政治文化上进行熏陶，切实承担起加强民族传统体育社会组织党建工作的领导责任。二是树立人本理念，从工作理念上促进价值认同。即将做好群众工作，把实现人民群众的根本利益作为开展党建工作的出发点和落脚点。三是坚持破立并举，从革新观念上促进价值认同。"破"，即破除部分体育领导干部的无所谓心理、畏难情绪、戒备心理与雇佣心理，"立"，即树立"抓民族传统体育社会组织党建工作事关全局"的观念以及"理直气壮抓党建"的观念。

第二，明确功能定位，为民族传统体育社会组织党建工作提供主体保障。只有明确责任主体，框定功能定位，才能发挥民族传统体育社会组织党建工作的作用。各级党组织要明确党建责任主体，牢固树立不抓基层党组织建设

---

① 国务院办公厅．中共中央办公厅印发《关于加强社会组织党的建设工作的意见（试行）》［EB/OL］．（2015 - 09 - 28）［2022 - 07 - 30］．http：//www.gov.cn/zhengce/2015 - 09/28/content_2939936.htm.

② 陈丛刊，王思贝．新时代党建工作引领体育社会组织发展内在逻辑和实现路径［J］．体育文化导刊，2021，（12）：47-52+65.

是失职、抓不好基层党组织建设是不称职的思想意识，从民族传统体育社会组织党建工作难以落到实处的现实出发，建立党建工作责任制，列出民族传统体育社会组织党建责任清单，科学定位民族传统体育社会组织党组织的功能，明确职责任务，形成各司其职、各尽其责、协作共进的良好局面。明确功能定位，贵在合理确定党、政府和民族传统体育社会组织的相互关系与权力格局，在实践中逐步建立和谐共生的良性管理体制和运行机制①。

第三，丰富活动方式，为民族传统体育社会组织党建工作提供载体保障。开展丰富多样的党建活动，是提高民族传统体育社会组织党建工作凝聚力和战斗力的重要抓手。坚持围绕民族传统体育社会组织发展这个中心，开展丰富多彩、寓教于乐的党建活动，努力做到党建活动与民族传统体育社会组织的经营管理有机融合，使党建活动能够为民族传统体育社会组织发展所需要。在活动的开展过程中，一是民族传统体育社会组织党组织活动应与民族传统体育社会组织发展方向紧密结合；二是民族传统体育社会组织党组织应密切关注组织成员的思想状况；三是注重突出民族传统体育社会组织的特点，发挥民族传统体育社会组织及其从业人员的专业特长，积极开展专业化志愿服务。

第四，拓宽资金来源，为民族传统体育社会组织党建工作提供经费保障。充足的经费是民族传统体育社会组织党建工作开展的必要保障，没有经费的支持，党建工作的开展将举步维艰。《关于加强社会组织党的建设工作的意见（试行）》明确提出要建立多渠道筹措、多元化投入的党建工作经费保障机制②。为此，各级党组织应把党建工作经费列入政府财政预算，适时增拨党建工作经费。同时，通过整合辖区政府、驻区单位、企业等多种资源，实行资源共享，有效解决民族传统体育社会组织党建经费不足、活动场所与设施匮乏的问题。此外，可考虑设立民族传统体育社会组织党建工作基金，从财政预算和基层上缴党费中划拨一定比例的资金作为开展民族传统体育社会

①　兰洋.新时代社会组织党建工作存在的问题及其破解［J］.中州学刊，2022，（06）：9-13.
②　国务院办公厅.中共中央办公厅印发《关于加强社会组织党的建设工作的意见（试行）》［EB/OL］.（2015-09-28）［2022-07-31］.http：//www.gov.cn/zhengce/2015-09/28/content_2939936.htm.

组织党建工作的经费，为民族传统体育社会组织党建工作提供必要的财力支撑。

三、积极引导与培育民族传统体育精英

帕累托曾明确指出，纵览整个人类历史，除了偶尔的间断外，各民族始终是被精英统治着[①]。在中国乡村治理的历代变迁中，乡村社会同样也是由各种精英治理的，乡村精英具有无可替代的重要作用[②]。因此，如要推进民族传统体育参与社会治理，深化社会层面的民族团结进步教育，就需要积极引导与培育民族传统体育精英，充分动员与发挥体育精英的资源优势，更好地推动基层民族传统体育活动开展，进而为基层社会治理提供鲜活血液。

首先，开辟多方渠道，以乡土情怀凝聚地方精英参与民族传统体育事务。以故乡情怀激发地方精英情感荣归乡土，是使其回归乡村并积极参与民族传统体育发展的根本所在[③]。一是地方政府、体育部门要以重大活动为契机，借助民族传统体育赛事、文化展演等平台，出面邀请地方精英参与民族传统体育事务管理，积极赋予地方精英名望，利用地方精英的乡土情怀感召其反哺地方民族传统体育发展。二是地方干部与群众要积极动员地方精英家属，采用情感植入、思想动员、成就激励等多元方式激发家属家乡情怀，同时以乡情、亲情、友情为纽带，通过节日慰问、拜访联谊，主动联络、慰问在外精英人士，加强与本土走出的精英人士的情感维系，使其生发游子之思，投身家乡民族传统体育文化发展。三是充分动用新媒体平台，发出鼓励精英人士回乡支持家乡发展的号召；同时加强舆论对地方精英支持家乡事业发展的优秀事迹宣传与报道，营造精英返乡的良好文化氛围。

其次，提供保障措施，以配套服务优化地方精英参与民族传统体育环境。提供必要的保障措施和配套服务，能够为地方精英积极参与民族传统体育事务创设优质的外部环境。一是保障精英返乡参与民族传统体育活动的差旅等

---

① [意] 帕累托. 精英的兴衰 [M]. 刘北成，译. 上海：上海人民出版社，2003：13.
② 卢福营. 乡村精英治理的传承与创新 [J]. 浙江社会科学，2009（02）：34-36.
③ 董鹏，程传银，赵富学，等. 体育新乡贤：概念厘定、时代价值与发展路径 [J]. 武汉体育学院学报，2018，52（09）：32-38.

费用支出，对于长期在外工作的精英人士，邀请其返乡参与活动，需要为其提供最优质的服务，给其留下较好印象，为后续事务的开展打好基础。二是积极为精英人士返乡投资提供便利，只有互利才能实现共赢，精英人士没有义务，也没有责任参与地方传统体育活动事务，因而只有为其提供投资上的便利，才能赋予其道德使命与责任义务，以公益事业的身份约束其积极参与地方传统体育事务管理，进而将其所拥有的社会资源带入其中，如先进理念与技术、社会资本与政治资源等。

最后，注重激励引导，以必要利益激励地方精英参与民族传统体育发展。马克思认为，人们奋斗所争取的一切都同他们的利益有关①。因此，要注重激励引导，以必要的利益激励地方精英参与民族传统体育发展。值得注意的是，要坚持精神奖励为主、物质奖励为辅的激励原则。一是可以依托乡村村委会光荣榜、宗祠祠堂乡绅文化长廊，弘扬精英人士的优秀事迹和贡献；二是可以依托民族传统体育活动载体，以精英人士冠名活动名称，提升精英人士社会影响力与知名度，增强其获得感与认同感；三是以媒体、电视、广播等形式将精英人士的优秀事迹进行广泛传播，激发精英人士的荣誉感，提升其文化影响力；四是地方政府出面对为地方民族传统体育事业发展作出较大贡献的精英人士进行表彰，并扮演相关荣誉证书，提升其荣誉感，激发其进一步回报并奉献家乡事业的坚定决心。

四、加强传统体育仪式文化挖掘与保护

仪式文化是民族传统体育文化的一个重要体现，仪式性民族传统体育通过建构地方族群的认同与人们的国家认同、调动社区参与、形成健康的竞赛关系以及加强族际之间的理解与沟通促进民族稳定和谐，使得其自身成为乡村治理的有效工具②。然而，当前在现代化进程中，民族传统体育活动去仪

---

① 马克思，恩格斯. 马克思恩格斯全集：第 1 卷 [M]. 北京：人民出版社，1962：189.
② 李志清，覃安，朱小丽. 仪式性少数民族体育的当代价值——以桂北侗乡抢花炮为例 [J]. 体育学刊，2010，17（03）：80-84.

式化现象愈演愈烈①，许多民间传统体育活动已难寻仪式踪迹，标准化的传统体育赛事中所保留的仪式环节也往往成为领导亮相的重要环节，仪式沦为"仪式"，其所发挥的社会治理功能也逐渐式微。因此，从某种程度来看，要推进民族传统体育参与社会治理，首要任务就是加强对民族传统体育仪式文化的挖掘与保护，进而为其参与社会治理提供实践工具。

第一，深化民族传统体育仪式文化研究。早在 2008 年，董国礼就对体育仪式的象征意义进行了人类学研究②。郭琼珠认为，民间信仰仪式性表演类活动蕴涵着丰富的原生态民俗体育内容③。王雪梅认为，仪式文化是民族传统体育文化成因的重要组成部分④。杨海晨认为，拥有想象的共同体是仪式性民俗体育活动得以传承与传播的重要原因⑤。孙亮亮认为，村落民间传统体育仪式是村落文化的外在表现，仪式展演的形态变迁是当地文化变迁的风向标⑥。此外，郭军、花家涛、李志清等学者分别对"爬刀杆"⑦、彝族式摔跤⑧、抢花炮⑨等仪式性活动进行了人类学探讨，丰富了民族传统体育仪式人类学研究的理论成果。然而，这些研究多倾向于从传统体育活动的视角对其仪式文化进行解读，未能将其带入社会治理的研究视角进行分析，由此造成传统体育活动仪式的社会治理功能的遮蔽。因此，要深化民族传统体育仪式文化研究，将仪式置于基层社会治理的场域进行探讨，深入阐释传统体育活

① 黄金葵. 现代龙舟赛去仪式化现象的人类学反思 [J]. 首都体育学院学报, 2017, 29 (01)：21-25.

② 董国礼, 陆小聪. 体育的仪式意义与社会功能 [J]. 体育科研, 2008, 29 (06)：63-66.

③ 郭琼珠. 民间信仰仪式性表演类民俗体育探析 [J]. 武汉体育学院学报, 2009, 43 (06)：29-32.

④ 王雪梅, 牛聪伟. 民族传统体育仪式的文化解读 [J]. 武术研究, 2016, 1 (07)：92-94.

⑤ 杨海晨, 王斌, 胡小明, 等. 想象的共同体：跨境族群仪式性民俗体育的人类学阐释——基于傣族村寨"马鹿舞"的田野调查 [J]. 上海体育学院学报, 2014, 38 (02)：52-58.

⑥ 孙亮亮. 村落社会语境中的民间传统体育仪式展演与文化变迁——以楚雄彝族自治州南华县岔河村跳脚为例 [J]. 攀枝花学院学报, 2015, 32 (02)：80-82.

⑦ 郭军, 仇军, 敬龙军. 仪式体育的身体叙事解读——以傈僳族"爬刀杆"为个案 [J]. 武汉体育学院学报, 2017, 51 (08)：20-26.

⑧ 花家涛, 戴国斌. 民族民间体育赛事的仪式表征——以彝族式摔跤为个案 [J]. 上海体育学院学报, 2015, 39 (04)：50-54.

⑨ 李志清. 仪式性少数民族体育在乡土社会的存在与意义——以抢花炮为个案的研究 (一) [J]. 体育科研, 2006 (04)：17-25.

动仪式促进社会稳定团结的作用机理，进而为民族传统体育活动仪式参与社会治理提供理论支撑。

第二，加强民族传统体育仪式文化保护。当前民族传统体育活动去仪式化现象严重的直接原因在于民族传统体育赛事的标准化发展忽视了对其仪式文化的保护与继承，因而加强其仪式文化保护就显得意义重大。一是要将仪式文化充分融入民族传统体育赛事活动中。地方非遗主管部门要加强对地方传统体育活动仪式文化的挖掘与整理工作，在原有仪式文化的基础上融入现代元素，使之既能够实现对传统仪式文化的传承，也能符合广大群众的文化审美需求。对于民间开展的传统体育赛事活动，地方政府要适当增加经费扶持，力争让更多本土的仪式性传统体育活动服务于基层社会治理，为开展社会层面的民族团结进步教育赋能。二是积极推进民族传统体育仪式非遗申报工作。一方面，地方非遗主管部门要加强非遗名录中仪式项目的数量，鼓励并引导各地积极申报民族传统体育仪式非遗，以此来提升其文化影响力；另一方面，地方民族传统体育项目传承人也要以传统体育仪式的非遗申报工作为契机，加强对传统体育仪式文化的挖掘与整理，进一步丰富其文化内涵，系统梳理其服务社会治理的应然维度与可能路径。

第三，强化民族传统体育仪式文化重构。从铸牢中华民族共同体意识的视角来看，民族传统体育仪式的价值诉求旨在服务于基层社会治理，即实现对基层群众民族团结进步教育的目标。因此，要对民族传统体育仪式文化进行重构，将民族团结进步教育的意识形态融入仪式文化体系中，进而让民族传统体育仪式服务社会层面的民族团结进步事业发展。具体而言，就是要以习近平新时代中国特色社会主义思想、马克思主义民族理论和党关于加强和改进民族工作重要思想等为指导，以"中华民族一家亲，同心共筑中国梦"为总目标，以加强党对民族工作的全面领导为根本保障，以共同团结奋斗、共同繁荣发展为主题，以重在平时、重在交心、重在行动、重在基层为理念，以人文化、实体化、大众化为总要求，以铸牢中华民族共同体意识为根本方向，以社会主义核心价值观为引领，以增进各族群众"五个认同"和树立正确的历史观、民族观、国家观、文化观、宗教观为思想基础①，大力推进将民族团结进步教育理念融入民族传统体育仪式文化体系中，并以此带动民族团结进步教育及其深化。

第五节　开展民族传统体育课程思政，全面深化各类学校认同教育

中华民族共同体意识是在中华民族在形成过程中、自觉转型过程中和"站起来""富起来""强起来"的伟大复兴实践中生成的，是对客观世界认识基础之上的主观反映，是主体（中国各民族）对客体（共同的前途命运）的深刻认识，是中华民族共同体在形成、延续和发展过程中所产生的区分"我者"与"他者"的集体认同和归属感，核心内容是对伟大祖国、中华民族、中华文化、中国共产党和中国特色社会主义的认同②。具体而言，对伟大祖国的认同构建中华民族共同体的爱国意识，对中华民族的认同构建共同体意识的方向和主线，对中华文化的认同是中华民族共同体的思想基础，对中国共产党的认同是中华民族共同体的政治基石，对中国特色社会主义的认同是中华民族共同体的动力之源③。增强"五个认同"是相互联系、相互促进的有机整体，是国家统一、民族团结、社会稳定的基础，是铸牢中华民族共同体意识的关键所在④。由此可见，增强"五个认同"是铸牢中华民族共同体意识的重要途径。从具体人群来看，学生是新时代的主力军，肩负着国家兴旺、民族复兴的历史重任；同时也是意识形态教育的主要对象。因此，铸牢中华民族共同体意识需要全面深化各类学校认同教育，不断增强学生的

---

① 褚远辉，辉进宇. 深化民族团结进步教育的几个基本问题 [J]. 中国教育科学（中英文），2022，5（01）：78-88.

② 陈瑛，郎维伟. 中华民族共同体意识与"五个认同"关系再探析 [J]. 北方民族大学学报，2020，（01）：22-28.

③ 郎维伟，陈瑛，张宁. 中华民族共同体意识与"五个认同"关系研究 [J]. 北方民族大学学报（哲学社会科学版），2018，（03）：12-21.

④ 中国民族网. 不断增强各族群众的"五个认同" [EB/OL]. (2021-01-11) [2022-08-02]. https://www.56-china.com.cn/show-case-4267.html.

"五个认同"。置于民族传统体育而言，要实现增强学生"五个认同"这一目标，中国社会科学院民族学与人类学研究所所长王延中提出，要加快构建铸牢中华民族共同体意识教育与高校思政课程一体化联动机制①。显然，课程思政为其打开了视角。作为新时代"大思政"理念的应用和体现，课程思政是教育领域对习近平新时代中国特色社会主义思想的贯彻与践行。2020 年 5 月，教育部印发《高等学校课程思政建设指导纲要》（以下简称《纲要》），提出要全方位推进各类专业课程思政建设工作②。民族传统体育课程思政既是课程思政建设的一项重要内容，同时也是深入推进课程思政建设的一项重要抓手，对于增强学生"五个认同"具有重要作用。基于此，要深入开展民族传统体育课程思政，全面深化各类学校"五个认同"教育，进而铸牢中华民族共同体意识。

一、深入挖掘民族传统体育课程思政元素

2017 年 12 月，中共教育部党组印发的《高校思想政治工作质量提升工程实施纲要》明确提出，要"梳理各门专业课程所蕴含的思想政治教育元素和所承载的思想政治教育功能"③。思政元素本质上是精神元素，从内容上看是国家对大学生必备精神素质的基本要求，从形式上看则是精神教化的有效方式④。挖掘思政元素是开展民族传统体育课程思政的首要任务，既要紧跟时代发展要求，又要回应教师的关切，同时还要找准课程内容与价值观引领的结合点⑤。民族传统体育是所有中华各民族的传统体育项目的统称，因而

---

① 王延中. 铸牢中华民族共同体意识研究基地的建设与思考 [J]. 西北民族研究，2022，(03)：17-21.

② 教育部. 教育部关于印发《高等学校课程思政建设指导纲要》的通知 [EB/OL]. (2020-06-01) [2022-08-02]. http：//www. moe. gov. cn/srcsite/A08/s7056/202006/t20200603_462437. html.

③ 教育部. 教育部发布《高校思想政治工作质量提升工程实施纲要》 [EB/OL]. (2017-12-06) [2022-08-02]. http：//www. moe. gov. cn/jyb_xwfb/xw_fbh/moe_2069/xwfbh_2017n/xwfb_20171206/mtbd/201712/t20171207_320825. html.

④ 伍醒，顾建民. "课程思政"理念的历史逻辑、制度诉求与行动路向 [J]. 大学教育科学，2019（03）：54-60.

⑤ 徐成立，罗秋兰，孙军，等. 高校体育课程思政建设现实困境与优化策略 [J]. 体育文化导刊，2021，（09）：98-104.

民族传统体育课程思政元素的挖掘存在普遍性思政元素与特殊性思政元素的同一性问题。普遍性思政元素即各个民族传统体育项目的共性思政元素，特殊性思政元素即各个民族传统体育项目的独特思政元素，实现二者的高度统一是民族传统体育课程思政育人效果最大化的关键。因此，一方面，要科学凝练民族传统体育课程普遍性思政元素；另一方面，则要深入挖掘民族传统体育课程特殊性思政元素。

首先，科学凝练民族传统体育课程普遍性思政元素。一是培养爱国主义与集体主义精神。民族传统体育有着丰富的爱国主义教育内容，能够对学生进行很好的爱国主义教育。例如，在端午节举行的龙舟竞渡，就是为了纪念古代的爱国诗人屈原。再如拔河比赛、毽球比赛、武术比赛等，在比赛过程中，参赛队员奋力拼搏，观众呐喊助威，激发学生的集体荣誉感，有利于培养学生的集体主义精神。二是传承优秀传统文化。民族传统体育有着丰富的文化内涵，在一定程度上展现了中华民族的民族心理、伦理道德、价值观念，作为中国传统文化的组成部分，也能展现出中华民族的精神气质与哲学思想。如民族传统体育中"天人合一"的文化体系，体现了身体与道德的和谐统一，有利于促进学生形成理想人格；武术传承中的师徒关系则体现了尊师重道的优良传统。三是增强民族团结意识。民族传统体育是一个文化载体，各民族在之间能够通过传统体育进行相互交流与沟通。例如，全国少数民族传统体育运动会，通过对赛事内容的讲授与学习，让学生认识到通过全国少数民族传统体育运动会，各民族欢聚一堂，为各民族的交流沟通提供了良好的平台，各族人民通过比赛增加了解，增进了感情，振奋了民族精神，促进了民族团结。四是培养坚强意志品质。学生在学习相关民族传统体育项目的过程中，需要付出极大的努力，才能体验到成功的感觉。例如，在武术散打的学习过程中，基本动作以及身体素质的练习是非常辛苦的过程，只有刻苦训练，才能实现自身技战术水平的提升。散打课上的实战对抗环节，更是需要具备取胜的坚定信念，才会顽强拼搏去赢取胜利。通过引导学生去参与众多民族传统体育项目，让学生在参与的过程中顽强拼搏、坚持不懈、奋勇争先，培养学生坚强的意志品质①。

其次，深入挖掘民族传统体育课程特殊性思政元素。不同的民族传统体育项目有着各自独特的思政教育点，因而需要针对各个具体民族传统体育项目，深入挖掘其特殊性思政元素，进而实现民族传统体育的全方位育人目标。在特殊性思政元素的挖掘过程中，一是要充分彰显项目特色。课程思政的本质与前提是课程教学，因而无论挖掘哪个项目的思政元素，均应立足于课程教学这一基点，避免为思政而思政，应是课程教育学渗透思政教育。二是要充分彰显民族特色。民族传统体育是中华民族的集体宝贵财富，在对各个项目进行思政元素挖掘的过程中，要充分尊重各项目所属民族的文化信仰，避免在过度注重思政教育的基础上与该民族文化传统相违背，从而造成事与愿违的结局。三是要注重整体育人效果。挖掘各项目独特的思政教育元素固然重要，但也应注重整体育人效果，即落实"立德树人"根本任务的整体方向。只有在这一总目标的统领下，挖掘各个民族传统体育项目的思政元素才能不偏离课程思政建设的初衷，才能实现民族传统体育课程思政建设的高质量、内涵式发展。

二、推进民族传统体育课程思政协同育人

课程是课程思政的载体与核心。学科之间虽然在内容体系、培养机制上存在差异，但在育人逻辑上具有共同之处②。民族体育课程思政作为"大思政格局"的重要组成部分，其建设不能单独将体育学科与其他学科孤立开来，需要在深入掌握体育学科育人规律的基础上，加强跨学科资源互创互鉴，打造民族传统体育课程思政建设共同体③。因此，系统推进民族传统体育课程思政协同育人就显得尤为重要。

---

① 常爱铎. 民族传统体育在高校课程思政中的价值及实现路径研究［J］. 武术研究，2019，4（10）：98-100.

② 李爱群，漆昌柱，万晓红，等. 我国体育事业高质量发展的理念创新与实践推进——"面向'十四五'的我国体育事业高质量发展"研讨会述评［J］. 武汉体育学院学报，2021，55（12）：5-11.

③ 赵富学，李林，王杰，等. 高校体育课程思政建设提质增效的方法创新与路径推展研究［J］. 天津体育学院学报，2022，37（04）：387-394.

第一，推进民族传统体育课程思政部门协同育人。民族传统体育课程思政建设，要树立"大思政课"的建设理念，坚持系统观念，以专业为单元做好顶层设计，为善用"大思政课"提供好的基础。因此，部门之间的系统参与就颇为重要。一是加强党委领导与组织管理。学校党委统筹，在"大思政课"体系建设的统领下横向推进民族传统体育课程思政，纵向探索思政课程、课程思政与民族传统体育专业实践"三位一体"的育人模式。要建立党委书记、校长带头抓"大思政课"，体育学院党委书记、院长带头抓民族传统体育课程思政的长效机制，定期召开专题会议，在工作格局、队伍建设、支持保障等方面采取有效措施①。二是加强部门之间的协同工作。民族传统体育课程思政并非体育部门单方面的事情，需要教务、学工等多个行政管理部门的共同参与，因而体育部门要积极推动构建民族传统体育课程思政的多部门联动机制，打通部门沟通壁垒，实现部门协同参与思政育人。

第二，推进民族传统体育课程思政课程协同育人。课程思政是思政课程的有效补充，实现二者的深度融合是"立德树人"根本任务得以达成的重要保障。课程作为课程思政的核心，推进民族传统体育课程思政的课程协同育人将为其提供丰富的思政资源，从而实现其高质量建设与发展。为此，要通过课程协同、课程合力、课程互补、课程创新、课程互鉴等形式，组建民族传统体育课程思政课程协作建设团队，统筹民族传统体育课程思政资源开发方式，分类建设特色民族传统体育课程思政资源库，协作构建民族传统体育课程思政优质资源共建共享平台，激发民族传统体育课程思政课程协作共建的内外动力，形成民族传统体育课程思政课程共享通路，进而不断提升民族传统体育课程思政资源的共建共享效率和质量，达到持续推动民族传统体育课程思政建设改革与创新的目的②。

第三，推进民族传统体育课程思政教师协同育人。一是要提倡民族传统体育教师与思政课教师协作备课。民族传统体育课程思政是课程思政育人体

① 楚国清，王勇."大思政课"格局下统筹思政课程与课程思政协同育人的蝴蝶结模式［J］.北京联合大学学报（人文社会科学版），2022，20（03）：10-15.

② 赵富学. 高校体育课程思政资源共建共享的区域性协作机制研究［J］. 北京体育大学学报，2022，45（06）：1-11.

系的重要组成部分，在思政育人方面，思政课教师具有丰富的理论知识功底与实践育人经验，因而民族传统体育课程思政要提倡民族传统体育教师与思政课教师协作备课，围绕共同的育人目标协作制定教学计划、教学方案、教学组织与实施。二是民族传统体育课程思政教学团队实行双导师制的教学组织模式。教学团队由体育部门主管，校团委、学生处、招生就业处、马克思主义学院及其他各二级院系等职能部门、单位协同参与。在思政课教师、民族传统体育专业教师、企业导师之外，还需教务处、学生处、校企合作办公室、企业人力资源部等多方通力合作。注重建设骨干互兼、动态组合的师资队伍①，如聘请民族传统体育专家、社会名人等担任企业导师等。

三、加强民族传统体育教师思政能力建设

2020 年 5 月 28 日，教育部印发的《高等学校课程思政建设指导纲要》文件明确指出，要加强教师课程思政能力建设②。为此，有学者指出，推进和落实高校体育课程思政的重点与难点在于教师③。也有学者认为，体育教师是保障体育课程与思政课程同向同行的主导者④；是推进体育课程思政改革的主力军⑤。还有学者表示，体育教师思政育人能力决定课程思政的教学成效⑥，并直接影响体育课程思政改革最终成效⑦；对体育课程思政的建设构

---

① 楚国清，王勇．"大思政课"格局下统筹思政课程与课程思政协同育人的蝴蝶结模式 [J]．北京联合大学学报（人文社会科学版），2022，20（03）：10-15．
② 教育部．教育部关于印发《高等学校课程思政建设指导纲要》的通知 [EB/OL]．（2020-06-01）[2022-08-05]．http：//www．moe．gov．cn/srcsite/A08/s7056/202006/t20200603_462437．html．
③ 张洋，张泽一，魏军．高校体育课程思政：育人特性、实践样态与行动方略 [J]．体育文化导刊，2022，（03）：104-110．
④ 赵富学，焦家阳，赵鹏．"立德树人"视域下体育课程思政建设的学理要义与践行向度研究 [J]．北京体育大学学报，2021，44（03）：72-81．
⑤ 铸魂育人融道于术：天津体育学院全面推进课程思政建设，构建多维立体"三全育人"大格局 [N]．中国教育报，2021-01-28（004）．
⑥ 徐成立，罗秋兰，孙军，等．高校体育课程思政建设现实困境与优化策略 [J]．体育文化导刊，2021（09）：98-104．
⑦ 姜卫芬，刘文烁．新时代推进体育课程思政改革的理论认知与实践路径 [J]．天津体育学院学报，2021，36（04）：435-441．

图与落实质量负主要责任①。民族传统体育教师作为民族传统体育课程思政建设的先行者，决定着思政课程能否与民族传统体育课程实现有机融合，在民族传统体育课程"立德树人"的过程中，能够让学生享受民族传统体育、参与民族传统体育，使学生能够通过民族传统体育课程完善自身的思想德行，从而成为德才兼备、德能双修的全面发展的复合型人才②。因此，要加强民族传统体育教师课程思政能力建设，切实提升其思政教育水平，为增强学生"五个认同"提供保障。

首先，增强民族传统体育教师课程思政意识。自我决定论中的有机整合理论强调学习动机激发的重点在于外在动机的内化。先天的积极倾向需要外部环境的支持和影响，才能有效地激发和内化个体的主观能动性③。民族传统体育教师要充分认识到民族传统体育课程思政的价值特征和育人意蕴，形成并坚定民族传统体育课程立德树人信念，确立并内化民族传统体育课程思政育人理念，明确并担当民族传统体育课程教书育人责任，将"立德"与"树人"相融合，将"教书"和"育人"相统一，将"健体"与"铸魂"相关联，并转变与摒弃简单化民族传统体育知识授受和片面化动作技能循环的民族传统体育教育固化思维，充分认识到思政教育不单是思想政治理论课教师和辅导员的单一职责，而是全体教师的共同责任。只有形成课程思政的育人意识，民族传统体育教师才能"守好自己的渠"和"种好自己的责任田"。

其次，提升民族传统体育教师对专业知识技能与思政教育的融会贯通能力。教师之所以无法将专业知识技能与思政教育实现融会贯通，主要原因在于其思政基础知识的薄弱，即教师本身不具备较强的思想政治素质与理论知识。如有学者指出，不能正确认识知识传授与价值引领之间的关系，对思政

① 赵富学，焦家阳，赵鹏."立德树人"视域下体育课程思政建设的学理要义与践行向度研究[J].北京体育大学学报，2021，44（03）：72-81.
② 赵富学，陈慧芳，李攀飞，等.体育教师课程思政建设能力的生成特征、核心构成与培育路径研究[J].沈阳体育学院学报，2020，39（06）：27-34.
③ 王钰，孙延林，戴群，等.自我决定理论视域下运动心理学课程思政改革创新研究[J].天津体育学院学报，2020，35（01）：17-22.

资源入课堂的认识不清、动机缺乏①，对与课程知识相关的思政资源不熟悉②，专业知识技能与思政教育难以融会贯通③，是导致其思政育人能力不足的重要原因。因此，一方面，要加强民族传统体育教师的思想政治理论教育，体育部门要坚持"走出去"与"请进来"相结合的方式对其进行政治教育，并建立长效教育机制，实时更新，不断更新，确保以最新、最全面、最系统的思想政治理论武装教师大脑。另一方面，加强民族传统体育教师思政教育能力培训，一是组织教师参与其他优秀课程思政教师的课堂听课，从教学一线获得思政教育经验；二是组织教师参加课程思政教学竞赛，以竞赛的形式提升民族传统体育教师课程思政教学能力，为增强学生"五个认同"夯实基础。

最后，加强民族传统体育教师课程思政教学研究。教师课程思政能力不足的原因往往来自两个方面：一是自身政治理论水平不高；二是缺乏对课程思政教学的研究。从教师能力发展的角度来看，前者属于外在的灌输，只具有短期效用；而后者则是内生动力的激发，具有长期稳定性，因为课程思政教学研究能力的发展能够为其课程思政教学实践提供整个知识体系构架。因此，一是要积极引导民族传统体育教师结合专业实践开展课程思政教学改革研究，一方面，要鼓励教师深入挖掘各民族传统体育项目的思政元素，并研究其润物细无声式的教学方式；另一方面，教师要加强民族传统体育专业知识教育与思政教育的融合方式研究，深刻掌握二者的耦合点，并探求其实践逻辑。二是各级各类教改课题要设置课程思政专项课题，并调拨适宜的经费为教师开展课程思政教学研究提供资金保障；同时，课程思政专项课题的设置也能引导民族传统体育教师积极开展民族传统体育课程思政教学研究。

---

① 高德毅，宗爱东. 从思政课程到课程思政：从战略高度构建高校思想政治教育课程体系 [J]. 中国高等教育，2017，(01)：43–46.

② 王钰，孙延林，戴群，等. 自我决定理论视域下运动心理学课程思政改革创新研究 [J]. 天津体育学院学报，2020，35 (01)：17–22.

③ 刘纯献，刘盼盼. 体育课程思政的内容、特点、难点与价值引领 [J]. 体育学刊，2021，28 (01)：1–6.

四、构建民族传统体育课程思政支持机制

民族传统体育课程思政是一项复杂的系统性工程，需要动员所有优势资源的协同参与，因而构建民族传统体育课程思政的支持机制十分重要。基于此，本研究提出从政策支持、学校支持、技术支持、资源支持等维度构建民族传统体育课程思政的支持机制，从而为其实践提供保障，进而更好地推进学生的"五个认同"教育，为铸牢中华民族共同体意识培基。

第一，完善课程思政建设相关政策制度文件。民族传统体育课程思政是课程思政体系中的重要内容，因而在政策支持层面，国家乃至地方均没有专门针对民族传统体育制定的课程思政建设指导意见。基于此，本研究认为，一是要从国家层面完善课程思政建设的相关政策制度。建议在现行课程思政建设指导纲要的基础上建立各学科课程思政建设指导纲要。教育部应邀请各学科教指委成员、学科评议组专家、知名学者等，针对各个学科建立详细的课程思政建设指导纲要；同时，在此基础上各学科应进一步建立各专业课程思政建设指导纲要，如武术与民族传统体育专业课程思政建设指导纲要。二是要从学校层面建立完善的课程思政建设实施办法。学校首先要制定整体的课程思政实施意见，明确具体的实施步骤、部门分工与保障措施；同时要求二级单位结合自身实际情况，针对各专业建立具体的工作办法，并对各环节的具体实施做出明确要求，强化各负责教师的主体责任，切实高效、高质推动民族传统体育课程思政建设。

第二，深入推进学校民族传统体育教学改革。就具体的民族传统体育课程而言，需要以铸牢中华民族共同体意识为核心理念，深入推进学校民族传统体育教学改革。一是民族传统体育教学部门要深入贯彻铸牢中华民族共同体意识理念，高度重视铸牢中华民族共同体意识理念在民族传统体育教学中的核心地位，将铸牢中华民族共同体意识作为民族传统体育教学部门考核的重要指标。二是重新编写民族传统体育教材。将铸牢中华民族共同体意识写进民族传统体育教材，强化民族传统体育教材中的"五个认同"元素的融入，明确民族传统体育在铸牢学生中华民族共同体意识过程中的作用与价值。

三是以铸牢中华民族共同体意识为理念修订教学大纲。各类学校要积极推动民族传统体育课程的教学大纲修订工作，明确将铸牢中华民族共同体意识作为民族传统体育教学的目标之一，并基于此构建具体的阶段性目标与教学实施步骤。

第三，研制民族传统体育课程思政评价体系。通过民族传统体育教学实现铸牢学生中华民族共同体意识，是一个动态的过程。一方面，从教学评价的角度来看，增强"五个认同"属于意识形态层面的虚拟建构，如何评价能够增强"五个认同"需要操作性的工具；另一方面，整个教学过程中，民族传统体育增强"五个认同"究竟有没有效果，铸牢中华民族共同体意识究竟有没有实际作用，这些问题都需要一套科学的评价体系来回应。因此，需要有针对性地研制民族传统体育课程思政评价指标体系。建议以伟大祖国认同、中华民族认同、中华文化认同、中国共产党认同、中国特色社会主义认同为一级指标，在此基础上进一步构建二级指标与三级指标，进而形成完善的民族传统体育课程思政评价指标体系。

第四，加强民族传统体育课程思政资源供给。资源供给最重要的是构建多元主体协同参与治理的格局。协同治理强调多元主体间的协调合作、相互依存、共担风险、共同行动，实现治理主体的多元化，各主体均可以在自己的范围内发挥权威性。从宏观层面的顶层设计来看，一是要明确增强学生"五个认同"的治理价值取向；二是要明确"多元主体深入协同参与"的治理总体目标；三是要构建"网络化治理、整体性治理、精细化治理、跨区域治理、多元化治理"的多元治理方式；四是要形成"行政、经济、法律"的多元治理手段。具体到操作层面，一是要将各主体责任进行细化，明确多元主体的责任，同时要强化各主体的担当意识；二是要构建多元主体协同治理的第三方监管机制，逐渐形成制度化、多元化、精细化、专业化的第三方监管体系。

参考文献

［1］梁启超．梁任公近著：第一辑：下卷［M］．北京：商务印书馆，1923．

［2］刘永佶．《资本论》逻辑论纲［M］．保定：河北大学出版社，1999．

［3］［瑞士］皮亚杰．发生认识论原理［M］．王宪钿，等，译．北京：商务印书馆，1981．

［4］陆九渊．《陆九渊集》卷二十二《杂著》［M］．北京：中华书局，1980．

［5］马克思．《马克思恩格斯全集》（第42卷）［M］．北京：人民出版社，1982．

［6］王弼，韩康伯 注，孔颖达 疏，于天宝点校．《宋本周易注疏》［M］．北京：中华书局，2018．

［7］张载．张载集［M］．北京：中华书局，1978．

［8］王阳明．《传习录》，载《王阳明全集》（第1卷）［M］．北京：线装书局，2012．

［9］茫茫禹迹：中国的两次大一统［A］//我们的中国（第一编）［M］．北京：生活·读书·新知三联书店，2016．

［10］常安．统一多民族国家的宪制变迁［M］．北京：中国民主法制出版社，2015．

［11］费孝通．乡土中国［M］．北京：人民出版社，2015．

［12］费孝通．中华民族多元一体格局［M］．北京：中央民族大学出版社，1989．

［13］苏秉琦．中国文明起源新探［M］．沈阳：辽宁人民出版社，2009．

［14］［美］弗朗西斯·福山，毛俊杰译．政治秩序与政治衰败：从工业革命到民主全球化［M］．桂林：广西师范大学出版社，2016．

［15］房玄龄．《晋书·刘元海载记》［M］．北京：中华书局，1974．

［16］魏收．魏书［M］．北京：中华书局，1974．

［17］吴松，等点校．《饮冰室文集点校》第1集［M］．昆明：云南教育出版社，2001．

［18］中共中央统战部．民族问题文献汇编［M］．北京：中共中央党校出版社，1991．

［19］毛泽东．《中国革命和中国共产党》，《毛泽东选集》第2卷［M］．北京：人民出版社，1991．

［20］常安．统一多民族中国的宪制变迁［M］．北京：中国民主法制出版社，2015．

［21］侯惠勤．马克思主义意识形态论［M］．南京：南京大学出版社，2012．

［22］中央文献研究室．十八大以来重要文献选编：中［M］．北京：中央文献出版社，2016．

［23］习近平．决胜全面建成小康社会，夺取新时代中国特色社会主义伟大胜利［M］．北京：人民出版社，2017．

［24］中共中央文献研究室．习近平关于社会主义政治建设论述摘编［M］．北京：中央文献出版社，2017．

［25］周鸿铎．政治传播学概论［M］．北京：中国纺织出版社，2005．

［26］梁启超．梁任公近著：第一辑（下卷）［M］．上海：商务印书馆，1923．

［27］毛泽东．关于正确处理人民内部矛盾的问题（1957年2月27日）［A］．毛泽东文集：第七卷［M］．北京：人民出版社，1999．

［28］毛泽东．接见西藏国庆观礼团、参观团代表的讲话（1953年10月18日）［A］．毛泽东文集：第六卷［M］．北京：人民出版社，1999．

[29] 邓小平．新时期统一战线是社会主义劳动者和爱国者的联盟（1979 年 9 月 1 日）[A]．邓小平论统一战线 [M]．北京：中央文献出版社，1991.

[30] 崔乐泉．中国民族传统体育学 [M]．北京：科学出版社，2019.

[31] 安东尼·吉登斯．现代性的后果 [M]．田禾，译．南京：译林出版社，2011.

[32] 冯天瑜，何晓明，周积明．中华文化史：珍藏版 [M]．上海：上海人民出版社，2015.

[33] 薛文忠．民族传统体育文化与研究生体育健康教育研究 [M]．长春：吉林大学出版社，2017.

[34] 薛凌．高校民族传统体育理论、发展与技能研究 [M]．北京：中国水利水电出版社，2017.

[35] 陈晓梅．民族传统体育文化的弘扬与典型项目教学指导 [M]．北京：中国水利水电出版社，2016.

[36] 王海军．民族传统体育文化的传承发展与保护研究 [M]．长春：东北师范大学出版社，2017.

[37] 陈丽珠．民族体育文化概论 [M]．北京：中央民族大学出版社，2015.

[38] 习近平．摆脱贫困 [M]．福州：福建人民出版社，1992.

[39] 国家民族事务委员会．中央民族工作会议精神学习辅导读本 [M]．北京：民族出版社，2015.

[40] 巩刚军，马进．西北地区高校"五个认同"教育研究 [M]．北京：民族出版社，2013.

[41] 费孝通．中华民族多元一体格局（修订本）[M]．北京：中央民族大学出版社，2003.

[42] 郑晓云．文化认同论 [M]．北京：中国社会科学出版社，1992.

[43] 毛泽东．毛泽东选集：第二卷 [M]．北京：人民出版社，1991.

[44] 中共中央统战部．民族问题文献汇编（1921.7-1949.9）[M]．北

京：中共中央党校出版社，1991.

[45] 国家民族事务委员会．中央民族工作会议精神学习辅导读本（增订版）[M]．北京：民族出版社，2019.

[46] 林耀华．民族学通论 [M]．北京：中央民族大学出版社，1997.

[47] 列维-斯特劳斯．结构人类学 [M]．张祖建，译．北京：中国人民大学出版社，2006.

[48] 龚禄根．中国社会中介组织发展研究 [M]．北京：中国经济出版社，2006.

[49] 柳望春，张远凤．社会组织培育与监督研究 [M]．北京：中国社会出版社，2019.

[50] 孟村回族自治县志编纂委员会．孟村回族自治县志 [M]．北京：科学出版社，1993.

[51]《孟村回族自治县概况》编写组．河北孟村回族自治县概况 [M]．北京：民族出版社，2009.

[52] 许结．中国文化史 [M]．广东：花城出版社，2006.

[53] 陈小蓉．中国体育非物质文化遗产：广西卷 [M]．兰州：甘肃教育出版社，2018.

[54] 藤县地方志编纂委员会．滕县志（1991-2005）[M]．北京：方志出版社，2019.

[55] 习近平．习近平谈治国理政：第3卷 [M]．北京：外文出版社，2020.

[56] 殷俊海．赛马业 [M]．呼和浩特：内蒙古人民出版社，2019.

[57] 西藏自治区当雄县编译局．当雄县志 [M]．北京：方志出版社，2019.

[58] 任海．奥林匹克运动 [M]．北京：人民体育出版社，2005.

[59] 史国生．奥林匹克运动 [M]．北京：高等教育出版社，2020.

[60] 罗时铭，曹守和．奥林匹克学（第三版）[M]．北京：高等教育出版社，2016.

[61] 国际奥林匹克委员会．奥林匹克宪章 [M]．北京：奥林匹克出版社，2001.

[62] 杜婕，张秀萍．奥运传播与文化 [M]．北京：北京体育大学出版社，2006.

[63] 刘涛．奥林匹克运动（第2版）[M]．桂林：广西师范大学出版社，2005.

[64] 孔繁敏．奥林匹克文化研究：奥林匹克教育读本 [M]．北京：人民体育出版社，2005.

[65] 庹继光．奥林匹克传播论 [M]．成都：巴蜀书社，2007.

[66] 熊斗寅．熊斗寅体育文选 [M]．贵州：贵州人民出版社，1996.

[67] 国际奥林匹克委员会．奥林匹克宪章 [M]．北京：奥林匹克出版社，2001.

[68] Mary A Hums. Governance and Policy in Sport Organizations [M]. New York：Holcomb Hathaway Publishers，2013.

[69] 中共中央马克思恩格斯列宁斯大林著作编译局．马克思恩格斯文集：第二卷 [M]．北京：人民出版社，2009.

[70] 周谨平．社会主义核心价值观的政治伦理内涵 [M]．长沙：湖南大学出版社，2016.

[71] 国家民委民族理论政策研究室．中央民族工作会议创新观点面对面 [M]．北京：民族出版社，2015.

[72] 金炳镐．民族关系理论通论 [M]．北京：中央民族大学出版社，2007.

[73] 俞可平．治理与善治 [M]．北京：社会科学文献出版社，2000.

[74] 杨海晨．族群体育的实践理性与文化表达 [D]．华中师范大学，2014.

[75] 买佳．民族传统体育在我国学校体育教育中的发展与经验启示 [D]．华中师范大学，2014.

[76] 孙鸿志．中国武术国际化传播的理念构建研究 [D]．苏州大

学，2012.

学，2012.

[77] 孙玉胜. 奥林匹克文化传播的经济学分析 [D]. 吉林大学，2008.

[78] 曲辰. 铸牢中华民族共同体意识 [N]. 中国纪检监察报，2018-01-29（001）.

[79] 蔡舰. 铸牢中华民族共同体意识 [N]. 贵州民族报，2019-06-21（A02）.

[80] 习近平在全国民族团结进步表彰大会上的讲话 [N]. 人民日报，2019-09-28（2）.

[81] 中央民族工作会议暨国务院第六次全国民族团结进步表彰大会在北京举行 [N]. 人民日报，2014-09-30（1）.

[82] 习近平. 决胜全面建成小康社会 夺取新时代中国特色社会主义伟大胜利 [N]. 人民日报，2017-10-18（001）.

[83] 严庆. 国家建设视域中的中华民族共同体 [N]. 中国民族报，2018-06-08（005）.

[84] 习近平在山东考察时强调：认真贯彻党的十八届三中全会精神 汇聚起全面深化改革的强大正能量 [N]. 人民日报，2013-11-29（2）.

[85] 习近平. 携手建设更加美好的世界——在中国共产党与世界政党高层对话会上的主旨讲话 [N]. 人民日报，2017-12-02（2）.

[86] 习近平. 完善和发展中国特色社会主义制度，推进国家治理体系和治理能力现代化 [N]. 人民日报，2014-02-18（01）.

[87] 决胜全面建成小康社会夺取新时代中国特色社会主义伟大胜利 [N]. 人民日报，2017-10-18（002）.

[88] 人民日报评论员. 把铸牢中华民族共同体意识贯穿党的民族工作全过程各方面 [N]. 人民报，2021-08-31（001）.

[89] 陈凌. 文化认同是最深层次的认同 [N]. 人民日报，2021-03-07（004）.

[90] 欧阳康. 中华民族共有精神家园如何构建 [N]. 光明日报，2012-02-28（001）.

［91］哈正利，杨胜才．中华民族共同体意识基本内涵探析［N］．中国民族报，2017-02-24（005）．

［92］朱彦．受邀赴阿根廷参加奥林匹克运动论坛"南京经验"获国际奥委会充分肯定［N］．南京日报，2018-11-15．

［93］把祖国的新疆建设得越来越美好——习近平总书记新疆考察纪实［N］．人民日报，2014-05-04（3）．

［94］人民日报评论员．切实把握西藏工作的着眼点和着力点［N］．人民日报，2015-08-28（1）．

［95］中国共产党第十八届中央委员会第三次全体会议．中共中央关于全面深化改革若干重大问题的决定［Z］．2013-11-12．

［96］中国共产党第十九次全国代表大会．决胜全面建成小康社会，夺取新时代中国特色社会主义伟大胜利［Z］．2017-10-18．

［97］乐长虹．兴边富民：兴边富民行动理论研讨会论文集［G］．北京：中国经济出版社，2010．

［98］公安部边防管理局．公安边防部队群众工作报告会［R］．中华人民共和国公安部，2009-06-08．

［99］新华网．习近平在第二次中央新疆工作座谈会上发表重要讲话［EB/OL］．（2014-05-28）［2021-05-29］．http：//www. xinhuanet. com/photo/2014-05/29/c_126564529. htm．

［100］新华社．中央民族工作会议暨国务院第六次全国民族团结进步表彰大会举行［EB/OL］．（2014-09-28）［2021-09-29］．http：//www. gov. cn/xinwen/2014-09/29/content_2758816. htm．

［101］国务院办公厅．中共中央办公厅　国务院办公厅印发《关于全面深入持久开展民族团结进步创建工作铸牢中华民族共同体意识的意见》［EB/OL］．（2019-10-23）［2021-10-23］．http：//www. gov. cn/zhengce/2019-10/23/content_5444047. htm．

［102］中国发展门户网．李伟：不平衡不充分的发展主要表现在六个方面［EB/OL］．（2018-01-13）［2021-01-14］．http：//mini. eastday. com/

mobile/180114014433417. html#.

［103］国务院办公厅. 中共中央关于制定国民经济和社会发展第十四个五年规划和二三五年远景目标的建议［EB/OL］. （2020-10-29）［2020-11-03］. http：//www. gov. cn/zhengce/2020-11/03/content_5556991. htm.

［104］国家体育总局. 关于进一步加强少数民族传统体育工作的指导意见［EB/OL］. （2018-01-10）［2021-01-22］. http：//www. sport. gov. cn/n316/n340/c844431/content. html.

［105］互动百科. 活态传承［EB/OL］. （2013-05-22）［2021-05-22］. http：//www. baike. com/wiki.

［106］中国青年网. 习近平在第二次中央新疆工作座谈会上发表重要讲话［EB/OL］. （2014-05-28）［2021-05-29］. http：//news. youth. cn/gn/201405/t20140529_5284846. htm.

［107］新华社. 习近平：决胜全面建成小康社会夺取新时代中国特色社会主义伟大胜利——在中国共产党第十九次全国代表大会上的报告［EB/OL］. （2017-10-18）［2021-10-27］. http：//www. gov. cn/zhuanti/2017-10/27/content_5234876. htm.

［108］道县人民政府. 魅力道县［EB/OL］. ［2021-09-09］. http：//www. dx. gov. cn/dx/dxgk/dxgk. shtml.

［109］国务院. 国务院关于公布第五批国家级非物质文化遗产代表性项目名录的通知［EB/OL］. （2021-06-10）［2021-09-09］. http：//www. gov. cn/zhengce/content/2021-06/10/content_5616457. htm.

［110］搜狐网. 湖南湘阴龙舟试水意外翻船致36人落水1人遇难［EB/OL］. （2013-06-12）［2021-09-12］. http：//news. sohu. com/20130612/n378616403. shtml.

［111］新京报. 广西桂林两龙舟翻船17人死亡落水者翻船后到底经历了什么［EB/OL］. （2018-04-21）［2021-09-12］. https：//baijiahao. baidu. com/s? id=1598405726828385453&wfr=spider&for=pc.

［112］三湘都市报. 道州龙船的历史渊源与传统工艺之美［EB/OL］.

（2020 - 12 - 26）［2021 - 09 - 15］．https：//baijiahao. baidu. com/s？id =
16871038 46373338390&wfr = spider&for = pc.

［113］沧州市统计局．沧州市第七次全国人口普查公报［EB/OL］．
（2017-07-28）［2021-09-17］．http：//www. tj. cangzhou. gov. cn/zwgk/gggq/
815639. shtml.

［114］孟村回族自治县人民政府［EB/OL］．［2021-09-17］．http：//
www. mengcun. gov. cn/plus/list. php？tid = 17.

［115］沧州市人民政府．孟村八极拳［EB/OL］．［2021-09-18］．ht-
tp：//www. cangzhou. gov. cn/wcjs/whzc/fwzwh/gjj/dep/147922. shtml.

［116］百度百科．赛马节［EB/OL］．［2021-10-22］．https：//baike.
baidu. com/item/赛马节/10898806？fr = aladdin#reference-［1］-645896-wrap.

［117］腾讯网．藏族人民的赛马文化［EB/OL］．（2020-02-24）［2021
-10-22］．https：//xw. qq. com/amphtml/20200224A08N9H00.

［118］西藏文化网．历史的回响——国家级非遗"当吉仁"赛马节
［EB/OL］．（2014 - 09 - 30）［2021 - 10 - 22］．http：//old. ihchina. cn/13/
14733. html.

［119］新华社．5月23日：中央人民政府与西藏地方政府签订《关于和
平解放西藏办法的协议》［EB/OL］．（2006-05-23）［2021-10-23］．ht-
tp：//www. gov. cn/lssdjt/content_288061. htm.

［120］中国青年网．西藏公布2020年经济运行情况人均可支配收入超两
万元［EB/OL］．（2021-01-26）［2021-10-23］．https：//baijiahao. baidu.
com/s？id = 1689881394675503509&wfr = spider&for = pc.

［121］INTERNATIONAL OLYMPIC COMMITTEE. What is olympism？［EB/
OL］．（2016-03-06）［2021-01-30］．http：//www. olympic. org/olympism-in
-action.

［122］The IOC. Olympic games：legacies and impacts2015［EB/OL］．［2021
- 01 - 30］．https：//stillmed. olympic. org/media/Document% 20Library/Olympic
Org/Documents/Olympic-Legacy/Olympic-GamesLegacy-and-Impacts-Bibliogra-

phy. pdf#_ga=2. 233007581. 252323856. 1549887055−103244758. 15496142098.

［123］姚东明．青奥会被赞成功诠释文化教育［EB/OL］．（2014−08−28）［2021−01−30］．http：//www. china. com. cn/sports/nanjing2014/2014−08/28/content_33363374. htm.

［124］国家统计局．国家体育产业统计分类［EB/OL］．（2015−09−28）［2021−09−28］．http：//www. stats. gov. cn/tjsj/tjbz/201509/t20150928_1250512. html.

［125］国家统计局．国家体育产业统计分类［EB/OL］．（2019−03−13）［2021−04−09］．http：//www. stats. gov. cn/tjgz/tzgb/201904/t20190409_1658556. html.

［126］新华社．习近平在全国民族团结进步表彰大会上发表重要讲话［EB/OL］．（2019−09−27）［2021−05−10］．http：//www. gov. cn/xinwen/2019−09/27/content_5434024. htm.

［127］新华社．中共中央　国务院印发《乡村振兴战略规划（2018−2022年）》［EB/OL］．（2018−09−26）［2021−05−11］．http：//www. xinhuanet. com/photo/2014−05/29/c_126564529. htm.

［128］The IOC. Olympic movement's agenda 21［R/OL］．（2005−10−06）［2021−01−30］．https：//stillmed. olympic. org/Documents/Reports/EN/en_report_300. pdf.

［129］The IOC. Olympic legacy［R/OL］．［2021−01−30］．https：//www. stillmed. olympic. org/media/Document% 20Libary/Olympic Org/Documents/Olympic−Legacy/Olympic−Legacy−Brochure. pdf.

［130］The IOC. Legacy strategic approach moving forward［R/OL］．［2021−01−30］．https：//www. olympic. org/−/media/Document% 20Library/Olympic Org/Documents/Olympic−Legacy/IOC_Legacy_Strategy_Full_version. pdf? la=en&hash=0BCD9D4723539CDC8495FE1AE6AC562BCBDAF316.

［131］邓磊，罗欣．习近平铸牢中华民族共同体意识理路探析［J］．社会主义研究，2018（06）：24−30.

[132] 彭响, 刘如, 张继生. 民族传统体育铸牢中华民族共同体意识研究 [J]. 武汉体育学院学报, 2020, 54 (02): 59-64.

[133] 郝亚明. 论中华民族命运共同体建设的五大基础路径 [J]. 西南民族大学学报 (人文社科版), 2020, 41 (05): 1-6.

[134] 赵刚, 王丽丽. 中华民族共同体意识的政治属性解读 [J]. 湖湘论坛, 2017, 30 (01): 106-112.

[135] 严庆. 政治认同视角中铸牢中华民族共同体意识的思考 [J]. 北方民族大学学报, 2020 (01): 14-21.

[136] 郝亚明. 社会认同视域下的中华民族共同体意识探析 [J]. 西北民族研究, 2020 (01): 19-26.

[137] 李曼莉, 蔡旺. 论铸牢中华民族共同体意识的三个基本问题 [J]. 广西民族研究, 2020 (03): 12-19.

[138] 杨玢. 铸牢中华民族共同体意识的时代论域 [J]. 青海社会科学, 2019 (05): 1-8.

[139] 詹进伟. 论中华民族共同体意识的理论进路与生成逻辑 [J]. 广西民族研究, 2019 (03): 10-14.

[140] 夏文斌, 易佳乐. 中华民族共同体视域下的民族团结 [J]. 新疆大学学报 (哲学·人文社会科学版), 2019, 47 (03): 54-58.

[141] 虎有泽, 云中. 国家认同视域下中华民族共同体意识 [J]. 贵州民族研究, 2018, 39 (11): 1-6.

[142] 青觉, 徐欣顺. 中华民族共同体意识: 概念内涵、要素分析与实践逻辑 [J]. 民族研究, 2018 (06): 1-14+123.

[143] 郎维伟, 陈瑛, 张宁. 中华民族共同体意识与"五个认同"关系研究 [J]. 北方民族大学学报 (哲学社会科学版), 2018 (03): 12-21.

[144] 张前, 张晓红. 铸牢中华民族共同体意识的文化实践 [J]. 贵州社会科学, 2019 (11): 32-37.

[145] 陈瑛, 郎维伟. 中华民族共同体意识与"五个认同"关系再探析 [J]. 北方民族大学学报, 2020 (01): 22-28.

［146］白利友．中华民族伟大复兴视域中的中华民族共同体建设——学习习近平关于中华民族共同体的重要论述［J］．社会主义研究，2018（04）：96-104.

［147］王文光，文卫霞．十六国北朝时期的儒家文化认同与中华民族共同体孕育发展研究［J］．西南民族大学学报（人文社科版），2020，41（10）：16-23.

［148］马玉洁，李伟．清末民族思想与中华民族共同体意识的启端［J］．贵州民族研究，2019，40（12）：21-25.

［149］俞祖华．民国时期中华民族共同体意识的成长［J］．河北学刊，2018，38（04）：53-62.

［150］张淑娟．试论近代中华民族共同体理论建构的内在紧张［J］．广西民族研究，2017（03）：48-58.

［151］张淑娟．抗战时期中国共产党对中华民族共同体意识的纵向传布及其当代启示［J］．新疆大学学报（哲学·人文社会科学版），2019，47（06）：73-80.

［152］赵刚，史诺．抗战时期中共民族政策对朝鲜族中华民族共同体意识的影响［J］．江苏大学学报（社会科学版），2018，20（02）：86-92.

［153］闫丽娟，李智勇．"中华民族共同体意识"的理论渊源探析［J］．广西民族研究，2018（04）：9-17.

［154］赵红伟．论马克思主义视域下中华民族共同体意识的培养［J］．黑龙江民族丛刊，2018（01）：20-25.

［155］孙洲．现状与图景：十八大以来国内学术界"中华民族共同体"研究［J］．广西民族研究，2020（03）：30-38.

［156］徐俊六．铸牢中华民族共同体意识与边疆民族地区社会治理关系研究［J］．宁夏社会科学，2018（06）：188-194.

［157］蒋文静，祖力亚提·司马义．学校铸牢中华民族共同体意识的逻辑层次及实践路径［J］．民族教育研究，2020，31（01）：13-21.

［158］马英杰．铸牢中华民族共同体意识：作为民族团结的少数民族文

化发展 [J]. 云南民族大学学报（哲学社会科学版），2018，35（05）：5 -11.

[159] 商爱玲，朱涛. 铸牢中华民族共同体意识的价值底蕴和思想方略 [J]. 重庆社会科学，2019（10）：27-34.

[160] 王云芳. 中华民族共同体意识的社会建构：从自然生成到情感互惠 [J]. 中央民族大学学报（哲学社会科学版），2020，47（01）：43-52.

[161] 于衍学. 基于三个认知维度的中华民族共同体意识理论体系建构 [J]. 西南民族大学学报（人文社科版），2019，40（12）：16-23.

[162] 高承海. 中华民族共同体意识：内涵、意义与铸牢策略 [J]. 西南民族大学学报（人文社科版），2019，40（12）：24-30.

[163] 袁同凯，朱筱煦. 发展民族地区教育事业 铸牢中华民族共同体意识 [J]. 西北师大学报（社会科学版），2020，57（01）：22-29.

[164] 时伟. 以伟大民族精神托起民族复兴底色 [J]. 红旗文稿，2020（12）：35-36.

[165] 刘永刚. 铸牢中华民族共同体意识与国家治理现代化的互构逻辑 [J]. 西南民族大学学报（人文社科版），2019，40（10）：17-23.

[166] 青觉，赵超. 中华民族共同体意识的形成机理、功能与嬗变——一个系统论的分析框架 [J]. 民族教育研究，2018，29（04）：5-13.

[167] 赵杰. 铸牢中华民族共同体与构建人类命运共同体 [J]. 广西民族大学学报（哲学社会科学版），2018，40（05）：117-120.

[168] 纳日碧力戈. 双向铸牢中华民族共同体意识 [J]. 中南民族大学学报（人文社会科学版），2019，39（04）：1-5.

[169] 王新红. 铸牢中华民族共同体意识的四维体系构建 [J]. 中南民族大学学报（人文社会科学版），2019，39（04）：6-10.

[170] 纳日碧力戈，陶染春. "五通"铸牢中华民族共同体意识 [J]. 西北民族研究，2020（01）：5-18.

[171] 纳日碧力戈，李鹏程. 四方铸牢中华民族共同体意识 [J]. 广西民族研究，2020（01）：1-6.

［172］纳日碧力戈，左振廷．三维铸牢中华民族共同体意识［J］．中央民族大学学报（哲学社会科学版），2020，47（01）：5-11.

［173］彭谦，李阳．坚持共享发展加快中华民族共同体意识培育［J］．黑龙江民族丛刊，2017（03）：20-24.

［174］王易，陈玲．民族地区铸牢中华民族共同体意识的现实问题及路径选择［J］．民族教育研究，2019，30（04）：48-53.

［175］李尚旗，郭文亮．中华民族共同体意识培育面临的挑战及路径选择［J］．思想理论教育，2019（01）：62-66.

［176］邓新星．论中华民族共同体认同感的建构［J］．西北民族大学学报（哲学社会科学版），2016（05）：8-14.

［177］扎西，刘玉，靳勇强．新时代铸牢中华民族共同体意识的时代价值和路径探析［J］．西藏研究，2018（03）：1-8.

［178］李从浩，汪伟平．影响少数民族大学生"五个认同"的因素——铸牢中华民族共同体意识视角下的29所高校调查分析［J］．中南民族大学学报（人文社会科学版），2021，41（01）：46-54.

［179］王延中．铸牢中华民族共同体意识，建设中华民族共同体［J］．民族研究，2018（01）：1-8+123.

［180］管健．跨民族友谊：铸牢中华民族共同体意识的积极路径［J］．西南民族大学学报（人文社科版），2020，41（04）：217-222.

［181］马冬梅．铸牢中华民族共同体意识的制度保障研究［J］．西南民族大学学报（人文社科版），2020，41（05）：7-12.

［182］岳凤兰．坚持和完善民族区域自治制度　铸牢中华民族共同体意识［J］．红旗文稿，2020（08）：17-19.

［183］赵刚．民族政策与中华民族共同体意识的建构［J］．学术界，2017（02）：86-96+324+323.

［184］徐丽曼．民族院校中华文化认同培育的价值、内容与实践——以铸牢中华民族共同体意识为视角［J］．中南民族大学学报（人文社会科学版），2020，40（04）：87-92.

[185] 范君，詹小美. 铸牢中华民族共同体意识的文化方略 [J]. 思想理论教育，2018 (08)：49-55.

[186] 宫丽. 铸牢中华民族共同体意识的文化路径 [J]. 中南民族大学学报 (人文社会科学版)，2019，39 (04)：11-15.

[187] 严庆，谭野. 在融媒体时代深化民族团结进步教育 [J]. 贵州民族研究，2019，40 (03)：1-6.

[188] 段鹏. 中华民族共同体意识传播中主流媒体融合发展的实践进路——以新疆为例 [J]. 现代传播 (中国传媒大学学报)，2020，42 (07)：13-17.

[189] 李娟. 视角与想象——西北少数民族流动人口中华民族共同体意识社交媒体涵化研究 [J]. 西北师大学报 (社会科学版)，2020，57 (03)：37-46.

[190] 青觉. "以人民为中心"：新时代民族事务治理的情境与路径 [J]. 中南民族大学学报 (人文社会科学版)，2019，39 (05)：1-9.

[191] 龙金菊，高鹏怀. 民族心态秩序构建：铸牢中华民族共同体意识的社会心理路径 [J]. 西南民族大学学报 (人文社科版)，2019，40 (12)：9-15.

[192] 梁静，杨伊生. 跨民族友谊促进中华民族共同体意识的心理路径及培育机制研究 [J]. 西南民族大学学报 (人文社科版)，2020，41 (07)：207-214.

[193] 王翔，李慧勇. "中华民族" 入宪：民族共同体理念的文本轨迹和演化逻辑 [J]. 河南大学学报 (社会科学版)，2019，59 (02)：9-16.

[194] 王浩宇，汤庆园. 新疆交通现代化进程与中华民族共同体意识培育 [J]. 新疆大学学报 (哲学·人文社会科学版)，2019，47 (01)：71-78.

[195] 田敏，陈文元. 论民族关键符号与铸牢中华民族共同体意识——以南宁市三月三民歌节为例 [J]. 云南民族大学学报 (哲学社会科学版)，2019，36 (01)：24-30.

[196] 高卉. 中华民族共同体在日常生活实践中的建构——基于南疆

"民族团结模范"尤良英的个案分析 [J]. 云南民族大学学报（哲学社会科学版），2019，36（03）：24-29.

[197] 王文光，徐媛媛. 中华民族共同体意识形成与发展的历史过程研究论纲 [J]. 思想战线，2018，44（02）：70-74.

[198] 张自慧，闵明. 中华民族的"天下观"与"天下情怀" [J]. 哲学分析，2020，11（05）：101-110+197.

[199] 李宪堂."天下观"的逻辑起点与历史生成 [J]. 学术月刊，2012，44（10）：126-137.

[200] 高清海，余潇枫."类哲学"与人的现代化 [J]. 中国社会科学，1999（01）：70-79.

[201] 马卫东. 大一统源于西周封建说 [J]. 文史哲，2013（04）：118-129+167.

[202] 何星亮."大一统"理念与中国少数民族 [J]. 云南社会科学，2011（05）：91-96.

[203] 陈理."大一统"理念中的政治与文化逻辑 [J]. 中央民族大学学报（哲学社会科学版），2008（02）：5-11.

[204] 肖存良. 大一统：中国统一战线的文化基础 [J]. 统一战线学研究，2017，1（05）：35-43.

[205] 施展. 中国历史的多元复合结构 [J]. 探索与争鸣，2017（03）：59-68.

[206] 李大龙. 自然凝聚：多民族中国形成轨迹的理论解读 [J]. 西北师大学报（社会科学版），2017，54（03）：68-75.

[207] 王建革. 游牧圈与游牧社会——以满铁资料为主的研究 [J]. 中国经济史研究，2000（03）：16-28.

[208] 严文明. 中国史前文化的统一性与多样性 [J]. 文物，1987（03）：38-50.

[209] 杨鹍飞. 中华民族共同体认同的理论与实践 [J]. 新疆师范大学学报（哲学社会科学版），2016，37（01）：83-94.

[210] 兰红光．中央民族工作会议暨国务院第六次全国民族团结进步表彰大会在北京举行 [J]．中国民族，2014（10）．

[211] 周平．中国民族构建的二重结构 [J]．社会科学文摘，2017（06）：29-31．

[212] 匡裕彻．中华民族多元一体格局的形成 [J]．中南民族学院学报（哲学社会科学版），1992（05）：47-52+72．

[213] 彭官章．论中华民族的形成 [J]．满族研究，1993（01）：11-18．

[214] 严庆．本体与意识视角的中华民族共同体建设 [J]．西南民族大学学报（人文社科版），2017，38（03）：46-50．

[215] 斯琴格日乐．习近平中华民族共同体思想的逻辑体系与时代价值 [J]．科学社会主义，2019（04）：111-117．

[216] 陈智，宋春霞．论中华民族共同体意识的培育路径 [J]．民族教育研究，2019，30（04）：54-58．

[217] 乌小花，艾易斯．"一带一路"在中华民族共同体与人类命运共同体之间：理念、价值与实现路径 [J]．西北民族研究，2018（04）：21-29．

[218] 陆卫明，张敏娜．铸牢中华民族共同体意识论略 [J]．贵州民族研究，2018，39（03）：1-6．

[219] 龙金菊．"共同体"语义下的中华民族共同体建设 [J]．广西民族研究，2019（02）：10-17．

[220] 王宗礼．国家建构视域下铸牢中华民族共同体意识研究 [J]．西北师大学报（社会科学版），2020（05）：13-20．

[221] 高翠莲．孙中山的中华民族意识与国族主义的互动 [J]．中央民族大学学报（哲学社会科学版），2012，39（06）：14-20．

[222] 平维彬，严庆．从文化族类观到国家民族观的嬗变——兼论"中华民族共同体意识"的理论来源 [J]．贵州民族研究，2017，38（04）：1-6．

[223] 王瑞萍．论中国历史上"绝地天通"人神观与中华民族共同体意识构建之关系 [J]．云南民族大学学报（哲学社会科学版），2020，37（04）：36-41．

[224] 严庆，平维彬．"大一统"与中华民族共同体意识的形成 [J]．西南民族大学学报（人文社科版），2018，39（05）：14-18.

[225] 沈桂萍．培育中华民族共同体意识构建国家认同的文化纽带 [J]．西北民族大学学报（哲学社会科学版），2015（03）：1-6.

[226] 张三南．"两个共同体理念"与马克思主义民族理论中国化 [J]．学术界，2020（01）：65-77.

[227] 张淑娟．论中华民族共同体意识对近代中国民族主义的形塑与修正——以中国共产党为例 [J]．广西民族研究，2018（03）：41-51.

[228] 刘吉昌，金炳镐．构筑各民族共有精神家园 培养中华民族共同体意识 [J]．西南民族大学学报（人文社科版），2017，38（11）：28-33.

[229] 邹丽娟，伍佳．新时代云南跨境民族地区铸牢中华民族共同体意识论略 [J]．贵州民族研究，2019，40（11）：36-43.

[230] 卢成观，李文勇．中华民族共同体意识的理论根基、现实价值及路径选择 [J]．理论导刊，2020（03）：51-58.

[231] 陈玲．在"思想道德修养与法律基础"课中培育大学生中华民族共同体意识的思考 [J]．思想教育研究，2019（05）：95-98.

[232] 平维彬．历史、当下与未来：铸牢中华民族共同体意识的三重向度 [J]．贵州民族研究，2019，40（09）：13-20.

[233] 李海凤，卢林保．新时代铸牢大学生中华民族共同体意识探究 [J]．学校党建与思想教育，2020（01）：34-36.

[234] 费孝通．中华民族的多元一体格局 [J]．北京大学学报（哲学社会科学版），1989（04）：3-21.

[235] 黄长义，姚金艳．西方文化渗透的运行机制、潜在风险及应对方案 [J]．马克思主义研究，2016（09）：52-60.

[236] 沈景春，林剑．中西文化比较研究 [J]．江汉论坛，2004（01）：74-75+143.

[237] 杨明，张伟．个人主义：西方文化的核心价值观 [J]．南京社会科学，2007（04）：38-44.

［238］朱碧波．再论中华民族共同体的多维建构［J］．贵州师范大学学报（社会科学版），2018（04）：41-49.

［239］白晋湘．我国民族传统体育改革发展40年回顾与展望［J］．上海体育学院学报，2018，42（05）：9-14.

［240］罗湘林，邱芬．脱域与重构——现代化进程中的传统体育演化［J］．体育与科学，2018，39（03）：75-81.

［241］张继生，刘冬，彭响，等．隐喻·交融·枢纽：民俗体育活动仪式中的象征符号功能表征——以罗锦社龙舟竞渡为个案［J］．武汉体育学院学报，2021，55（01）：33-39.

［242］李志清．少数民族传统体育起源与变异探析［J］．体育科学，2004（01）：68-72.

［243］邱丕相，杨建营，王震．民族传统体育学科发展回顾与思考［J］．上海体育学院学报，2020，44（01）：12-20.

［244］白晋湘．少数民族聚居区传统体育非物质文化遗产保护的社会建构研究——以湘西大兴寨苗族抢狮习俗为例［J］．体育科学，2012，32（08）：16-24.

［245］屈植斌，顾晓艳．我国少数民族传统体育传承运行机制的系统构建［J］．北京体育大学学报，2015，38（04）：45-51.

［246］王静．少数民族传统体育当代发展的协调与转型机制研究［J］．贵州民族研究，2016，37（05）：188-191.

［247］李志清，覃安，朱小丽．仪式性少数民族体育的当代价值——以桂北侗乡抢花炮为例［J］．体育学刊，2010，17（03）：80-84.

［248］张小林，白晋湘，吴力．少数民族村寨传统体育节庆民俗与现代创意发展——基于湘西德夯"百狮会"的考察［J］．沈阳体育学院学报，2014，33（06）：140-144.

［249］赖小玉，何孝锋．侗族月牙镋的保护与传承研究［J］．体育文化导刊，2015（04）：95-98.

［250］李玉文．少数民族村寨发展变迁中的传统体育保护研究——西阳

河湾村摆手舞的田野调查报告［J］．广州体育学院学报，2016，36（01）：57-59.

［251］朱奇志，陈坚华．壮族板鞋竞速现代推广模式研究［J］．广西民族大学学报（哲学社会科学版），2018，40（03）：126-130.

［252］肖宇翔，韦杨遮，蒋波，等．少数民族传统体育项目的传承与发展路径思考——基于独竹漂运动项目研究［J］．西南师范大学学报（自然科学版），2019，44（08）：117-121.

［253］王成科，蒙军．广西传统民俗体育生态化发展研究［J］．广西社会科学，2016（03）：26-29.

［254］王明娟，孟宪辉．承德地区少数民族传统文化保护与传承的思考［J］．山西财经大学学报，2017，39（S2）：33-36.

［255］郭震，王光．桂北少数民族传统体育发展的生态伦理思考［J］．体育文化导刊，2018（07）：48-51+71.

［256］杨中兵，王江萍．全球经济一体化视域下贵州省少数民族传统体育的困境及突破路径研究［J］．贵州民族研究，2019，40（05）：154-157.

［257］彭响，雷军蓉．舞龙运动的标准化发展研究［J］．河北体育学院学报，2017，31（06）：92-96.

［258］周超，刘虹．共生理论视阈下中华民族共同体建构的五维向度［J］．民族学刊，2021，12（01）：19-25+85.

［259］周显信，叶方兴．政治共识：一种政治社会学的分析视角［J］．马克思主义与现实，2012（03）：187-192.

［260］石硕．人类学对铸牢中华民族共同体意识的作用——兼谈中国人类学的当代使命与责任［J］．思想战线，2020，46（04）：23-33.

［261］李翔海．中华民族伟大复兴需要中华文化发展繁荣——学习习近平总书记在山东考察时的重要讲话精神［J］．求是，2013（24）：48-49.

［262］王希恩．中华民族建设中的认同问题［J］．西南民族大学学报（人文社科版），2019，40（05）：1-9.

［263］代宏丽，敖日格乐．习近平新时代中华民族共同体理论的多维阐

释 [J]. 云南民族大学学报 (哲学社会科学版)，2020，37 (05)：5-11.

[264] 王涛，王巾轩，孙刚. 中国生命哲学视野下的健身气功养生观研究 [J]. 体育学研究，2020，34 (03)：88-94.

[265] 孙晨晨，邓星华，宋宗佩. 全球化与民族化：中国民族传统体育的文化认同 [J]. 体育学刊，2018，25 (05)：30-34.

[266] 冯彩莉，张晓红. 中国共产党认同：青海藏区社会变迁进程中的乡村治理 [J]. 青海社会科学，2017 (06)：38-44.

[267] 柴勇. 论对中国共产党的政治认同培育在思想政治教育中的定位 [J]. 中国社会科学院研究生院学报，2017 (06)：39-46.

[268] 邸乘光. 论习近平新时代中国特色社会主义思想 [J]. 新疆师范大学学报 (哲学社会科学版)，2018，39 (02)：7-21.

[269] 陈晓运，黄丽婷. "双向嵌入"：社会组织与社会治理共同体建构 [J]. 新视野，2021 (02)：78-84.

[270] 胡辉华，张丹婷. 国家治理体系中的社会组织党建及其面临的挑战 [J]. 新视野，2020 (03)：24-31.

[271] 徐黎丽，赵海军，马曼丽. 铸牢陆地边境民众中华民族共同体意识初探 [J]. 北方民族大学学报，2021 (01)：5-10.

[272] 周俊利. 铸牢民族高校大学生中华民族共同体意识——基于文化纽带视角 [J]. 民族学刊，2021，12 (02)：9-16+93.

[273] 罗惠翾. 边境地区铸牢中华民族共同体意识的几个关键问题 [J]. 西北民族研究，2020 (02)：29-34.

[274] 彭兆荣. 重建中国仪式话语体系——一种人类学仪式视野 [J]. 思想战线，2021，47 (01)：71-79.

[275] 吕中意. 活态传承视域下的非遗产品开发 [J]. 艺术百家，2019，35 (03)：185-190.

[276] 张丽. 从"大花园"到"石榴籽"：中华民族概念的新时代阐释 [J]. 宁夏社会科学，2019 (05)：151-156.

[277] 邓斯雨，杜仕菊. 中国共产党推动中华民族共同体建设的历史贡

献——基于"背景·问题·使命·实践"的四维分析［J］. 新疆大学学报（哲学·人文社会科学版），2021，49（02）：58-65.

［278］宇文利. 新中国70年与中国特色社会主义制度自信［J］. 学术论坛，2019，42（04）：14-19.

［279］刘昊. 中国特色社会主义制度认同的四重维度［J］. 兰州学刊，2021（06）：31-39.

［280］于波，王员. 中国特色社会主义文化："铸牢中华民族共同体意识"的灵魂［J］. 河海大学学报（哲学社会科学版），2019，21（01）：27-34+105.

［281］彭响，刘如，李佳川. 批判与重构：汨罗龙舟产业发展的困境与对策［J］. 城市学刊，2019，40（06）：39-44.

［282］张彤，杨嘉民，常华. 神圣与世俗的组构：仪式体育的身体操演变迁［J］. 体育与科学，2015，36（06）：53-57.

［283］王晓晨，乔媛媛，蒲玉宾，等. 少数民族传统体育文化内生秩序逻辑及其参与社会治理路径——基于对桂西的田野调查［J］. 沈阳体育学院学报，2019，38（03）：132-137+144.

［284］袁振国. 实证研究是教育学走向科学的必要途径［J］. 华东师范大学学报（教育科学版），2017，35（03）：4-17+168.

［285］马勇军，姜雪青，杨进中. 思辨、实证与行动：教育研究的三维空间［J］. 中国教育科学（中英文），2019，2（05）：111-122.

［286］罗湘林，刘亚云，谢玉. 从故事到赛事——汨罗龙舟竞渡的底层视角［J］. 体育与科学，2015，36（01）：81-85.

［287］冀宁，杨海晨，钟喜婷. 未预结局视域下民族传统体育传承的过程-事件分析及实践反思——闽南LT村宋江阵传承的民族志［J］. 上海体育学院学报，2021，45（08）：52-62.

［288］DEAUX K. Reconstructing social identity［J］. Personality and Social Psychology Bulletin，1993（1）：4-12.

［289］王真真，王相飞. 虚拟社群跑者的社群参与度对其身份认同的影

响——感知线上社会支持的中介作用［J］．北京体育大学学报，2021，44（08）：54-64.

［290］陈芳芳，李守培．中国武术铸牢中华民族共同体意识的核心与方略［J］．体育学研究，2021，35（03）：92-98.

［291］董慧，王晓珍．中华民族共同体意识的基本内涵、现实挑战及铸牢路径［J］．中南民族大学学报（人文社会科学版），2021，41（04）：21-30.

［292］崔榕，赵智娜．文化认同与中华民族共同体建设［J/OL］．民族学刊：1 - 13［2021 - 10 - 11］．http：//kns.cnki.net/kcms/detail/51.1731.c.20210918.0602.002.html.

［293］范君，张前．"石榴籽"效应：铸牢中华民族共同体意识的应然视角［J］．青海社会科学，2018（03）：73-79.

［294］彭响，刘如．龙舞、舞龙与舞龙运动的概念及关系辨析［J］．武术研究，2018，3（05）：124-127+130.

［295］彭响．"一带一路"战略下舞龙运动跨文化传播研究［J］．吉林体育学院学报，2017，33（05）：98-103.

［296］刘如，彭响．体育课堂教学"边缘人"现象探析［J］．吉林体育学院学报，2019，35（04）：89-93+108.

［297］何星亮．坚定文化自信的历史和理论依据［J］．中南民族大学学报（人文社会科学版），2021，41（10）：56-65.

［298］郝时远．文化自信、文化认同与铸牢中华民族共同体意识［J］．中南民族大学学报（人文社会科学版），2020，40（06）：1-10.

［299］邹广文，沈丹丹．中华民族共同体文化认同的历史生成逻辑［J］．天津社会科学，2021（03）：11-18.

［300］杨显东，李乐．以"推普"铸牢中华民族共同体意识：价值维度与实践路径［J］．民族教育研究，2021，32（02）：50-56.

［301］黄钰，陈建樾，郎维伟．铸牢中华民族共同体意识的实践内涵、历史使命和目标任务［J］．贵州民族研究，2021，42（01）：7-12.

[302] 仁钦·扎木苏．人间正道是沧桑　庆祝中国共产党成立 100 周年暨西藏和平解放 70 周年随感 [J]．中国宗教，2021（09）：48-49．

[303] 季正矩．中国特色社会主义：一种崭新的社会主义 [J]．中国特色社会主义研究，2008（05）：4-8．

[304] 王春焕．中国特色社会主义与西藏的发展 [J]．西藏大学学报（社会科学版），2012，27（03）：8-13．

[305] 郝勤．奥林匹克传播：历程、要素、特征——兼论奥林匹克传播对北京奥运会的启迪 [J]．体育科学，2007（12）：3-9．

[306] 布特．绿色体育新解 [J]．体育学刊，2009，16（03）：26-28．

[307] 丁旭，韦见凡．奥林匹克精神在我国传播的意义 [J]．体育文化导刊，2005，(5)：31-33．

[308] 刘海贵，庹继光．奥林匹克传播的文明冲突及调整 [J]．新闻大学，2008，(1)：83-89．

[309] 曹守和，赵玉梅．"奥林匹克运动"辨析 [J]．北京体育大学学报，2006，29（7）：888-890．

[310] 郑德辅．奥林匹克运动格言 [J]．科技文萃，2001，(9)：28．

[311] 尤传豹，王成．奥林匹克价值观的本土贡献及其认知纠偏 [J]．北京体育大学学报，2019，42（09）：73-80．

[312] 茹秀英，吕晓丽，郭英杰．北京奥林匹克教育"同心结"交流活动中的国际理解教育研究 [J]．首都体育学院学报，2011，23（05）：409-419．

[313] 王凤云．后现代的渗透与人文教育观 [J]．国际关系学院学报，2004（01）：61-64．

[314] 王晓林．奥林匹克价值观的经济伦理学解读：在公平竞争中和谐发展 [J]．经济问题探索，2008（08）：13-16+27．

[315] 胡孝乾，陈姝姝，Jamie Kenyon，等．国际奥委会《遗产战略方针》框架下的奥运遗产愿景与治理 [J]．上海体育学院学报，2019，43（01）：36-42．

[316] 孙波.奥林匹克人文精神的消解与复归 [J].成都体育学院学报,2009,35 (05):22-25.

[317] 蒋效愚.奥林匹克运动的人文精神及其在中国的实践 [J].求是,2008 (16):6-8.

[318] 王润斌.当代奥林匹克核心价值观的多维审视 [J].武汉体育学院学报,2015,49 (02):5-11.

[319] 杨建营.武术拳种的历史形成及体系化传承研究 [J].体育科学,2018,38 (01):34-41.

[320] 周洪珍.奥运会经济效益研究 [J].体育文化导刊,2010 (03):131-133.

[321] 赵晓超.奥运会对举办国经济的影响 [J].沈阳大学学报,2009,21 (01):27-29.

[322] 周庆杰.论奥林匹克运动三大支柱间的相互关系 [J].体育文化导刊,2005 (08):21-24.

[323] 郝亚明.中华民族共同体意识视角下的民族交往交流交融研究 [J].西南民族大学学报 (人文社科版),2019,40 (03):9-13.

[324] 王凤梅,王志霞.凝聚与认同:民间信仰在村落共同体意识建构中的功能——基于对临沂大裕村送火神民俗仪式的考察 [J].济南大学学报 (社会科学版),2021,31 (01):151-156+160.

[325] 王瑜,马小婷.论加强各民族交往交流交融的内涵辨析、理论释析与教育路径探析 [J].广西民族研究,2020 (05):32-39.

[326] 金炳镐,肖锐,毕跃光.论民族交流交往交融 [J].新疆师范大学学报 (哲学社会科学版),2011,32 (01):66-69.

[327] 张萍,齐传洁.十年来各民族交往交流交融研究综述 [J].贵州民族研究,2020,41 (05):73-80.

[328] 陆鹏,于潜驰,金浩.民族融合:当前促进还是将来实现——民族理论前沿研究系列论文之四 [J].黑龙江民族丛刊,2012 (04):1-10.

[329] 王希恩.民族的融合、交融及互嵌 [J].学术界,2016 (04):

33-44+324.

［330］王希恩．中国特色民族理论政策十年发展观［J］．中南民族大学学报（人文社会科学版），2015，35（03）：1-15.

［331］郝亚明．民族互嵌与民族交往交流交融的内在逻辑［J］．中南民族大学学报（人文社会科学版），2019，39（03）：8-12.

［332］李伟．中华文明是促进各民族交往交流交融，铸牢中华民族共同体意识的主线［J］．大连民族大学学报，2019，21（04）：298-303.

［333］李静，侯小富．中华民族共同体意识的教育路径［J］．中国民族教育，2019（10）：43-44.

［334］丁守海，徐政，张普阳．新发展格局下我国经济高质量发展提升人民幸福感的实证研究［J］．云南师范大学学报（哲学社会科学版），2021，53（02）：133-146.

［335］张颖慧，邢尊明．体育产业统计分类的内在逻辑与统计范围的边界控制研究［J］．天津体育学院学报，2020，35（06）：666-671+728.

［336］任波，黄海燕．中国体育产业结构的现实审视、内在诉求与供给侧优化［J］．成都体育学院学报，2021，47（02）：109-115.

［337］任波，戴俊．"双循环"新发展格局下中国体育产业高质量发展：逻辑、动力与路径［J］．体育学研究，2021，35（02）：39-48.

［338］王雪丽，王少龙．"放管服"改革中"权力悬空"现象的生成机理及矫正路径［J］．新视野，2020（01）：29-36.

［339］陈国权，皇甫鑫．功能性分权：中国特色的权力分立体系［J］．江海学刊，2020（04）：128-136+255.

［340］王炎龙，江澜．中华民族共同体意识产生、发展和完善的基本逻辑——从媒体话语叙事到文化价值认同的新透视［J］．民族学刊，2021，12（01）：49-56+89.

［341］姚崇．高校教师社会主义核心价值观的心理认同逻辑及其建设路径［J］．西北师大学报（社会科学版），2019，56（04）：105-110.

［342］陈蒙，雷振扬．中华民族共同体意识的价值观基础探析［J］．西

南民族大学学报（人文社会科学版），2021，42（02）：10-17.

[343] 万俊人．信仰危机的"现代性"根源及其文化解释 [J]．清华大学学报（哲学社会科学版），2001（01）：22-29.

[344] 伍卷，石爱桥．民族传统体育文化生态的优化与重建 [J]．武汉体育学院学报，2016，50（08）：56-60.

[345] 张鸿雁．论中西文化价值观之异同 [J]．暨南学报（哲学社会科学），1995（04）：54-60.

[346] 崔晓琰，扎西．习近平关于民族团结重要论述的理论内涵与时代价值 [J]．云南民族大学学报（哲学社会科学版），2020，37（01）：5-12.

[347] 万明钢，王婕．铸牢中华民族共同体意识与学校民族团结进步教育课程建设 [J]．西北师大学报（社会科学版），2021，58（03）：26-34.

[348] 李贽，张静．守护民族团结生命线与铸牢中华民族共同体意识 [J]．中南民族大学学报（人文社会科学版），2021，41（03）：23-29.

[349] 王军，刘毅．当代中国民族团结话语的演进及其理论源流 [J]．中南民族大学学报（人文社会科学版），2020，40（01）：7-14.

[350] 彭剑勇．新时代民族团结教育新论 [J]．学校党建与思想教育，2020（16）：91-93.

[351] 刘玲．兴边富民行动与民族团结进步 [J]．云南师范大学学报（哲学社会科学版），2020，52（02）：37-44.

[352] 格里·斯托克．作为理论的治理：五个论点 [J]．国际社会科学：中文版，1999：2.

[353] 黄金葵．现代龙舟赛去仪式化现象的人类学反思 [J]．首都体育学院学报，2017，29（01）：21-25.

[354] 杨丽，赵小平，游斐．社会组织参与社会治理：理论、问题与政策选择 [J]．北京师范大学学报（社会科学版），2015（06）：5-12.

[355] 赵旭东，李飏飏．从多元一体到差序多元的世界意识——互惠关系下"走廊民族志"的新范式 [J]．探索与争鸣，2021（03）：47-56+177.

［356］于春洋，陈奥博．多元一体格局中的铸牢中华民族共同体意识
［J］．青海民族研究，2020，31（04）：8-14.

［357］孔亭，毛大龙．论中华民族共同体的基本内涵［J］．社会主义研
究，2019（06）：51-57.